:: 中華文化促進會主持編纂

:: 國家"十一五"重點圖書出版規劃項目

:: 中國社會科學院哲學社會科學創新工程學術出版資助項目

出品人 王石 段先念

今注本二十四史

隋書

唐 魏徵等 撰

馬俊民 張玉興 主持校注

三 志〔二〕

中国社会科学出版社

隋書　卷一〇

志第五

禮儀五

興輦之別，[1]蓋先王之所以列等威也。然隨時而變，代有不同。

[1]興輦：車駕，多指天子所乘。

梁初，[1]尚遵齊制，[2]其後武帝既議定禮儀，[3]乃漸有變革。始永明中，[4]步兵校尉伏曼容奏：[5]"宋大明中，[6]尚書左丞荀萬秋議，[7]金玉二輅，[8]並建碧旗，象革木輅，並建赤旗，非時運所上，又非五方之色。[9]今五輅、五牛及五色幡旗，[10]並請准齊所尚青色。"時議所駁，不行。及天監三年，[11]乃改五輅旗同用赤而旒不異，[12]以從行運所尚也。

[1]梁：即南朝梁（502—557），或稱蕭梁，都建康（今江蘇

南京市）。

[2]齊：即南朝齊（479—502），或稱蕭齊，都建康（今江蘇南京市）。

[3]武帝：即南朝梁武帝蕭衍。紀見《梁書》卷一至三，《南史》卷六、七。

[4]永明：南朝齊武帝蕭賾年號（483—493）。

[5]步兵校尉：官名。此即南朝齊太子步兵校尉，亦稱東宮步兵校尉。南朝宋置，統東宮步兵，爲太子三校之一。齊、梁沿置，梁位七班。按，檢《南齊書·禮志上》《樂志》《輿服志》均作"太子步兵校尉"。　伏曼容：人名。南朝宋、齊時大儒，善《老》《易》之學。傳見《梁書》卷四八、《南史》卷七一。

[6]宋：即南朝宋（420—479），都建康（今江蘇南京市）。大明：南朝宋孝武帝劉駿年號（457—464）。

[7]尚書左丞：官名。與右丞掌尚書省庶務，率諸都令史監察稽核諸尚書曹、郎曹政務，督録近道文書章奏，監察糾彈尚書令、僕射、尚書等文武百官，號稱"監司"，分管宗廟祠祀、朝儀禮制、選授官吏等文書奏事。南朝宋六品。　荀萬秋：人名。南朝宋文帝時曾任太學博士、前殿曹郎等職。《宋書》卷六〇、《南史》卷三三有附傳。

[8]金玉二輅：指金輅與玉輅，同本段後文象輅、革輅、木輅，合稱"五輅"。五輅爲漢代以來帝王所乘的車。據《釋名·釋車》云：天子所乘車稱玉輅，以玉裝飾車。輅亦車，之所以稱爲輅，是説行於道路。象輅、金輅、木輅，各隨所飾爲名。金輅、玉輅、象輅、革輅分別以金、玉、象牙、革裝飾諸末，木輅則衹塗漆而不飾以金、玉、象、革等物。

[9]五方：指東、南、西、北及中央五方。

[10]五牛：五牛旗車。舊五時車，車安五色木牛，豎旗於牛背。　五色：古代五種正色，青、赤、白、黑、黄。按，本句中華本標點作"今五輅五牛及五色幡旗"。五輅指五輅車。五牛指五牛

車，據本卷後文“五牛旗”條云：東晉南遷之後，儀式從簡以五牛車代舊之五時車。五色幡旗爲五輅車及五牛車所對應之旗色，旗隨車色。故此句標點“五輅”與“五牛”之間當有頓號。

[11]天監：南朝梁武帝蕭衍年號（502—519）。

[12]旒：旌旗懸垂之飾物。

　　七年，帝曰：“據《禮》‘玉輅以祀，金輅以賓’，[1]而今大祀，並乘金輅。”詔下詳議。周捨以爲：[2]“金輅以之齋車，本不關於祭祀。”於是改陵廟皆乘玉輅，大駕則太僕卿御，[3]法駕則奉車郎馭。[4]其餘四輅，則使人執轡，以朱絲爲之。執者武冠、朱衣。[5]

　　[1]玉輅以祀，金輅以賓：語出《周禮·春官·巾車》。原文爲：“王之五路：一曰玉路，錫，樊纓，十有再就，建大常，十有二旒，以祀。金路，鈎，樊纓，九就，建大旂，以賓，同姓以封。”路，通輅。

　　[2]周捨：人名。南朝梁武帝時官任祠部郎中，掌治禮儀。傳見《梁書》卷二五，《南史》卷三四有附傳。

　　[3]大駕：天子出行儀仗隊的一種。天子出行的車駕次第分大駕、法駕、小駕三種，其儀衛繁簡各有不同，規模最大者爲大駕。漢蔡邕《獨斷》：“大駕則公卿奉引，大將軍參乘，太僕御，屬車八十一乘，備千乘萬騎。”　太僕卿：官名。東漢至南北朝前期常作爲太僕的尊稱。南朝梁正式定爲官稱，掌皇帝專用之車馬，爲十二卿之一，位十班。

　　[4]法駕：天子出行儀仗隊的一種。地位次於大駕。漢蔡邕《獨斷》云：“法駕上所乘，曰金根車，駕六馬，有五時副車，皆駕四馬，河南尹、執金吾、洛陽令奉引，侍中參乘，奉車郎御，屬車三十六乘。”後歷代多參襲漢制。　奉車郎：官名。奉車郎之名乃

沿用古稱，南朝梁置奉車都尉，掌御乘輿車，以宗室、外戚任之，爲三都尉之一。

[5]武冠：亦稱武弁或武弁大冠，東漢時爲武官之服，所服常配以平上幘。本書《禮儀志七》云：“其乘輿武弁之服，衣、裳、綬如通天之服。”

又齊永明制，玉輅上施重屋，[1]樓寶鳳皇，[2]綴金鈴，鑷珠瑙、玉蟀佩。[3]四角金龍，銜五彩耗。[4]又畫麒麟頭加於馬首者。[5]十二年，帝皆省之。

[1]重屋：重蓋，即車上傘蓋爲雙層。按，《南齊書·輿服志》載：“世祖永明初，加玉輅爲重蓋。”
[2]樓寶鳳皇：擱置鳳凰形飾物。
[3]鑷珠瑙：垂掛綴珠飾物。
[4]耗（ěr）：以鳥羽或獸毛製成之裝飾物，常飾以冠或頭盔。
[5]又畫麒麟頭加於馬首者：此句之意《南齊書·輿服志》載：“又作麒麟頭，采畫，以馬首戴之。”更爲明確。

初齊武帝造大、小輦，[1]並如軺車，[2]但無輪轂，[3]下橫轅軛。[4]梁初，漆畫代之。後帝令上可加笨，輦形如犢車，[5]自茲始也。中方八尺，左右開四望。[6]金爲龍首，飾其五末，謂轅、轂頭及衡端也。[7]金鸞樓軛。[8]其下施重層，以空青雕鏤爲龍鳳象。[9]漆木橫前，名爲望板。[10]其下交施三十六橫。小輿形似軺車，金裝漆畫，但施八橫。元正大會，[11]乘出上殿。西堂舉哀亦乘之。行則從後。一名輿車。

[1]齊武帝：即南朝齊武帝蕭賾。紀見《南齊書》卷三。
輦：小車。一般有兩種，一爲人挽或推，一爲人抬或扛，類似後世
轎子。此處形制當爲後一種。按，此處中華本標點作“大小輦”。
此當指大輦與小輦，中間應加標點分隔。

[2]軺車：一匹馬拉的輕便車。《晋書·輿服志》：“軺車，古之
時軍車也。一馬曰軺車，二馬曰軺傳。”本卷後文載南朝梁二千石
四品以上及列侯給軺車，駕牛。按，中華書局新修訂本校勘記云：
“周一良《隋書札記·輦制》條，據《續漢書·輿服志》《宋書·
禮志》，疑爲‘輻車’形近之誤。本卷下文‘大業元年更製車輦’
下‘今輦制象軺車’之‘軺車’亦同。”

[3]輪轂：原指車輪中心裝軸部分，此代指車輪。

[4]轅軛：此指肩輿供抬舉用的直木和套在肩膀上的橫木（或
布帶、皮帶）。

[5]後帝令上可加笨，輦形如犢車：此句中華本標點作“後帝
令上可加笨輦，形如犢車……”。按，《説文·竹部》云：“笨，竹
裏也。”竹裏亦稱竹白或竹黃，此指輦車之上以竹裏所製蓬蓋形裝
飾物。同卷隋大業時輦制即云：“副輦，加笨，制如犢車，亦通幰，
朱絡，謂之蓬輦。自梁武帝始也。”以“笨”裝飾之車，史籍中稱
爲“笨車”，《宋書》卷九三《劉凝之傳》載：“（劉凝之）夫妻共
乘薄笨車，出市買易。”《宋書》卷七三《顏延之傳》載：“（顏延
之）常乘贏牛笨車。”故此條標點改爲“後帝令上可加笨，輦形如
犢車”似更妥。　犢車：牛車。《宋書·禮志五》：“犢車，軿車
（按：指車有帷）之流也。”

[6]四望：四個窗口。

[7]金爲龍首，飾其五末，謂轅、轂頭及衡端也：此句中華本
標點作“金爲龍首。飾其五末，謂轅轂頭及衡端也”。按，可商榷
者有二：“金爲龍首，飾其五末”，意思爲輦之五末以金質龍首形飾
物爲裝飾，中間不當用句號；“五末”指五個端頭，其數指一轅端、
兩轂頭、兩衡端。如“轅”後不標點則句意不明。轅，駕車木，車

前駕牲口用的直木。壓在車軸上，伸出車輿的前端，小車一般單轅，大車則雙轅，左右各一。轂，車輪的中心部位，周圍與車輻的一端相接，中有圓孔，用以插軸。故有左右兩端頭。衡，車轅前端的橫木。

[8]軛：駕車時攔在牛馬脖子上的曲形器具。

[9]空青：孔雀石一種，球形、中空、翠綠色。

[10]望板：橫前平鋪之木板。

[11]元正大會：每年正月初一之朝會。

羊車一名輦，[1]其上如軺，小兒衣青布袴褶，[2]五瓣髻，數人引之。時名羊車小史。漢氏或以人牽，或駕果下馬。[3]梁貴賤通得乘之，名曰牽子。

[1]羊車：此指人挽之車。

[2]袴褶（xí）：袴，沒有褲襠的套褲。褶，短袍，騎服。上服褶而下縛袴，其外不再穿裘裳，故稱袴褶。

[3]果下馬：一種高三尺的矮小馬，乘之可行於果樹之下，故名。

畫輪車，[1]一乘，駕牛。乘用如齊制，舊史言之詳矣。

[1]畫輪車：車輪轂用彩漆裝飾之車。其形制《晉書·輿服志》："畫輪車，駕牛，以綵漆畫輪轂，故名曰畫輪車。上起四夾杖，左右開四望，綠油幢，朱絲絡，青交路，其上形制事事如輦，其下猶如犢車耳。"

衣書車，[1]十二乘，駕牛。漢皂蓋朱裏，過江加綠油幢。[2]朱絲絡,[3]青交路,[4]黃金塗五末。一曰副車。[5]
梁朝謂之衣書車。

[1]衣書車：天子出行裝載服飾、書籍之從車。

[2]過江：指東晉南遷。　油幢：用塗油織物製作的車蓋。

[3]絲絡：車蓋四周下垂之網狀裝飾物。

[4]交路：亦作“交絡”，車網。

[5]副車：皇帝出行從車。

　　皇太子鸞輅，駕三馬，左右騑。[1]朱班輪,[2]倚獸
較,[3]伏鹿軾,[4]九旒，畫降龍,[5]青蓋畫幡，文輈,[6]黃
金塗五末。近代亦謂之鸞輅，即象輅也。梁東宮初建及
太子釋奠、元正朝會則乘之。以畫輪爲副。若常乘畫
輪，以軺衣書車爲副。畫輪車，上開四望，緑油幢，朱
繩絡，兩箱裏飾以錦,[7]黃金塗五末。

[1]騑：駕在車轅兩旁的馬。

[2]朱班：亦作“朱斑”，紅色花紋。

[3]倚獸：當爲“倚虎”，此避唐諱改。　較（jué）：車箱兩
旁板上之橫木。倚虎較，即較作倚虎形。

[4]伏鹿軾：軾作伏鹿形。軾指設在車箱前供立乘者憑扶之
橫木。

[5]降龍：下降之龍的圖案。

[6]輈：車轅。用於大車稱轅，用於兵車、田車、乘車稱輈。

[7]兩箱：車箱兩旁。

　　二千石、四品已上及列侯,[1]皆給軺車，駕牛。伏

兔箱，青油幢，朱絲絡，轂、輞皆黑漆。[2] 天監二年令，三公、開府、尚書令，[3] 則給鹿幡軺，[4] 施耳，[5] 後户，[6] 皂輞。尚書僕射、左右光禄大夫、侍中、中書監令、秘書監，[7] 則給鳳轄軺，[8] 後户，皂輞。領、護、國子祭酒、太子詹事、尚書、侍中、列卿、散騎常侍，[9] 給聊泥軺，無後户，漆輪。車騎、驃騎及諸王除刺史、帶將軍，[10] 給龍雀軺，以金銀飾。御史中丞給方蓋軺，[11] 形如小傘。

[1]二千石、四品已上及列侯：此句中華本標點作“二千石四品已上及列侯”。按，二千石爲漢代官秩等級，因所得俸禄以米穀爲準，故以“石”名之。南北朝亦沿用，與品秩並行。故“二千石”後當用頓號。

[2]轂、輞：中華本標點作“轂輞”。按，轂，爲車輪中心部位；輞，爲車輪外框。故二者爲車的兩個不同部件，中間當用頓號。

[3]三公：官名。南朝梁初，同三公之位者有丞相、太宰、太傅、太保、大將軍、大司馬、太尉、司徒、司空。十八班。　開府：官名。南朝梁開府儀同三司，位次三公，諸將軍、左右光禄大夫優者則加之。十七班。　尚書令：官名。南朝梁尚書省長官。十六班。

[4]幡：諸本皆同，《通典》卷六五《禮·公侯大夫等車輅》作“輀”。

[5]耳：車耳。車箱兩旁反出如耳部分。一説指車屏障。

[6]户：車上之門。

[7]尚書僕射：官名。南朝梁尚書省置左右僕射爲副長官。十五班。　左右光禄大夫：官名。南朝梁屬光禄勳，多爲贈官或加

官。十六班。　侍中：官名。南朝梁門下省置四人，掌擯相威儀，盡規獻納，糾正違闕。十二班。　中書監令：官名。南朝梁中書監與中書令，梁中書省各設一人，掌出内帝命。中書監位十五班，令位十三班。　秘書監：官名。南朝梁秘書省置監一人，掌國之典籍圖書。十一班。

[8]鳳轄：轄爲車軸兩頭的金屬鍵，用以擋住車輪，不使脱落。此爲鳳形轄。

[9]領：指領軍將軍。南朝宋以來掌禁衛軍及京都諸軍。南朝梁十五班。　護：指護軍將軍。掌督護京師以外諸軍。南朝梁十五班。　國子祭酒：官名。隸太常卿，總領國子學、太學。南朝梁十三班。　太子詹事：官名。掌東宮一切事務。南朝梁十四班。　尚書：官名。指尚書省列曹尚書，吏部、祠部、度支、左户、都官、五兵等六尚書。南朝梁吏部尚書十四班，其他十三班。　侍中：前文已叙侍中用鳳轄軺，此又言用聊泥軺，二者重複，恐有一處爲衍文。檢《通典》卷六五《禮·公侯大夫等車輅》亦如此。待考。

列卿：南朝梁天監七年改制，設十二卿，爲具體事務機構。太常卿，十四班；宗正、太府卿，十三班；衛尉卿，十二班；廷尉、大司農、少府、光禄卿，十一班；太僕、大匠卿，十班；鴻臚卿、大舟卿，九班。　散騎常侍：官名。屬集書省，一般爲加官，爲閑散職，無固定職掌。南朝梁十二班。

[10]車騎：官名。南朝梁車騎將軍居諸名號將軍之首，僅作爲軍府名號，加授大臣、重要州郡長官，無具體職掌。一百二十五號將軍第二十四班。　驃騎：官名。即驃騎將軍。職掌及班位同車騎將軍。

[11]御史中丞：官名。南朝梁御史臺長官，置一人，掌督司百僚。十一班。

諸王、三公有勳德者，^[1]皆特加皂輪車，駕牛，形如犢車。但烏漆輪轂，黄金雕裝，上加青油幢，朱絲絡，通幰或四望。[2]上臺，[3]三夫人亦乘之，[4]以揥幢涅幰爲副。[5]王公加禮者，給油幢絡車，駕牛。朱輪華轂。天監二年令，上臺，六宫、長公主、公主、諸王太妃、妃，[6]皆乘青油輿幢通幰車，[7]揥幢涅幰爲副。采女、皇女、諸王嗣子、侯夫人，[8]皆乘赤油揥幢車，以涅幰爲副。侍女、直乘涅幰之乘。[9]

[1]諸王、三公：中華本標點作“諸王三公”。

[2]通幰：車子通體覆蓋帷幔，無窗口。

[3]上臺：指宫廷，朝廷。

[4]三夫人：指後宫貴妃、貴嬪、貴姬合稱，地位僅次於皇后。正一品。

[5]揥幢：套上的傘蓋。　涅幰：黑色帷幔。

[6]六宫：泛指皇帝嬪妃中地位在三夫人以下者。

[7]輿：各本均同，《通典》卷六五《禮·主妃命婦等車輅》作“榻”。

[8]采女：宫廷中女官之一。南朝梁制不詳，《後漢書》卷一〇《皇后紀序》：“又置美人、宫人、采女三等，並無爵秩，歲時賞賜充給而已。”可作參考。

[9]侍女、直：指侍女與侍直。侍女爲侍奉帝后、嬪妃之女子；侍直爲宫廷中伺候聽命或宿夜值班。　乘：車子。

諸王、三公並乘通幰平乘車，[1]竹箕子壁、仰，[2]檳榆爲輞。[3]如今犢車，但舉幰通覆上。[4]

[1]平乘車：南朝梁形制不詳。《宋書·禮志五》有“平乘

舫”，其形制“皆平兩頭作露平形”，或可作參考。又本卷後文北
齊之制，“二品、三品得乘卷通幰車”。則通幰車兩頭或有平頭與卷
頭之分，待考。

　　[2]箕：各本同，《南齊書·輿服志》載晉制“平乘車”亦同。
《通典》卷六五《禮·公侯大夫等車輅》載晉制作“簞”。　仰：
《南齊書·輿服志》載晉制“平乘車”同，《通典》卷六五《禮·
公侯大夫等車輅》載晉制無此字。

　　[3]輞：《南齊書·輿服志》及《通典》卷六五《禮·公侯大
夫等車輅》載晉制“平乘車”條作“輪”。

　　[4]但：底本、汲古閣本、殿本、庫本作“稱”，中華本據
《通典》卷六五《禮·公侯大夫等車輅》、中華書局新修訂本據
《晉書·輿服志》改作“但”。今從改。

　　方州刺史，[1]並乘通幰平肩輿，[2]從橫施八橫，亦得
金渡裝較。天子至于下賤，通乘步輿，[3]方四尺，上施
隱膝以及襻，[4]舉之。無禁限。載輿亦如之，但不施腳，
以其就席便也。優禮者，人輿以升殿。司徒謝朏，[5]以
腳疾優之。

　　[1]方州：指地方州郡。

　　[2]平肩輿：步輿之一。步輿以肩扛者，稱肩輿，又名平肩輿；
以別於以手挽之腰輿；在輿杠上繫襻帶以肩承之襻輿。

　　[3]步輿：以人抬的代步工具。

　　[4]隱膝：擱膝之具。　襻：指襻帶，繫於輿杠上，抬輿之人
以肩承之。

　　[5]司徒：官名。贈官。南朝梁十八班。　謝朏：人名。南朝
梁大臣，官至中書監、司徒、衛將軍。傳見《梁書》卷一五，《南
史》卷二〇有附傳。

　　五牛旗，[1]左青赤，右白黑，黄居其中，蓋古之五時副車也。舊有五色立車，[2]五色安車，[3]合十乘，名爲五時車。[4]建旗十二，各如車色。立車則正竪其旗，安車則斜注。[5]馬亦隨五時之色，白馬則朱其鬣尾。左右騑驂，[6]金錽鏤錫，[7]黄屋，[8]左纛，[9]如金根之制。[10]行則從後。名五時副車。晋過江，不恒有事，則權以馬車代之，建旗其上。後但以五色木牛象車，[11]竪旗於牛背，使人輿之。旗常纏不舒，唯天子親戎，乃舒其旆。[12]周遷以爲晋武帝平吳後造五牛之旗，[13]非過江始爲也。

　　[1]五牛旗：即五牛旗輿，西晋平吳後所造，車設五牛，竪旗於牛背。

　　[2]立車：須站立乘行的車輛。《晋書·輿服志》：“車，坐乘者謂之安車，倚乘者謂之立車，亦謂之高車。”

　　[3]安車：坐乘之小車。

　　[4]五時車：五時出行所乘之車。此沿用漢制，據《續漢書·祭祀志中》載：東漢明帝永平二年（59）采古禮定“五郊迎氣服色”，立春、立夏、先秋十八日、立秋、立冬分别於都城東、南、中、西、北舉行，其車輿及服飾依時節分别用青、赤、黄、白、黑。

　　[5]斜注：斜插。

　　[6]騑驂：駕車時位於兩邊的馬。

　　[7]錽（wàn）：亦作“鋄”，馬冠。按，底本作“夒”，汲古閣本、殿本、庫本同。中華本作“錽”，其校勘記稱：“《續漢書·輿服志》上作‘鋄’，據《文選·東京賦》及李善注引《獨斷》

改。”又檢《通典》卷六四《禮·副車》亦作“錣”。今從改。本
卷後文同，不再出注。　　鍚（yáng）：馬額頭上皮革飾物，亦稱當
盧。按，底本作“錫”，汲古閣本、庫本同。據殿本、中華本及
《通典》卷六四《禮·副車》改。本卷下同。

［8］黃屋：指車蓋以黃色爲裏，黃屋爲皇帝乘輿之標志。按，
此句中華本標點作“黃屋左纛”。“黃屋”指車蓋裏子顔色，而
“纛”則是乘輿上之飾物，故二者可讀開。本卷下文同，不再出注。

［9］左纛：皇帝乘輿上的飾物，以犛牛尾或雉尾製成，其位置
文獻記載不一。一説設在車衡左邊或左騑上。

［10］金根：即金根車。據《宋書·禮志五》：“古曰桑根車，秦
曰金根車也。漢氏因秦之舊，亦爲乘輿，所謂乘殷之路者也。”南
北朝沿用。桑根車是以自然圓曲桑木做車輪裝配起來的車，桑根色
黃如金，同時此車又以黃金爲飾，故名金根車。其形制可參前引
《宋書·禮志五》。

［11］象車：《通典》卷六四《禮·副車》載東晉製作“象五時
車”。

［12］旆（pèi）：旗末狀如燕尾的垂旒。

［13］周遷：人名。南朝梁人，具體事迹不詳。《太平御覽》卷
三四〇《兵部·旗》曾引周遷《車服雜記》。本書《經籍志二》載
有《古今輿服雜事》二十卷，題爲梁人周遷撰。　　晋武帝：西晉武
帝司馬炎。紀見《晋書》卷三。

　　指南車，[1] 大駕出，爲先啓之乘。漢初，置俞兒
騎，[2] 並爲先驅。左太冲曰：[3]“俞騎騁路，指南司
方。”[4] 後廢其騎而存其車。

　　［1］指南車：用以指示方向之車。其制《宋書·禮志五》載：
“制如鼓車，設木人於車上，舉手指南。車雖回轉，所指不移。”

按，《通典》卷六四《禮·指南車》作"司南車"。

　　[2]俞兒騎：皇帝大駕出行時充當儀仗隊伍先導的騎衛。

　　[3]左太冲：人名。即西晉文學家左思，字太冲，曾撰《三都賦》，一時洛陽紙貴。傳見《晉書》卷九二。

　　[4]俞騎騁路，指南司方：語出《文選》所錄左太冲撰《吳都賦》。

　　記里車，[1]駕牛。其中有木人執槌，車行一里，則打一槌。

　　[1]記里車：又名大章車或記里鼓車，古代一種能標示道路里程的車子。

　　鼓吹車，[1]上施層樓，四角金龍，銜旒蘇、羽葆。[2]凡鼓吹，陸則樓車，水則樓船，在殿庭則畫筍虡爲樓。[3]樓上有翔鷺、棲烏，[4]或爲鵠形。[5]

　　[1]鼓吹車：又名白鷺車，因鼓上立鷺而得名，皇帝出行時載樂隊的車子。

　　[2]旒蘇：旒旗垂飾。　羽葆：帝王儀仗中以鳥羽聯綴爲飾的華蓋。按，此中華本標點作"旒蘇羽葆"。

　　[3]筍（sǔn）虡：古代懸掛鐘磬的架子。橫架爲筍，直架爲虡。

　　[4]翔鷺、棲烏：中華本標點作"翔鷺棲烏"。按，此指飛翔之鷺與棲止之烏，故中間用頓號。

　　[5]鵠：各本均同，《通典》卷六四《禮·鼓吹車》作"鶴"。

　　陳承梁末，王琳縱火，[1]延燒車府。至天嘉元年，[2]

敕守都官尚書、寶安侯到仲舉，[3]議造玉金象革木等五
輅及五色副車。皆金薄交龍，爲輿倚、較，[4]文貔伏
軾，[5]虯首銜軛，[6]左右吉陽箭，[7]鸞雀立衡，檽文畫
轓。[8]綠油蓋，黃絞裏，[9]相思橑，[10]金華末。[11]斜注旂
旗於車之左，[12]各依方色。加棨戟於車之右，[13]韜以黻
繡之衣。[14]獸頭幡，長丈四尺，懸於戟秒。[15]玉輅，正
副同駕六馬，餘輅皆駕四馬。馬並黃金爲义髦，[16]插以
翟尾，玉爲鏤錫。又以彩畫赤油，長三尺，廣八寸，繫
兩軸頭，[17]古曰飛軨，[18]改以彩畫蛙蟆幡，綴兩軸頭，
即古飛軨遺象也。五輅兩箱後，皆用玳瑁爲鷗翅，[19]加
以金銀雕飾，故俗人謂之金鷗車。兩箱之裏，衣以紅
錦，金花帖釘，上用紅紫錦爲後檐，青絞純帶，[20]夏用
簟，冬用綺繡褥。此後漸修，具依梁制。

[1]王琳：人名。南北朝時梁、北齊大將。傳見《北齊書》卷
三二、《南史》卷六四。

[2]天嘉：南朝陳文帝陳蒨年號（560—566）。

[3]守：官制用語。指低官階署理高官階官職。　都官尚書：
官名。掌軍事、刑獄。南朝陳第三品。　寶安侯：爵名。南朝陳十
二等爵的第六等。第三品。　到仲舉：人名。南朝陳大臣，官至侍
中、尚書右僕射。傳見《陳書》卷二〇，《南史》卷二五有附傳。

[4]輿：車箱。　倚：亦作「輢」，車盤木，供人倚靠之用。
按，中華本標點作「倚較」。倚與較爲車兩種不同構件，中間可用
頓號。本卷下同。

[5]貔：猛獸，如虎。按，各本均同，《通典》卷六四《禮·
五輅》作「豹」。

[6]虯：傳說中的無角龍。按，底本作「蚪」，據汲古閣本、

殿本、庫本、中華本及《通典》卷六四《禮·五輅》改。

[7]吉陽筩：即吉祥筒。

[8]槶（jù）文：亦作"虡文"或"簨文"，禽獸雲氣文。
轓：車箱兩旁用以遮蔽塵土之屏障。

[9]絞：蒼黃色。按，各本均同，《通典》卷六四《禮·五輅》
作"紋"。

[10]相思橑（lǎo）：車蓋傘骨以相思木製。

[11]金華：金花。

[12]旂旗：泛指旗幟，然五輅左方所建之旗幟，各有專名分別
與五色相對應：玉輅者名旂，金輅者名旗，象輅者名旞，革輅者名
旗，木輅者名旆。注釋詳見後文。

[13]棨戟：有繒衣或油漆之木戟。

[14]韜：包扎、斂束。　黻繡：繡上的黑與青相間的亞形
花紋。

[15]杪：末端。

[16]义：汲古閣本、殿本、庫本同，中華本據《通典》卷六
四《禮二十四·五輅》改作"文"，中華書局新修訂本又作"叉"。

[17]軸頭：車軸兩端。

[18]飛軨：車軸兩端所繫之飾物。

[19]玳瑁：爬行動物，形似龜，甲殼可做裝飾品。　鵾
（kūn）：古代像鶴的一種鳥。

[20]絞：各本均同，《通典》卷六四《禮·五輅》作"紋"。

　　後魏天興初，[1]詔儀曹郎董謐撰朝饗儀，[2]始制軒
冕，[3]未知古式，多違舊章。孝文帝時，[4]儀曹令李
韶，[5]更奏詳定，討論經籍，議改正之。唯備五輅，各
依方色，其餘車輦，猶未能具。至熙平九年，[6]明帝又
詔侍中崔光與安豐王延明、博士崔瓚採其議，[7]大造車

服。定制，五輅並駕五馬。皇太子乘金輅，朱蓋赤質，四馬。三公及王，朱屋青表，[8]制同於輅，名曰高車，駕三馬。庶姓王、侯及尚書令、僕已下，[9]列卿已上，[10]並給軺車，駕用一馬。或乘四望通幰車，駕一牛。自斯以後，條章粗備，北齊咸取用焉。[11]其後因而著令，並無增損。

[1]後魏：即北魏（386—557），亦單稱魏。初都平城（今山西大同市東北），公元494年遷都洛陽（今河南洛陽市東北白馬寺東）。公元534年分裂爲東魏和西魏兩個政權。東魏（534—550）都於鄴（今河北臨漳縣西南鄴鎮東），西魏（535—557）都於長安（今陝西西安市西北郊）。　天興：北魏道武帝拓跋珪年號（398—404）。

[2]儀曹郎：官名。三國魏始置，掌吉凶禮制。北魏第六品下。董謐：人名。北魏清河東武城人，以碩學知名。事見《魏書》卷二四《崔僧淵傳》。　朝饗儀：《魏書·崔僧淵傳》作“朝覲饗宴郊廟社稷之儀”。

[3]軒冕：車輿與冕服。

[4]孝文帝：即北魏孝文帝元宏。紀見《魏書》卷七。

[5]儀曹令：官名。屬儀曹尚書，掌吉凶禮制。北魏品秩不詳。李韶：人名。北魏孝文帝延興年間除儀曹令。《魏書》卷三九有附傳。

[6]熙平：北魏孝明帝元詡年號（516—518）。　九年：據《魏書·禮志四之四》崔光等議車服制度在“熙平元年九月”。熙平僅二年餘，此“九”恐爲“元”之誤。

[7]明帝：即北魏孝明帝元詡。紀見《魏書》卷九。　崔光：人名。北魏大臣，太和年間即以本官兼侍中。傳見《魏書》卷六七、《北史》卷四四。　安豐王延明：即元延明。封安豐王，時任

侍中一職。《魏書》卷二〇、《北史》卷一九有附傳。　博士：古代學官名。掌教授生徒。按，《魏書・禮志四之四》載崔瓚爲“太學博士”。　崔瓚：人名。北魏孝明帝熙平年間任太學博士，參議禮制。

[8]表：《通典》卷六五《禮・公侯大夫等車輅》作“蓋”。

[9]僕：《通典》卷六五《禮・公侯大夫等車輅》作“僕射”。

[10]列卿：北魏列卿有太常、光祿、衛尉、太僕、廷尉、大鴻臚、宗正、大司農、太府九卿。正三品。

[11]北齊：即後齊（550—577），或稱高齊，都鄴（今河北臨漳縣西南）。

　　王、庶姓王、儀同三司已上、親公主，[1]雉尾扇，紫傘。皇宗及三品已上官，青傘朱裏。其青傘碧裏，達於士人，不禁。

[1]儀同三司：官名。三司即三公，儀同三司原意謂“官非三公而儀制待遇同於三司”，原爲皇帝恩賜三公以下大臣的一種特殊榮寵。後來授予範圍不斷擴大，逐漸成爲散官號。北齊正二品。

　　正從第一品執事官、散官及儀同三司、諸公主，得乘油色朱絡網車，[1]車牛飾得用金塗及純銀。二品、三品得乘卷通幰車，[2]車牛飾用金塗。四品已下，七品已上，得乘偏幰車，[3]車牛飾用銅。

[1]油色朱絡網車：此句意不明，恐有缺字。據其他朝代車輿制度，“油”指“油幰”，即油布所作帷幔。絡網爲帷幔四周下垂之網狀裝飾物。《通典》卷六五《禮・公侯大夫等車輅》無“色”字。

　　[2]卷通幰車：其制不詳。前文南朝梁制，"諸王、三公並乘通幰平乘車"，則通幰車兩頭或有平頭與卷頭之分，待考。

　　[3]偏幰車：車帷幔衹掛於車前半部，與通幰車通體覆蓋不同。

　　尚書令給哄士十五人，[1]左右僕射、御史中丞，[2]各十二人。

　　[1]哄士：官吏出行時爲之開道前導，喝止行人之隨從。

　　[2]御史中丞：官名。御史臺長官，置一人，察糾彈劾。北齊從三品。

　　周氏設六官，[1]置司輅之職，[2]以掌公車之政，辨其名品，與其物色。

　　[1]周：即北周（557—581），都長安（今陝西西安市西北）。六官：周朝六卿之官。根據《周禮》的記載，周朝以天官冢宰、地官司徒、春官宗伯、夏官司馬、秋官司寇、冬官司空分掌邦國之政，總稱六官或六卿。此指北周仿《周禮》所置六卿之官。

　　[2]司輅：官名。北周設司車輅下大夫，正四命；小司輅上士，正三命。掌車輿之制。（參見王仲犖《北周六典》卷四《春官府第九》，中華書局1979年版，第306頁）

　　皇帝之輅，十有二等：[1]一曰蒼輅，以祀昊天上帝。二曰青輅，以祀東方上帝。三曰朱輅，以祀南方上帝及朝日。[2]四曰黃輅，以祭地祇、中央上帝。[3]五曰白輅，以祀西方上帝及夕月。[4]六曰玄輅，以祀北方上帝及感帝，祭神州。此六輅，通漆之而已，不用他物爲飾。皆疏面，[5]旒就以方色，俱十有二。疏面，刻皮當顱。七曰玉輅，以享先皇、加元服、納后。[6]八曰碧輅，以祭社稷、享諸先帝、大貞於龜、食三老五更、享食諸侯及耕籍。[7]九曰金輅，以祀星辰、祭四望、視朔、大射、賓射、饗群臣、巡犧牲、養國老。[8]十曰象輅，以望秩群祀、視朝、燕諸侯及群臣、燕射、養庶老、適諸侯家、巡省、臨太學、幸道法門。[9]十一曰革輅，以巡兵即戎。十二曰木輅，以田獵、行鄉畿。此六輅，又以六色漆而畫之，用玉碧金象革物，以飾諸末。皆錫面、金鉤，[10]就以五采，[11]俱十有二。錫面，鏤金當顱。鉤以屬勒鞶纓。[12]

[1]十有二等：十二等輅，爲北周獨創，以古之五輅，又各依方色立五輅，加蒼輅、碧輅而成十二。

[2]朝日：古代春分祭日儀式。

[3]以祭地祇、中央上帝：此句中華本標點作“以祭地祇中央上帝”。按，地祇指地神，與中央上帝爲兩類神，中間當用頓號。

[4]夕月：古代秋分祭月儀式。

[5]疏面：以鏤刻之皮革裝飾馬額頭。

[6]加元服：古時有未成年繼位帝王，至成年時需舉行加冠典禮，謂“加元服”。

[7]大貞於龜：亦稱貞龜，占卜，因古人灼龜甲以卜，故名。
三老五更：古代設置的兩個養老之位，掌宣德教。三老與五更各置一人，皆以年老退休且明世事的三公任之。天子則以父禮事三老，以兄禮事五更，皆尊養於國子學或太學中，用以示天下之孝悌。　耕籍：籍田之禮。

[8]四望：所祭之四方山川及其神靈。　大射：古射禮之一。天子舉行祭祀大典之前，選擇陪祭之臣而舉行的禮儀。其方法爲：

按等級不同，以虎、熊、豹、麋等形象爲箭靶，靶心設一鵠，數中者可陪祭。　賓射：古射禮之一。天子與賓客行宴飲之禮，之後與之射。　國老：告老退職之國家重臣。

[9]望秩：按等級遙望祭祀山川。　燕射：古射禮之一。指宴飲而射。

[10]金鈎：馬頟間飾物，可承挽馬之帶。

[11]就：五彩絲一匝爲一就。

[12]鞶纓：古者天子諸侯及顯貴挽馬的帶飾。

　　皇后之車，亦十二等：一曰重翟，[1]以從皇帝，重翟羽爲車蕃。祀郊禖，[2]享先皇，朝皇太后。二曰厭翟，[3]以祭陰社。次其羽也。三曰翟輅，[4]以采桑。翟羽飾之。四曰翠輅，[5]以從皇帝，見賓客。翠羽飾之。五曰雕輅，以歸寧。刻諸末也。六曰篆輅，以臨諸道法門。篆諸飾也。六輅皆錫面，朱總、[6]總以朱絲爲之，置馬勒，直兩耳與兩鑣也。金鈎。七曰蒼輅，以適命婦家。八曰青輅，九曰朱輅，十曰黃輅，十一曰白輅，十二曰玄輅。五時常出入則供之。六輅皆疏面，繢總。[7]以畫繒爲之。

[1]重翟：此亦爲古王后五輅之一，車兩旁屏蔽以兩重翟鳥之羽毛爲之。

[2]郊禖：天子求子所祭之神，因祠在郊，故名。

[3]厭翟：此亦爲古王后五輅之一，車兩旁屏蔽以翟鳥羽毛排列有序，僅後部疊壓。

[4]翟輅：古之翟車，以翟鳥羽毛所飾之車，爲后妃所乘。

[5]翠輅：以翠鳥羽毛所飾之車。

[6]朱總：繫在馬銜鑣上，繪有花紋的紅色短飾帶。

[7]續總：繫在馬銜鑣上之飾帶，以畫紋絲織物爲之。

諸公之輅九：方輅、各象方之色。[1]碧輅、金輅，皆錫面，鞶纓九就，金鈎。象輅、犀輅、貝輅、革輅、篆輅、木輅，[2]皆疏面，鞶纓九就。凡就，皆以朱白蒼三采。諸侯自方輅而下八，又無碧輅。諸伯自方輅而下七，又無金輅。諸子自方輅而下六，又無象輅。諸男自方輅而下五，又無犀輅。凡就，各如其命。

[1]象方之色：以各方顏色相配之車，如皇帝之輅顏色爲蒼、青、朱、黃、白、玄色。
[2]象輅、犀輅、貝輅、革輅、篆輅：指分別以象牙、犀角、貝殼、皮革、篆刻裝飾諸末之車。

諸公夫人之輅車九：厭翟、翟輅、翠輅，皆錫面，朱總，金鈎。雕輅、篆輅，皆勒面，[1]刻白黑韋爲當顱。續總。朱輅、黃輅、白輅、玄輅，皆雕面，[2]刻漆韋爲當顱。鷖總。[3]總青黑色繒，其著如朱總。諸侯夫人自翟輅而下八，諸伯夫人自翠輅而下七，諸子夫人自雕輅而下六，諸男夫人自篆輅而下五。鞶纓就數，各視其君。

[1]勒面：以鏤刻黑白顏色去毛熟治獸皮裝飾馬額頭。
[2]雕面：以鏤刻油漆過的去毛熟治獸皮裝飾馬額頭。
[3]鷖（yī）：青黑色的繒。

公、孤、卿、大夫，皆以中之色乘祀輅。[1]士乘祀車。

[1]中之色：中央之方色，即黄色。　祀輅：此輅爲北周新創，比諸公之方輅，然僅有中央之方色。

三公之輅車九：[1]祀輅、犀輅、貝輅、篆輅、木輅、夏篆、夏縵、墨車、轏車。[2]自篆已上，金塗諸末，疏錫，[3]鞶纓，金鈎。木輅已下，銅飾諸末，疏，鞶纓皆九就。三孤自祀輅而下八，[4]無犀輅。六卿自祀輅而下七，[5]又無貝輅。上大夫自祀輅而下六，[6]又無篆輅。中大夫自祀輅而下五，[7]又無木輅。下大夫自祀輅而下四，[8]又無夏篆。士車三：[9]祀車、墨車、轏車。凡就，各如其命之數。自孤下，就以朱綠二采。

[1]三公：指太師、太傅、太保。均正九命。

[2]夏篆：以五彩雕刻爲飾之車。　夏縵：車無雕刻，以五彩畫車爲裝飾。　墨車：車漆以黑色，不加紋飾。　轏（zhàn）車：寢車、卧車。

[3]疏錫：各本均同。然馬面之飾物，有錫面或疏面，而無“疏錫”。上文北周諸公之輅有“錫面”與“疏面”，本句下文亦云“木輅已下，銅飾諸末，疏，鞶纓皆九就”。又《通典》卷六五《禮二五·公侯大夫等車輅》亦稱“錫”，無“疏”字。故此“疏”字當爲衍文。

[4]三孤：指少師、少傅、少保。均正八命。

[5]六卿：官名。北周天官冢宰、地官司徒、春官宗伯、夏官司馬、秋官司寇、冬官司空分掌邦國之政，總稱六官或六卿。正六命。

[6]上大夫：官名。北周正六命。

[7]中大夫：官名。北周正五命。

[8]下大夫：官名。北周正四命。

[9]士：官名。北周上士，正三命；中士，正二命；下士，正一命。

　　三妃、三公夫人之輅九：[1]篆輅、朱輅、黄輅、白輅、玄輅，皆勒面，繢總。夏篆、夏縵、墨車、輚車，皆雕面，鷖總。三妣、三孤内子，[2]自朱輅已下八。六嬪、六卿内子，[3]自黄輅而下七。上媛婦、中大夫孺人，[4]自玄輅而下五。下媛婦、大夫孺人，自夏篆而下四。御婉、士婦人，[5]自夏縵而下三。其鞶纓就，各以其等。

[1]三妃：北周後宮嬪妃之一，比《周禮》三夫人之位，位視三公，正九命（參見王仲犖《北周六典》卷九《内命婦第二十三》，第613頁）。

[2]三妣：北周後宮嬪妃之一，地位僅次於三妃，位視三孤（參見王仲犖《北周六典》卷九《内命婦第二十三》，第615頁）。
　内子：古代卿大夫之嫡妻。

[3]六嬪：北周後宮嬪妃之一，地位僅次於三妃，位視六卿（參見王仲犖《北周六典》卷九《内命婦第二十三》，第615頁）。

[4]上媛：上媛、中媛、下媛均爲御媛，位視大夫。大夫有上、中、下，故御媛亦有上、中、下。（參見王仲犖《北周六典》卷九《内命婦第二十三》，第616頁）　孺人：古稱大夫之妻。

[5]御婉：北周後宮嬪妃之一，位視士（參見王仲犖《北周六典》卷九《内命婦第二十三》，第616頁）。

皆簟笰，[1]漆之。君以赤，卿大夫士以玄。

[1]簟（diàn）笰（fú）：遮蔽車箱後窗或門户的竹席。

君駕四，三軶六轡。卿大夫駕三，二軶五轡。士駕二，一軶四轡。

輅之制，重輪重較而加耳焉。[1]皇帝、皇后之輅，輿廣六尺有六寸，輪高七尺。畫輪轂、軶衡以雲牙，[2]箱軾以虞文，虞内畫以雜獸。獸伏軾，鹿倚、較。諸侯及夫人，命夫、命婦之輅車，廣六尺有二寸，輪崇六尺有六寸。畫轂以雲牙，軾以虞文，虞内畫以雲華。鹿倚、較。士不畫。后、夫人、内子已下，同去獸與鹿。

[1]加：底本誤作"缺"字。據《通典》卷六四《禮·五輅》及他本補。　耳：《通典》卷六四《禮·五輅》作"茸"。
[2]雲牙：雲絲、雲朵。

凡旗，太常畫三辰，日、月、五星。旃畫青龍，[1]皇帝升龍，諸侯交龍。旗畫朱雀，[2]旟畫黄麟，[3]旗畫白獸，[4]旐畫玄武，[5]皆加雲。其旜物在軍，[6]亦書其事號，[7]加之以雲氣。徽幟亦如之。[8]通帛爲旜，雜帛爲物。在軍亦書其人官與姓名之事號。徽幟亦書之，但畫其所書之例。旌節又畫白獸，[9]而析羽於其上。[10]

[1]旃（zhān）：赤色、無飾、曲柄之旗。按，《通典》卷六六《禮·旌旗》作"旜"，中華書局新修訂本亦改作"旜"。

　　[2]旟（yú）：畫有鳥雀圖案的軍旗。　雀：《通典》卷六六《禮·旌旗》及《太平御覽》卷三四〇《兵部·旗》作“鳥”。

　　[3]旌：以犛牛尾或兼五采羽毛飾竿頭之旗。

　　[4]旗：畫有熊虎圖像之旗。　白獸：即白虎，避唐諱改。下文同。

　　[5]旐（zhào）：畫有龜蛇圖像之旗。

　　[6]旝物：以純色絲帛所製之旗幟名旝，以雜色絲帛所製之旗幟名物。

　　[7]事號：軍官之官職與名號。

　　[8]徽幟：朝廷或軍隊中用以識別歸屬的標志，形似小旌旗。

　　[9]旌節：古代使者所持之節，亦爲憑信。

　　[10]析羽：古代用來裝飾旌旗或符節之穗狀羽毛。

　　司常，[1]掌旗物之藏。通帛之旗六，以供郊丘之祀。一曰蒼旗，二曰青旗，三曰朱旗，四曰黃旗，五曰白旗，六曰玄旗。畫繢之旗六，[2]以充玉輅之等。一曰三辰之常，二曰青龍之旗，三曰朱鳥之旟，四曰黃麟之旌，五曰白獸之旗，六曰玄武之旐。皆左建旗而右建闟戟。[3]又有繼旗四，[4]以施軍旅。一曰麾，以供軍將。[5]二曰旒，[6]以供師帥。三曰旗，[7]以供旅帥。四曰旆，以供倅長。[8]

　　諸公方輅、碧輅建旟，[9]金輅建旗，象輅建物，木輅建旐。諸侯自金輅而下，如諸公之旗。諸伯自象輅而下，如諸侯之旗。諸子自犀輅而下，如諸伯之旗。諸男自象輅而下，如諸子之旗。三公犀輅、貝輅、篆輅建旝，木輅建旐，夏篆、夏縵及輂車建物。孤卿已下，各以其等建其旗。

[1]司常：官名。北周春官府置司常中士，和司常下士，掌旗物之藏。司常中士，正二命；司常下士，正一命。

[2]畫繢：亦作"畫繪"，繪畫圖案。

[3]闟（xī）戟：古代兵器，長戟。按，闟，底本原作"闖"，中華本改作"闟"，其校勘記云："'闟'原作闖，據《續漢志》上及《通典》六六改。下同。"今從改。又《太平御覽》卷三四〇《兵部·旗》作"穆"。

[4]繼旗：所指不明。

[5]軍將：及下文師帥、旅帥，均爲北周仿《周禮》所建軍隊長官名。《周禮·夏官·序官》："凡制軍：萬有二千五百人爲軍⋯⋯二千有五百人爲師，師帥皆中大夫；五百人爲旅，旅帥皆下大夫。"

[6]旞：音 suì。

[7]斾（fá）：中華本作"旆"，其校勘記云："'旆'原作'斾'，據《通典》六六改。"《太平御覽》卷三四〇《兵部·旗》作"斾"。

[8]倅長：百兵之長。

[9]旂：圖案兩龍並在竿頭懸鈴之旗。

旌杠，[1]皇帝六刃，[2]諸侯五刃，大夫四刃，士三刃。

[1]旌杠：旗杆。

[2]刃：通"仞"，長度單位，七尺爲一仞，一説八尺。

旒，皇帝曳地，諸侯及軹，[1]大夫及轂，[2]士及軫。[3]凡注毛於杠首曰緌，析羽曰旌，全羽曰旞。其幓，[4]皇帝諸侯加以弧韣。[5]闟戟，方六尺而被之以黂，唯皇帝諸侯輅建焉。闟戟、杠綢與旗同。

[1]軑：車軸頭。

[2]轂：此指車輪。

[3]軫：車後橫木。

[4]幓（shān）：亦作"縿"，旌旗上的飄帶。《通典》卷六六《禮·旌旗》作"縿"。

[5]弧韣（dú）：張旌旗正幅之竹弓和弓衣。

車之蓋圓，以象天，輿方，以象地。輪輻三十，[1]以象日月。蓋橑二十有八，[2]以象列宿。設和鸞以節趨行，[3]被旗旒以表貴賤。其取象也大，其彰德也明，是以王者尚之。

[1]輻：車輪上連接外框和中心轂的直木。

[2]蓋橑（lǎo）：傘蓋骨架。

[3]和鸞："鸞"亦作"鑾"。車上之鈴鐺。掛於車前衡木上稱"和"，掛於軛首或車架上稱"鸞"。以鈴鐺響動節制前行速度。

皇帝、皇后在喪之車五：一曰木車，[1]初喪乘之。二曰素車，[2]卒哭乘之。[3]三曰藻車，[4]既練乘之。[5]四曰駹車，[6]祥而乘之。[7]五曰漆車，[8]禫而乘之。[9]

[1]木車：不加漆飾之車，用於天子喪事。

[2]素車：古代凶、喪事所用之車，以白土塗刷。

[3]卒哭：古代喪禮百日祭後，止無時之哭，變爲朝夕一哭，名爲卒哭。

[4]藻車：漆以類似水藻青色之車。

[5]既練：亦稱練祥或小祥，古代喪禮的周年祭。

[6]駹（máng）車：車邊用漆飾之車。

[7]祥：亦稱大祥，古代喪禮的兩周年祭。

[8]漆車：漆以黑色之車。

[9]禫（dàn）：除喪服之祭祀。

及平齊，得其輿輅，藏於中府，[1]盡不施用。至大象初，[2]遣鄭譯閱視武庫，[3]得魏舊物，取尤異者，並加雕飾，分給六宫。有乾象輦，羽葆圓蓋，畫日月五星、二十八宿、天街雲罕、山林奇怪及游麟飛鳳、朱雀玄武、騶虞青龍，駕二十四馬，以給天中皇后，助祭則乘。又有大樓輦車，龍䡩十二，加以玉飾，四轙六衡，方輿圓蓋，金雞樹羽，寶鐸旒蘇，鸞雀立衡，六螭龍銜軛，建太常，畫升龍、日、月，駕二十牛。又有象輦，左右金鳳，白鹿仙人，羽葆旒蘇，金鈴玉佩，初駕二象，後以六駝代之。并有游觀小樓等輦，駕十五馬車等，合十餘乘，皆魏天興中之所制也。宣帝至是，[4]咸復御之。復令天下車，皆以渾成木爲輪。

[1]中府：即内庫。

[2]大象：北周静帝宇文闡年號（579—580）。

[3]鄭譯：人名。北周時任内史下大夫，周宣帝病死，與劉昉矯詔引楊堅輔政，後任楊堅丞相府長史，入隋官至岐州刺史。傳見本書卷三八，《周書》卷三五、《北史》卷三五有附傳。

　　[4]宣帝：北周宣帝宇文贇。紀見《周書》卷七、《北史》卷一〇。

　　開皇元年，[1]內史令李德林奏，[2]周、魏輿輦乖制，請皆廢毀。高祖從之。唯留魏太和時儀曹令李韶所製五輅，[3]齊天保所遵用者。[4]又留魏熙平中，太常卿穆紹議皇后之輅，[5]其從祭則御金根車，親桑則御雲母車，[6]並駕四馬。歸寧則御紫罽車，[7]游行則御安車，弔問則御紺罽軿車，[8]並駕三馬。於後著令，制五輅。

　　[1]開皇：隋文帝楊堅年號（581—600）。
　　[2]內史令：官名。內史省長官，掌皇帝詔令出納宣行，居宰相之職。隋初內史省置監、令各一人，尋廢監，置令二人，正三品。　李德林：人名。傳見本書卷四二、《北史》卷七二。
　　[3]太和：北魏孝文帝元宏年號（477—499）。
　　[4]天保：北齊文宣帝高洋年號（550—559）。
　　[5]太常卿：官名。掌國家禮樂，郊廟社稷祭祀等事。北魏正三品。　穆紹：人名。北魏宣武帝元恪時授衛將軍、太常卿。《魏書》卷二七有附傳。
　　[6]雲母車：以雲母為飾之車。一說以雲母代替車上紗窗，四望透明。
　　[7]歸寧：已嫁女子回娘家探望父母。　紫罽（jì）車：紫色毛氈帷幕之車。
　　[8]紺罽軿（píng）車：天青色毛氈帷幕之車。

　　玉輅，青質，以玉飾諸末。[1]重箱盤輿，[2]左青龍，右白虎，金鳳翅，畫虞文鳥獸。黃屋，左纛，金鳳在軾前，[3]八鸞在衡，二鈴在軾。龍輈，前設部塵。[4]青蓋、黃裏，[5]繡飾。博山、鏡子，[6]樹羽。[7]輪皆朱斑重牙。[8]左建旗，[9]十有二旒，幓旒皆畫升龍，其長曳地。右載闟戟，長四尺，廣三尺，黻文。旂首金龍頭，銜結綬及鈴、綏。[10]駕蒼龍，[11]金鍐，方釳，[12]插翟尾五隼，[13]鏤鍚，鞶纓十有二就。鍚馬當顱，鏤金爲之。鞶馬大帶，纓馬鞅，皆以五彩飾之。就成也，一匝爲一就。祭祀、納后則供之。

[1]諸末：車轅、車衡、車轂之端。

[2]重箱：車箱分成前後兩部分，馭者居前，主人居後。 盤輿：車床形狀作盤形。

[3]金鳳在軾前：此句《通典》卷六四《禮·五輅》“金鳳”後有“一”字。

[4]部塵：車轅前用以障蔽塵垢的器物。

[5]青蓋、黃裏：此指傘蓋表裏顏色。

[6]博山、鏡子：中華本中間未讀開。“博山”與“鏡子”爲兩物，非一物，“博山”指蓋四周邊緣所裝三角形或拱形凸起如山形之飾物，而“鏡子”則爲蓋四周下垂之飾物。《通典》卷六四《禮·五輅》記載較明確：“……金博山，綴以鏡子。”因此，“博山”與“鏡子”之間應用頓號。

[7]樹羽：蓋頂樹立雉尾。

[8]朱斑：朱色車輪，輪上畫有斑紋。 重牙：牙指接地輪圈，車輪有雙重外周。

[9]旗：此恐爲“旂”之誤。按，天子五輅所建之旗幟各有專名，玉輅建旂，金輅建旗，象輅建旌，革輅建旗，木輅建旐，此處“旂”“旗”二字不通用。如本卷載後周之制：“凡旗，太常畫三

辰，旂畫青龍（原注：皇帝升龍，諸侯交龍），旗畫朱雀，旌畫黃麟，旗畫白獸，旐畫玄武。”檢《説文解字》旂、旗、旌、旗、旐確爲五種不同旗幟。隋初雖廢毀周、魏興輦，然五輅旗幟似仍沿用後周之制，如本書《禮儀志五》所載隋初五輅制度，除上引玉輅外，其他四輅完全與後周同，如金輅“左建旗”（原注：旗畫鳥隼），象輅“左建旌”（原注：旌畫黃麟），革輅“左建旗”（原注：旗畫白獸），木輅“左建旐”（原注：旐畫龜蛇）。而此條玉輅旗幟所畫爲升龍，亦與後周同。故隋初玉輅沿用自後周，左建之旗幟當爲“旂”，而非“旗”。另，本段後文亦載“旂首金龍頭”，亦可證隋初玉輅左建者爲“旂”。綜上，此條玉輅“左建旗”之“旗”應爲“旂”字之訛。

［10］鈴、綏：中華本標點作“鈴綏”。按，此當爲“鈴”與“綏”，中間用頓號。本卷下文同。

［11］蒼龍：八尺高青色馬。

［12］金鍐，方釳：此句中華本標點作“金鍐方釳”。按，鍐爲馬冠，與釳爲馬頭上兩類飾物，故中間用逗號斷開。本卷下文同。方釳，此指馬頭上飾物，鐵製。《説文·金部》：“釳，乘輿馬頭上防釳，插以翟尾鐵翮，象角。”

［13］隼：《通典》卷六四《禮·五輅》作“焦”，《文獻通考》卷一一六作“隻”。

金輅，赤質，以金飾諸末。左建旗，右建闟戟。旗畫鳥隼。餘與玉輅同。駕赤駵。[1]朝覲、會同、饗射、飲至則供之。[2]

［1］駵（liú）：通“騮”，指紅身黑鬃尾馬。另“騮”亦有黃色者。

［2］朝覲、會同、饗射、飲至則供之：此句中華本標點作“朝

覲會同，饗射飲至則供之"。此爲四種禮儀場合，中間應用頓號。

象輅，黃質，以象飾諸末。左建旂，右建闟戟。_{旂畫黃麟。駕黃驪。}行道則供之。

革輅，白質，輓之以革。[1]左建旗，右建闟戟。_{旗畫白獸。駕白駱。}巡守臨兵事則供之。

[1]輓：《通典》卷六四《禮·五輅》作"鞔"。

木輅，漆之。左建旒，右建闟戟。_{旒畫龜蛇。[1]駕黑驪。}田獵則供之。

[1]龜蛇：《通典》卷六四《禮·五輅》作"玄武"。

五輅之蓋，旌旗之質，及鞶纓，皆從輅之色。蓋之裏，俱用黃。其鏤錫，五輅同。

安車，飾重輿，[1]曲壁，[2]紫油纁朱裏，[3]通幰，朱絲絡網，朱鞶纓，朱覆髮，[4]具絡。駕赤驪。臨幸則供之。四望車，_{制同犢車。}金飾，青油纁朱裏，通幰。拜陵、臨發弔則供之。

[1]重輿：即重箱，車箱分爲前後兩部分。按，據《通典》卷六四《禮·安車》此句"飾"前少一"金"字，當爲"金飾，重輿"。

[2]曲壁：車箱兩側箱壁呈彎曲弧形。

[3]朱裏：《通典》卷六四《禮·安車》作"纁裏"，無"朱"字。本段四望車亦同。

[4]覆髮：覆蓋馬鬃毛之絲織物。

皇后、皇太后重翟，青質，金飾諸末。朱輪，金根朱牙。其箱飾以重翟羽，青油繡朱裏，[1]通幰，繡紫帷，朱絲絡網，繡紫絡帶。[2]八鑾在衡，錫，鑿纓十二就，金鍐，方釳，插翟尾，朱總。總以朱爲之，如馬纓而小，著馬勒，在兩耳兩鑣也。駕蒼龍。受册、從郊禖、享廟則供之。

[1]油繡：《通典》卷六五《禮·皇太后皇后車輅》作“油幢”。按，“油幢”指用塗油織物製作的車蓋。作“油繡”意不可解。故此“油繡”恐爲“油幢”之訛。又本卷隋代其他輿車之“油繡”當同此。

[2]絡帶：挽馬之帶，同鑿纓。

厭翟，赤質，金飾諸末。輪畫朱牙。[1]其箱飾以次翟羽，[2]紫油繡朱裏，通幰，紅錦帷，朱絲絡網，紅錦絡帶。其餘如重翟。駕赤駵。親桑則供之。翟車，黃質，金飾諸末。輪畫朱牙。[3]其車側飾以翟羽，黃油繡黃裏，通幰，白紅錦帷，朱絲絡網，白紅錦絡帶。其餘如重翟。駕黃駵。歸寧則供之。諸鑿纓之色，皆從車質。安車，赤質，金飾。紫通幰朱裏。駕四馬。臨幸及弔則供之。

[1]輪：《通典》卷六五《禮·皇太后皇后車輅》作“朱輪”。

[2]次翟羽：翟鳥羽毛依次排列有序。

[3]輪：《通典》卷六五《禮·皇太后皇后車輅》作“朱輪”。

　　皇太子金輅，赤質，金飾諸末。重較，箱畫虞文鳥
獸，黃屋，伏鹿軾，龍輈。金鳳一，在軾前。設鄣塵。
朱蓋黃裹。輪畫朱牙。左建旂，九旒，右載闟戟。旂首
金龍頭，銜結綬及鈴、緌。駕赤駵四。八鑾在衡，二鈴
在軾。金鋄，方釳，插翟尾五隼，[1]鏤錫，鞶纓九就。
從祀享、正冬大朝、納妃則乘之。軺車，金飾諸末。紫
通幰，朱裹。駕一馬。五日常朝及朝饗宮臣，出入行道
乘之。四望車，金飾諸末。紫油纁通幰，朱裹，朱絲絡
網。駕一馬。弔臨則乘之。

　　[1]隼：《通典》卷六五《禮·皇太子皇子車輅》作“焦”，
《文獻通考》卷一一六作“隻”。

　　公及一品象輅，[1]黃質，以象飾諸末。建旟，畫以
鳥隼。受冊、告廟、升壇、上任、親迎及葬則乘之。
侯、伯及二品、三品革輅，[2]白質，以革飾諸末。建旟，
畫熊獸。受冊、告廟、親迎及葬則乘之。子、男及四品
木輅，[3]黑質，以漆飾之。建旐，畫以龜蛇。受冊、告
廟、親迎及葬則乘之。

　　[1]公：爵名。隋九等爵制，第三至五等分別爲國公、郡公、
縣公。均爲從一品。
　　[2]侯：爵名。隋九等爵的第六等。正二品。　伯：爵名。隋
九等爵的第七等。正三品。
　　[3]子：爵名。隋九等爵的第八等。正四品下。　男：爵名。

隋九等爵的第九等。正五品。

象輅已下，旒及就數，各依爵品，雖依禮製名，未及創造。開皇三年閏十二月，並詔停造，而盡用舊物。至九年平陳，又得輿輦。舊著令者，以付有司，所不載者，並皆毀棄。雖從儉省，而於禮多闕。

十四年，詔又以見所乘車輅，因循近代，事非經典，令更議定。於是命有司詳考故實，改造五輅及副。玉輅青質，祭祀乘之。金輅赤質，朝會禮還乘之。象輅黃質，臨幸乘之。革輅白質，戎事乘之。木輅玄質，耕藉乘之。五輅皆朱斑輪、龍輈、重輿，建十二旒，[1] 並畫升龍。左建闟戟。[2] 旂旒與輅同色。樊纓十有二就。[3] 王、五等開國、第一第二品及刺史輅，[4] 朱質，朱蓋，斑輪。左建旂，旂畫龍，一升一降。右建闟戟。第三第四品輅，朱質，朱蓋，左建旜，通帛爲之，旂、旜皆赤。其旒及樊纓就數，各依其品。

[1]建十二旒：此句有脱文，當爲“左建旗，十二旒”。據前代五輅之制，所建者非“旒”，乃是“旗”，衹是五輅之“旗”各有專名。又後文“旂旒與輅同色”，亦説明此十二旒爲所建旗之旒。

[2]左：各本均同。按，《通典》卷六四《禮二四·五輅》載隋代五輅皆“右建闟戟”。本卷所載後周及隋代五輅之制均爲左建旌旗，而右建闟戟，惟此作“左建闟戟”。若爲隋文帝開皇十四年所改，此爲變更古制之大事，煬帝大業改制必當提及。又，本段後文載王、五等開國、第一第二品及刺史輅皆爲“右建闟戟”。可知此處“左”應爲“右”傳刻致訛。

[3]樊纓：鞶纓，挽馬帶飾。

[4]五等開國：公、侯、伯、子、男五等爵，均置開府。

　　大業元年，[1]更製車輦，五輅之外，設副車。詔尚書令楚公楊素、吏部尚書奇章公牛弘、工部尚書安平公宇文愷、內史侍郎虞世基、禮部侍郎許善心、太府少卿何稠、朝請郎閻毗等，[2]詳議奏決。於是審擇前朝故事，定其取捨云。

　　[1]大業元年：本書卷三《煬帝紀上》載時間在"大業二年二月"，《通鑑》卷一八〇《隋紀》大業二年二月條亦同。本紀及《通鑑》所載時間更確，故此"元年"當爲"二年"。大業，隋煬帝楊廣年號（605—618）。
　　[2]尚書令：官名。尚書省長官，爲宰相之職。置一員，正二品。　楊素：人名。傳見本書卷四八，《北史》卷四一有附傳。吏部尚書：官名。尚書省下轄六部之一吏部的長官。掌全國文職官員銓選、考課等政令。置一員，正三品。　奇章公：爵名。全稱爲奇章郡公，隋九等爵的第四等。　牛弘：人名。傳見本書卷四九、《北史》卷七二。　工部尚書：官名。隋文帝開皇二年始置，掌全國百工、屯田、山澤之政令，統工部、屯田、虞部、水部四曹。正三品。按，本書《煬帝紀上》此條載宇文愷官職"大將軍"。檢《通鑑》卷一八〇《隋紀》大業二年正月載："東京成，進將作大匠宇文愷位開府儀同三司。"不載其任工部尚書。又本書《煬帝紀上》載大業四年三月宇文愷始由將作大匠升任工部尚書。故此言大業二年二月宇文愷所任官職爲工部尚書，誤，當爲將作大匠。另《煬帝紀》所載"大將軍"亦誤，據本書卷六八、《北史》卷六〇本傳，宇文愷不曾出任大將軍一職，其大業二年正月所進散官爲"開府儀同三司"。　安平公：爵名。全稱爲安平郡公，隋九等爵的第四等。　宇文愷：人名。傳見本書卷六八，《北史》卷六〇有附

傳。　內史侍郎：官名。隋內史省副長官，佐宰相之職的本省長官內史監、令處理政務。初設四員，大業三年減爲二員。正四品。虞世基：人名。傳見本書卷六七、《北史》卷八三。　禮部侍郎：官名。隋文帝時於禮部四曹之一禮部曹置禮部侍郎一員，爲該曹長官，正六品。煬帝大業三年諸曹侍郎並改稱郎，又始置侍郎爲尚書省下轄六部之副長官，正四品。此後，禮部侍郎纔成爲禮部副長官。按，本書《煬帝紀上》載同，本書《禮儀志七》亦云大業元年（當爲大業二年）許善心以給事郎參議輿服制度。然《通鑑》卷一八〇《隋紀》大業二年二月條不載許善心參與此事。司馬光《考異》曰：“善心於帝即位之初已左遷。蓋《紀》誤也。”　太府少卿：官名。太府寺副長官。太府少卿協助本司長官太府卿掌管倉儲出納及所轄各署事。隋初置一員，正四品上。煬帝增置二員，改從四品。　何稠：人名。傳見本書卷六八、《北史》卷九〇。　朝請郎：官名。隋文帝開皇三年於吏部置朝請等八郎，散官番直，常出使監檢。正五品。　閻毗：人名。傳見本書卷六八，《北史》卷六一有附傳。

　　玉輅，禋祀所用，飾以玉。《白武通》云：[1] “玉輅，大輅也。”《周禮》巾車氏所掌，“鏤錫，樊纓十有再就，建太常，十有二旒”。[2] 虞氏謂之鸞車，夏后氏謂之鈎車，殷謂之大輅，周謂之乘輅。《大戴禮》著其形式：[3] 上蓋如規象天，二十八橑象列星，下方輿象地，三十輻象一月。[4] 前視則睹鑾和之聲，側觀則睹四時之運。昔成湯用而郊祀，[5] 因有山車之瑞，亦謂桑根車。[6] 蔡邕《獨斷》論漢制度，[7] 凡乘輿車，皆有六馬，羽蓋金爪，[8] 黃屋，左纛，鏤錫，方釳，重轂，繁纓，[9] 黃繒爲蓋裏也。左纛，以旄牛尾建於竿上，其大如斗，立于左騑也。鏤錫高闊各五寸，上如傘形，施於髮上，而插翟尾也。方釳當顱，蓋馬冠也。繁纓，膺前索也。重轂，重施轂也。應劭《漢官》，[10]大輅龍旂，畫龍於旂上也。董巴《志》謂爲瑞山車，[11]秦謂金根，即殷輅矣。司馬彪志亦云：[12]"漢備五輅，或謂德車，其所駕馬，皆如方色。"唯晋太常卿摯虞，[13]獨疑大輅，謂非玉輅。摯虞之説，理實可疑，而歷代通儒，混爲玉輅，詳其施用，義亦不殊。左建太常。案《釋名》："日月爲常，畫日月於旗端，言常明也。"又云："自夏始也。"[14]奚仲爲夏車正，[15]加以旂常，於是旒就有差，用明尊卑之別也。董巴所述，全明漢制。天子建太常，十二斿，曳地，日月升龍，象天明也。今之玉輅，參用舊典，消息取捨，裁其折中。以青爲質，玉飾其末。重箱盤輿，左龍右獸，金鳳翅，畫虞文。軨左立蠹。金鳳一，在軾前。八鸞在衡，二鈴在軾。龍輈之上，前設鄣塵。青蓋黃裹，繡游帶。金博山，綴以鏡子，下垂八佩。樹四十葆羽。輪皆朱斑重牙，[16]復轄。左建太常，十有二旒，皆畫升龍日月，其長曳地。右載闟戟，長四尺，闊三尺，黻文。旗首金龍頭，銜鈴及綏，垂以結綏。駕蒼龍，金鋄，方釳，插翟尾五隼，鏤錫，鞶纓十有二就，皆五繒屬，[17]以爲文飾。天子祭祀、納后則乘之。駁士二十八人，[18]餘輅准此。

[1]《白武通》：即《白虎通》，亦稱《白虎通義》，避唐諱"虎"改。東漢章帝建初四年（79），召集各經文大家，於白虎觀講義五經異同，漢章帝親自裁決其經義奏議，會議結果由班固整理

成《白虎通義》一書。

　　[2]"鏤錫"至"十有二旒"：語出《周禮·春官·巾車》。

　　[3]《大戴禮》著其形式：此句中華本標點作頓號。按，後文爲《大戴禮記》不完全引用，似用冒號更準確。《大戴禮》，即《大戴禮記》，相傳爲西漢時戴德選編。本書《經籍志一》載有《大戴禮記》十三卷，漢信都王太傅戴德撰。

　　[4]"上蓋如規象天"至"三十輻象一月"：語出《大戴禮記·保傅》，原文爲："古之爲路車也，蓋圓以象天，二十八橑以象列星，軫方以象地，三十輻以象月。"規，圓形。

　　[5]成湯：即商湯。詳見《史記》卷三《殷本記》。

　　[6]桑根車：亦稱金根車。

　　[7]蔡邕：人名。東漢著名文學家、書法家，師從胡廣。傳見《後漢書》卷六〇下。　《獨斷》：東漢蔡邕撰。該書僅萬餘字，記述漢代，兼述漢以前有關禮制、車服、帝系等内容。

　　[8]爪：底本原作"瓜"，中華本作"爪"，其校勘記云："'爪'原作'瓜'，形近而訛，今改正。《續漢志》上：'羽蓋華蚤'。'爪'即'蚤'，指蓋弓的木端。"今從改。

　　[9]繁纓：輅車馬帶飾。"繁"指馬腹帶，"纓"指馬頸革。

　　[10]應劭：人名。東漢學者，著有《風俗通義》。傳見《後漢書》卷四八。　《漢官》：東漢應劭所撰。介紹漢代禮儀、典章制度之書。本書《經籍志二》載有應劭所注《漢官》五卷，所撰《漢官儀》十卷。

　　[11]董巴：人名。三國時魏國人。事略見《三國志》卷二《魏書·文帝紀》。　《志》：指董巴所撰《輿服志》，本書《經籍志二》載有其撰《大漢輿服志》一卷。按，此中華本標點未加書名號，今補。

　　[12]司馬彪：人名。西晉史家。著有《續漢書》，其中有《輿服志》，今《後漢書》中的《輿服志》即取其文。傳見《晋書》卷八二。

　　[13]摯虞：人名。西晉懷帝時爲太常卿。傳見《晉書》卷五一。

　　[14]《釋名》：東漢劉熙撰，爲探求事物名源之專書。　自夏始也：語出《釋名·釋兵》。

　　[15]奚仲：相傳其因造車有功，被夏禹封爲"車服大夫"，即"車正"。

　　[16]輪：底本原作"輄"，中華本據《通典》卷六四《禮·五輅》改作"輪"，今從改。

　　[17]五繒罽：《通典》卷六四《禮·五輅》作"五采繒罽"，意思更爲明確。

　　[18]馭士：亦稱馭人，駕馭車馬之人。

　　副車，案蔡邕《獨斷》，五輅之外，乃復設五色安車、立車各一乘，皆駕四馬，是爲五時副車。俗人名曰五帝車者，蓋副車也。故張良狙擊秦皇帝，誤中副車。[1]漢家制度，亦備副車。司馬彪云："德車駕六，後駕四，是爲副車。"《魏志》亦云："天子命太祖駕金根六馬，設五時副車。"[2]江左乃闕，[3]至梁始備。開皇中，不置副車，平陳得之，毁而弗用。至是復並設之。副玉輅，色及旗章，一同正輅，唯降二等。駕用四馬，馭士二十四人。餘四副准此。

　　[1]張良狙擊秦皇帝，誤中副車：典出《史記》卷五五《留侯世家》："秦皇帝東游，良與客狙擊秦皇帝博浪沙中，誤中副車。"

　　[2]天子命太祖駕金根六馬，設五時副車：典出《三國志》卷一《魏書·武帝紀》，原文爲："天子（指東漢獻帝）命王（指魏太祖曹操）冕十有二旒，乘金根車，駕六馬，設五時副車。"

[3]江左：指東晉南渡之後所建立的政權。

金輅，案《尚書》，即綴輅也。[1]《周官》：“金輅，
鏤錫，繁纓九就，建大旂，以賓，同姓以封。”[2]夫禮窮
則通，下得通於上也，故天子乘之，接賓宴，同姓諸
侯，受而出封。是以漢太子、諸王，皆乘金輅及安車，
並朱斑輪，倚獸較，伏鹿軾，黑櫶文，畫藩，青蓋，金
華施橑，朱畫轂，金塗飾。非皇子爲王，不錫此乘，[3]
皆左右騑，駕三馬。旂九旒，畫降龍。皇孫乘綠車，亦
駕之。魏、晉制，太子及諸王，皆駕四馬。依摯虞議，
天子金輅，次在第二。又云，金輅以朝，象輅以賓。則
是晉用輅與周異矣。《宋起居注》，[4]泰始四年，[5]尚書
令建安王休仁議：[6]“天子之元子，[7]士也，故齒冑於辟
雍，[8]欲使知教而後尊，不得生而貴矣。既命之後，禮
同上公，故天子賜之金輅，但減旂章爲等級。象及革
木，賜異姓諸侯。在朝卿士，亦准斯例。”此則皇太子
及帝子王者，通得乘之。自晉過江，王公以下，車服卑
雜，唯有太子，禮秩崇異。又乘山石安車，[9]義不經見，
事無所出。賜金輅者，此爲古制，降乘輿二等，駕用四
馬。唯天子五輅，通駕六馬。旗旌旗旒，並十二旒。左
建旗。案《爾雅》：[10]“錯革鳥曰旟。”[11]郭璞云：[12]
“此謂全剥鳥皮毛，置之竿上也。”舊説，刻爲革鳥。孫
叔然云：[13]“革，急也。言畫急疾鳥於旒上也。”《周
官》所謂鳥隼爲旟，[14]亦是急義。今之金輅，赤質，黃
金飾諸末。左建旗，畫飛隼，右建闟戟，鑾輿鳳翅等，
並同玉輅。駕赤駵。臨朝、會同、饗射、飲至則用之。

［1］綴輅：見《尚書·顧命》："綴輅在阼階面。"

［2］"金略"至"同姓以封"：語出《周禮·春官·巾車》，原文爲："金路，鉤，樊纓九就，建大旂，以賓，同姓以封。"

［3］此：各本均同，恐應作"以"。《續漢書·輿服志上》載："皇太子、皇子皆安車……皇子爲王，錫以乘之。"此言非皇子爲王者，據《後漢書》文意，當作"不錫以乘"。

［4］《宋起居注》：此指南朝宋明帝劉彧《泰始起居注》。本書《經籍志二》載有《宋泰始起居注》十九卷，已亡佚。

［5］泰始：南朝宋明帝劉彧年號（465—471）。

［6］建安王休仁：即南朝宋劉休仁，封建安王。傳見《宋書》卷七二、《南史》卷一四。

［7］元子：嫡長子。

［8］齒冑：指太子入學與公卿之子依年齡爲序。　辟雍：此指西周所設太學。

［9］山石安車：以山石花紋裝飾之安車。按，本書《禮儀志四》、《晋書·輿服志》、《宋書·禮志五》均作"石山安車"。

［10］《爾雅》：秦漢間學者綴輯增益而成，爲中國最早解釋詞義的專著。

［11］錯革鳥曰旟：語出《爾雅·釋天·旌旂》。

［12］郭璞：人名。兩晋時人，今傳本《爾雅》注作者。傳見《晋書》卷七二。

［13］孫叔然：人名。即孫炎，字叔然。東漢經學家鄭玄的學生，撰有《爾雅音義》，惜已失傳。"然"底本作"敖"，據中華本改。事見《三國志》卷一三《魏書·王肅傳》。

［14］《周官》所謂鳥隼爲旟：語出《周禮·春官·司常》。

皇太子輅，古者金飾。宋、齊以來，並乘象輅。宇文愷、閻毗奏：“案宋大明六年，初備五輅，有司奏云：‘秦改周輅，創制金根，漢、魏因循，其形莫改。而金玉二輅，雕飾略同，造次瞻睹，殆無差別。若錫於東儲，在禮嫌重，非所以崇峻陛級，表示等威。今皇太子宜乘象輅，碧旃九葉，進不斥尊，退不逼下，酌時沿古，於禮爲中。’[1] 觀宋此義，乃無副車。新置五輅，金玉同體，至象已下，即爲差降。所以太子不得乘金輅，欲示等威，故令給象。今取《周禮》之名，依漢家之制，天子五輅，形飾並同。旒及繁纓，例皆十二，黃屋、左纛，金根重轂，無不悉同，唯應五方色以爲殊耳。若用此輅，給於太子，革木盡皆不可，何況金象者乎？既製副車，駕用四馬，至於金輅，自有等差。《春秋》之義，降下以兩。今天子金輅，駕用六馬，十二旒，太子金輅，駕用四馬，降龍九旒，制頗同於副車，又有旌旗之別。并嫡皇孫及親王等輅，並給金輅，而減其雕飾，合於古典。臣謂非嫌。”制曰：“可。”於是太子金輅，赤質，制同副車，具體而小，亦駕四馬，馭士二十人。皇嫡孫金輅，綠質，降太子一等。去盤輿重轂，轅上起箱，末以金飾，旌長七刃，七旒。駕用四馬，馭士一十八人。親王金輅，以赤爲質，餘同於皇嫡孫。唯在其國及納妃親迎則給之，常朝則乘象輅。

[1] “秦改周輅”至“於禮爲中”：此段奏議可參《宋書·禮志五》南朝宋泰始四年（268）尚書令建安王休仁議。

象輅，案《尚書》，即先輅也。[1]《周禮》：“象輅，朱，繁纓五就，建大赤，以朝，異姓以封。"[2]左建旌。
案《爾雅注》"旒首曰旌"，許慎所説"游車載旌"。[3]
《廣雅》云：[4]"天子旌高九刃，諸侯七刃，大夫五
刃。"[5]《周書·王會》："張羽㲊旌。"[6]《禮記》云：
"龍旂九旒，天子之旌也。"[7]今象輅，以黃爲質，象飾
諸末。左建旌，畫緑麟，右建闒戟。駕黃駵。祀后土則
用之。

[1]先輅：見《尚書·顧命》："先輅在左塾之前。"
[2]"象輅"至"異姓以封"：語出《周禮·春官·巾車》。
按，"朱，繁纓五就"，中華本標點作"朱繁纓五就"。此"朱"意
指以朱飾輅，中華本標點誤解爲繁纓之色爲朱。故中間應用逗號分
開。"五就"，各本均同，然《周禮·春官·巾車》原文作"七
就"。
[3]許慎：人名。東漢經學家。著有《説文解字》一書。傳見
《後漢書》卷七九下。 游車載旌：語出《説文解字·㲃部·旌》。
游車，指巡游之戰車。
[4]《廣雅》：書名。三國魏人張揖所撰，爲仿《爾雅》體例
所編纂的一部詞典。
[5]天子旌高九刃，諸侯七刃，大夫五刃：語出《廣雅》卷九
《旗幟》，原文爲："全羽曰旞，析羽曰旌，熊虎曰旗，天子杠高九
仞，諸侯七仞，大夫五仞。"
[6]《周書·王會》：《周書》的《王會篇》。
[7]龍旂九旒，天子之旌也：語出《禮記·樂記》。

革輅，案《釋名》"天子車也"。《周禮》："革輅，
龍勒，絛纓五就，建大白，用之即戎，以封四衛。"[1]古

者革鞔而漆之，更無他飾。又有"戎輅之萃，廣車之萃，闕車之萃，輕車之萃"。[2]此皆兵車，所謂五戎。然革輅亦名戎輅，天子在軍所乘。廣車，橫陣車也。闕車，補闕車也。飾並以革，故"師，供革車，各以其萃"。[3]摯虞議云，革輅第四。左建旟。案《釋名》"熊獸爲旗"。[4]《周官》"龍旂九斿，以象大火"。[5]今革輅白質，鞔之以革。左建旗，畫驪虞，右建闒戟。駕白駱。巡守、臨兵則用之。三品已下，[6]並乘革輅，朱色爲質。馭士十六人。

[1]"革輅"至"以封四衛"：語出《周禮·春官·巾車》。

[2]"戎輅之萃"至"輕車之萃"：語出《周禮·春官·車僕》。按，此言"五戎"，然所引僅四，檢《周禮》原文，"輕車之萃"前有"苹車之萃"，本志漏引，當補入。萃，底本原作"革"，殿本同。汲古閣本、庫本作"萃"，中華本據《周禮·春官·車僕》改。今從改。

[3]師，供革車，各以其萃：語出《周禮·春官·車僕》。

[4]熊獸爲旗：語出《釋名·釋兵》。原文爲"熊虎爲旗"。此處"獸"字，避唐諱改。

[5]龍旂九斿，以象大火：語出《周禮·冬官·輈人》。

[6]下：各本均同。按，五輅爲天子顯貴所乘，三品以下爲中下層官員，本無資格乘坐，此"下"當爲"上"之誤。又《通典》卷六五《禮·公侯大夫等車輅》亦云："（隋）侯伯及二品、三品革輅。"

木輅，案《尚書》，即次輅也。[1]《周官》："木輅，縵樊鵠纓，建麾，以畋，以封藩國。"[2]晉摯虞云，畋輅

第五。唯宋泰始詔，乘木輅以耕稼。徐爰《釋疑略》
曰：[3]"天子五輅，晉遷江左，闕其三，唯有金輅以郊，
木輅即戎。宋大明時，始備其數。"凡五輅之蓋，旌旗
之質及鑾纓，皆從方色。蓋裏並黄，雕飾如一。沈約
曰：[4]"金象革木，《禮圖》不載其形。"[5]今旒數羽葆，
並同玉輅。左建旟。案《周官》："龜蛇爲旐。"[6]《釋
名》云："龜知氣兆之吉凶也。"[7]許慎云："旐有四斿，
以象營室。"[8]今木輅黑質，漆之。左建旐，畫玄武，右
建闟戟。駕黑駵。畋獵用之。四品方伯乘木輅，赤質，
駕士十四人。

[1]次輅：見《尚書·顧命》："次輅在右塾之前。"

[2]"木輅"至"以封藩國"：語出《周禮·春官·巾車》。

[3]徐爰：人名。南朝劉宋時人。通曉朝章，屢撰儀注。傳見
《宋書》卷九四、《南史》卷七七。　《釋疑略》：書名。已亡佚。

[4]沈約：人名。歷宋、齊、梁三朝，以文學、史學著名，撰
有《宋書》。傳見《梁書》卷一三、《南史》卷五七。

[5]金象革木，《禮圖》不載其形：語出沈約撰《宋書·禮志
五》。原文爲："象、革、木路，《周官》《輿服志》《禮圖》並不載
其形段。"

[6]龜蛇爲旐：語出《周禮·春官·司常》。

[7]龜知氣兆之吉凶也：語出《釋名·釋兵》。

[8]旐有四斿，以象營室：語出《説文解字·㫃部·旐》。原
文爲："旐，龜蛇四游，以象營室。"

安車，案《禮》，卿大夫致事則乘之。其制如輜
軿。[1]蔡邕《獨斷》有五色安車，皆畫輪重轂。今畫輪，

重輿，曲壁，紫油幢絳裏，通憶，朱絲絡網，赤鞶纓。駕四馬。省問、臨幸則乘之。皇太子安車，斑輪，赤質，制略同乘輿，亦駕四馬。

[1]轀輬：四面有屏蔽之車。

四望車，案晋《中朝大駕鹵簿》，[1]四望車，駕牛，中道。[2]《東宫舊儀》皇太子及妃，[3]皆有畫輪四望車。今四望車，制同犢車，黄金飾，青油幢朱裏，紫通憶，紫絲網。駕一牛。拜陵、臨弔則用之。皇太子四望車，綠油幢，青通憶，朱絲絡網。

[1]《中朝大駕鹵簿》：見於《晋書·輿服志》，記載皇帝出行時大駕所用的儀仗。

[2]駕牛，中道：此句中華本標點作“駕牛中道”。據《晋書·輿服志》加逗號。

[3]《東宫舊儀》：書名。具體内容不詳。

耕根車，[1]案沈約云：“親幸耕籍御之。三蓋車，一名芝車，又名耕根車。置耒耜於軾上。”[2]即潘岳所謂“紺轅屬於黛耜”者也。[3]開皇無之，駕出親耕，則乘木輅，蓋依宋泰始之故事也。今耕根車，以青爲質，三重施蓋，羽葆雕裝，並同玉輅。駕六馬。其軾平，以青囊盛耒而加於上。[4]籍千畝，[5]行三推禮，[6]則親乘焉。

[1]耕根車：古時天子親耕籍田時所乘之車。

　　[2]“親幸耕籍御之”至“置耒耜於軾上”：語出沈約《宋
書·禮志五》。

　　[3]潘岳：人名。西晉文學家。傳見《晋書》卷五五。此句出
自《晋書·潘岳傳》，潘岳爲贊美晉武帝親耕籍田所作之賦。

　　[4]耒：《通典》卷六四《禮·耕根車》作“耒耜”。

　　[5]籍千畝：相傳天子籍田千畝，諸侯百畝。此指天子籍田。

　　[6]三推禮：每年正月天子親臨籍田，扶耒耜往還三次，以示
勸農，稱三推禮，亦稱籍田禮或籍禮。

　　羊車，案晉司隸校尉劉毅，奏護軍羊琇私乘者
也。[1]開皇無之，至是始置焉。其制如輈車，金寶飾，
紫錦幰，朱絲網。馭童二十人，皆兩鬟髻，[2]服青衣，
取年十四五者爲，謂之羊車小史。駕以果下馬，其大
如羊。

　　[1]晉司隸校尉劉毅，奏護軍羊琇私乘者也：典出《晋書·輿
服志》。晉武帝時，護軍羊琇私乘羊車，司隸劉毅糾劾其罪，免官。

　　[2]鬟髻：亦作“鬟結”，環形髮髻。

　　屬車，[1]案古者諸侯貳車九乘，秦滅九國，兼其車
服，故爲八十一乘。漢遵不改。武帝祠太一甘泉，則盡
用之。明帝上原陵，又用之。法駕三十六乘，小駕十二
乘。[2]開皇中，大駕十二乘，法駕減半。大業初，屬車
備八十一乘，並如犢車，紫通幰，朱絲絡網，黃金飾。
駕一牛。在鹵簿中，單行正道。至三年二月，帝嫌其
多，問起部郎閻毗。[3]毗曰：“臣共宇文愷參詳故實，此
起於秦，遂爲後式，故張衡賦云‘屬車九九’是也。[4]

次及法駕，三分減一，此漢制也。故《文帝紀》‘奉天子法駕迎代邸’，[5]如淳曰‘屬車三十六乘’是也。[6]又據宋孝建時，[7]有司奏議，晉遷江左，唯設五乘，尚書令建平王宏曰：[8]‘八十一乘，無所准憑，江左五乘，儉不中禮。但帝王旍旂之數，皆用十二，今宜准此，設十二乘。’[9]開皇平陳，因以爲法令。憲章往古，[10]大駕依秦，法駕依漢，小駕依宋，以爲差等。”帝曰：“大駕宜用三十六，法駕宜用十二，小駕除之可也。”

[1]屬車：亦稱副車，天子出行時侍從車。《文選》張衡《東京賦》：“屬車九九，乘軒並轂。”三國時期薛綜注：“副車曰屬。”

[2]小駕：古時帝王車駕之一。地位次於法駕，較大駕、法駕減損部分車馬儀仗。多在祠宗廟或行凶禮時用。

[3]起部郎：官名。隋煬帝改尚書工部侍郎爲起部郎，掌貳尚書之職。正六品。

[4]張衡：人名。東漢著名天文學家、文學家。傳見《後漢書》卷五九。

[5]奉天子法駕迎代邸：語出《漢書》卷四《文帝紀》。

[6]如淳：人名。三國曹魏人。曾任陳郡丞，爲《漢書》做注。

[7]孝建：南朝宋孝武帝劉駿年號（454—456）。

[8]建平王宏：即南朝宋建平宣簡王劉宏。傳見《宋書》卷七二、《南史》卷一四。

[9]“八十一乘”至“設十二乘”：語出《宋書·禮志五》。

[10]因以爲法令。憲章往古：中華書局新修訂本校勘記云：“‘令’，本書卷六八《閻毗傳》、《册府》卷五八四《掌禮部·奏議》作‘今’，屬下讀。”似句意更明。

輦，案《釋名》"人所輦也"。[1]漢成帝游後庭則乘之。[2]徐爰《釋問》云："天子御輦，侍中陪乘。"今輦，制象輻車，而不施輪，通幰，朱絡，飾以金玉，用人荷之。

[1]人所輦也：指以人抬。語出《釋名·釋車》。

[2]漢成帝游後庭則乘之：典出《漢書》卷九七下《孝成班倢伃傳》。漢成帝，即西漢皇帝劉驁。紀見《漢書》卷一〇。

副輦，加笨，制如犢車，亦通幰，朱絡，謂之蓬輦。自梁武帝始也。

輿，[1]案《説文》云："筥，竹輿也。"[2]《周官》曰："周人上輿。"[3]漢室制度，以雕爲之，[4]方徑六尺。今輿，制如輦而但小耳，宮苑宴私則御之。

[1]輿：此指轎子之類的代步工具。

[2]筥（biān），竹輿也：語出《説文解字·竹部·筥》。

[3]周人上輿：語出《周禮·冬官考工記》。

[4]以雕爲之：中華書局新修訂本"雕"後增一"玉"字，並附校勘記，可參。

小輿，幰方，形同幄帳。[1]自閤出升正殿則御之。

[1]幄帳：指室内所掛帷幔、帳幕。

輻車，案《六韜》，[1]一名遥車，蓋言遥遠四顧之車也。漢武帝迎申公，弟子二人乘輻傳從。[2]此又是馳傳車也。[3]《晉氏鹵簿》，[4]御史軺車行中道。《晉公卿禮秩》云：[5]"尚書令軺，黑耳，後户。"今軺車，青通幰，駕二馬。王侯入學，五品朝婚，通給之。司隸刺史及縣令、詔使品第六七，[6]則並駕一馬。

[1]《六韜》：又稱《太公六韜》或《太公兵法》，成書於戰國時期，僞托西周初年太公望所撰，爲先秦軍事思想集大成之著作。

[2]漢武帝迎申公，弟子二人乘軺傳從：典出《史記》卷一二一《儒林列傳》。原文爲："天子（漢武帝）使使束帛加璧安車駟馬迎申公，弟子二人乘軺傳從。"

[3]馳傳車：古代驛站中一種馬車，駕四匹中等馬。《漢書》卷一下《高帝紀下》"橫懼，乘傳詣雒陽"顏師古注引三國魏人如淳曰："律：四馬高足爲置傳，四馬中足爲馳傳。"

[4]《晉氏鹵簿》：書名。不詳。

[5]《晉公卿禮秩》：晉傅暢撰。書已佚，今存清人黃奭輯一卷。

[6]司隸刺史：官名。隋司隸臺設刺史十四人，巡察畿外。正六品。　詔使：皇帝派出的特使。

犢車，案魏武書，贈楊彪七香車二乘，用牛駕之。[1]蓋犢車也。《長沙耆舊傳》曰："劉壽常乘通幰車。"[2]今犢車通幰，自王公已下，至五品已上，並給乘之。三品已上，青幰朱裏，五品已上，紺幰碧裏，皆白銅裝。唯有慘及弔喪者，[3]則不張幰而乘鐵裝車。六品已下不給，任自乘犢車，弗許施幰。初，五品已上，乘偏幰車，其後嫌其不美，停不行用，以亘幰代之。[4]三品已上通幰車則青壁，一品軺車，油幰朱網，唯車輅一等，聽敕始得乘之。

[1]贈楊彪七香車二乘，用牛駕之：典出三國魏武帝曹操《與太尉楊彪書》（一名《與太尉楊文先書》）。楊彪，人名。漢獻帝時位至三公，獻帝東遷，盡節護主。《後漢書》卷五四有附傳。二乘，《與太尉楊彪書》作“一乘”。

[2]《長沙耆舊傳》：本書《經籍志二》載有《長沙耆舊傳贊》三卷，題晉臨川王郎中劉彧撰。該書已佚，今存清人黃奭輯一卷。

[3]慘：喪事。

[4]亘幰：即通幰。亘，遍也。

馬珂，[1]三品已上九子，四品七子，五品五子。

[1]馬珂：指馬攀胸和鞦帶上所裝金屬杏頁。

皇后重翟車，案《周禮》，正后亦有五輅：一曰重翟，二曰厭翟，三曰安車，四曰翟車，五曰輦車。[1]漢制，后法駕，乘重翟車。今重翟，青質，金飾諸末。畫輪，[2]金根朱牙，重轂。其箱飾以重翟羽。青油幢朱裏，通幰，紫繡帷，朱絲絡，紫繡帶。八鑾在衡，鏤錫，鞶纓十有二就，金鋄，方釳，插翟尾，朱總，綴於馬勒及兩金鑣之上。駕蒼龍。受册、從祀郊禖、享廟則供之。

[1]“正后亦有五輅”至“五曰輦車”：見《周禮·春官·巾車》。正后，帝王嫡妻。按，《周禮·春官·巾車》作“王后”。

[2]畫輪：《通典》卷六五《禮·皇太后皇后車輅》及本卷前文所載開皇之制均作“朱輪”。

　　厭翟，赤質，金飾諸末。朱輪，畫朱牙。其箱飾以次翟羽，紫油幢朱裏，通幰，紅錦帷，朱絲絡網，紅錦帶。其餘如重翟。駕赤騮。采桑則供之。

　　翟車，黃質，金飾諸末。輪畫朱牙。其箱飾以翟羽，[1]黃油幢黃裏，通幰，白紅錦帷，朱絲絡網，白紅錦帶。其餘如重翟。駕黃騮。歸寧則供之。諸鞶纓之色，皆從車質。

　　[1]箱：《通典》卷六五《禮・皇太后皇后車輅》及本卷所載開皇之制均作“車側”。

　　安車，金飾，紫通幰，朱裏。駕四馬。臨幸及弔則供之。

　　輦車，[1]金飾，同於蓬輦，通幰，斑輪，駕用四馬。宮苑近行則乘之。

　　[1]輦車：宮中所用之輕便車。《周禮・春官・巾車》：“輦車組輓，有翣羽蓋。”

　　皇后屬車三十六乘，初宇文愷、閻毗奏定，請減乘輿之半。禮部侍郎許善心奏駁曰：“謹案《周禮》，后備六服，[1]并設五輅，采章之數，並與王同，屬車之制，不應獨異。又宋孝建時，議定輿輦，天子屬車，十有二乘。至大明元年九月，有司奏皇后副車，未有定式，詔下禮官，議正其數。博士王燮之議：[2]‘鄭玄云：后象王立六宫，亦正寝一而燕寝五。[3] 推其所立，每與王同，謂十二乘通關爲允。'宋帝從之，遂爲後式。今請依乘輿，不須差降。"制曰："可。"

[1]六服：古代王后六種禮服，《周禮·天官·内司服》："掌王后之六服：褘衣、揄狄、闕狄、鞠衣、展衣、緣衣。"

[2]王燮之：人名。南朝宋時任前曹郎、太學博士。按，此議可參見《宋書·禮志五》。

[3]后象王立六宫，亦正寝一而燕寝五：語見《周禮·天官·内宰》"以陰禮教六宫"鄭玄注。

三妃乘翟車，[1] 以赤爲質，駕二馬。九嬪已下，[2] 並乘犢車，青憾，朱絡網。

[1]三妃：此爲隋煬帝後宫嬪妃，亦稱三夫人。正一品。參本書卷三六《后妃傳》。

[2]九嬪：此爲隋煬帝後宫嬪妃。正二品。參本書《后妃傳》。

皇太子妃乘翟車，以赤爲質，駕三馬，畫轅金飾。犢車爲副，紫憾，朱絡網。良娣已下，[1] 並乘犢車，青憾朱裏。

[1]良娣：皇太子之妾，煬帝時地位僅次於太子妃。

三公夫人、公主、王妃，[1] 並犢車，紫憾，朱絡網。[2] 五品已上命婦，[3] 並乘青憾，與其夫同。

[1]三公：隋指太尉、司徒、司空。均正一品。

[2]絡網：底本原作"網絡"，殿本同，汲古閣本作"網絶"，中華書局新修訂本據大德本改作"絡網"。今從改。

[3]命婦：指有封號之婦人，宮廷中嬪妃等稱爲内命婦，朝中大臣之母、妻則稱爲外命婦。

隋書　卷一一

志第六

禮儀六

　　梁制,[1]乘輿郊天、祀地、禮明堂、祠宗廟、元會臨軒,[2]則黑介幘、通天冠、平冕。[3]俗所謂平天冠者也。[4]其制, 玄表, 朱緑裏, 廣七寸, 長尺二寸, 加於通天冠上。前垂四寸, 後垂三寸, 前圓而後方。垂白玉珠, 十有二旒,[5]其長齊肩。以組爲纓,[6]各如其綬色,[7]傍垂黈纊,[8]琭珠以玉瑱。[9]其衣, 皁上絳下,[10]前三幅,[11]後四幅。衣畫而裳繡。衣則日、月、星辰、山、龍、華蟲、火、宗彝, 畫以爲繢。[12]裳則藻、粉米、黼、黻,[13]以爲繡。凡十二章。素帶,[14]廣四寸, 朱裏,[15]以朱繡褾飾其側。[16]中衣以絳緣領袖。[17]赤皮爲韠,[18]蓋古之韍也。絳袴襪,[19]赤舄。[20]佩白玉, 垂朱黃大綬, 黃、赤、縹、紺四采。革帶,[21]帶劍, 緄帶以組爲之,[22]如綬色。黃金辟邪,[23]首爲帶鐍,[24]而飾以白玉珠。

[1]梁：即南朝梁（502—557），或稱蕭梁，都建康（今江蘇南京市）。

[2]乘輿：本指天子或諸侯所坐之車，後代指皇帝。　郊天：古代於冬至日至南郊圜丘祭祀天的禮儀。　祀地：古代於夏至日至北郊方澤祭祀大地的禮儀。　明堂：古代帝王所建宣明政教的場所，凡朝會、祭祀、慶賞、選士、養老、教學等大典常舉行於此。　元會：元正朝會，每年正月初一之朝會。　臨軒：皇帝不坐正殿而御殿前平臺，殿前堂陛之間近檐處，兩邊有檻楯，如車之軒，故稱。

[3]介幘：幘之一，頂上部呈屋頂形，其狀如“介”。興起於漢，初通常與進賢冠配合使用。本卷後文：“幘，尊卑貴賤皆服之。文者長耳，謂之介幘。”　通天冠、平冕：中華本中間未加頓號。據本段後文所云冕制，乃“加於通天冠之上”，可知此“平冕”爲冠冕組件之一，即在通天冠上加冕。故“平冕”當與“通天冠”並列，中間應加頓號相隔，今補入。通天冠，天子冠制之一。其形制據《續漢書·輿服志下》：“高九寸，正竪，頂少邪却，乃直下爲鐵卷梁，前有山，展筩爲述。”《太平御覽》卷六八五引晉徐廣《輿服雜注》云：“通天冠，高九寸，黑介幘，金博山。”　平冕：此“平冕”指漢之“冕”。東漢平冕即平天冠，爲冕的俗稱。南朝齊時平天冠成爲冠制之一，梁平天冠之制，爲黑介幘、通天冠制與冕（平冕）制結合而成。

[4]平天冠：《通典》卷五七《禮·君臣冠冕巾幘等制度》作：“平天冕”。

[5]旒：冕前的垂珠串。

[6]組：絲帶。

[7]綬：繫官印的絲帶。佩印時，綬縈繞於腰間，其長度與色彩依身份地位高低而不同。

[8]黈纊：亦稱黃纊，黃綿所製小球。懸於冠冕之上，垂兩耳旁，以示不欲妄聽是非。本書《禮儀志七》云："黈纊，黃綿爲之，其大如橘。"因其垂掛於冕兩旁至耳處，故又稱"充耳"。

[9]琭珠：琭耳或充耳，古代冠冕兩側下垂到耳的玉飾。按，《玉海》卷八二《車服·晋平冕》同，《通典》卷五七《禮·冕》作"充耳珠"。

[10]皁上絳下：此爲古上衣下裳之制，上衣爲黑色，下裳爲紅色。

[11]幅：量詞，古制布帛寬二尺二寸爲一幅。

[12]繢：彩色花紋圖案。

[13]藻、粉米、黼、黻：中華本標點爲"藻、粉、米、黼、黻"。按，十二章即古代天子之服上所繪之十二種圖案。粉米爲一物或兩物，歷代記載有差異。《大唐郊祀録》卷三引南朝梁崔靈恩《三禮義宗》論十二章之意云："……粉米，亦畫其形，粉潔白，故以名之；米者，人侍之以生者，亦物之所賴以治。黼畫斧形，像王者能割斷，臨事能決也。黻者兩己相背，明民見善惡也。"據崔靈恩所論知南朝梁時粉米實爲一章，即白色米形紋；而黼、黻爲不同圖案，應各爲一章。故此標點當爲"粉米、黼、黻"。中華書局新修訂本已修正，但未出校勘記。

[14]素帶：即紳。白絹縫製之大帶，束於腰間，一端下垂。

[15]朱裏：朱色之裏。

[16]朱繡：《通典》卷六一《禮·君臣服章制度》及《文獻通考》卷一一二《王禮考七·君臣冠冕服章》載："梁因制平天冠服……素帶，朱裏，以朱緣褌飾其側。"作"朱緣"。又《通志》卷四八《器服略第一·君臣服章制度》亦作"朱緣"。又檢《宋書·禮志五》及《南齊書·輿服志》載天子郊祀天地所服之素帶均云"以朱緣褌飾其側"。故此"朱繡"當爲"朱緣"之誤。

[17]中衣：亦爲"中單"或"内單"，穿於祭服或朝服裏之襯衣。

[18]韠（bì）：皮製蔽膝。

[19]袴襪：膝褲（罩在足上的無底襪）。

[20]舄：以木爲複底之鞋。本書《禮儀志七》云：“履、舄，案《圖》云：‘複下曰舄，單下曰履。夏葛冬皮。’近代或以重皮，而不加木，失於乾腊之義。今（指隋代）取乾腊之理，以木重底。冕服者色赤，冕衣者色舄。”

[21]革帶：皮革製腰帶，帶上飾以不同料質的版或環，以別貴賤。

[22]緄帶：以色絲織成之束帶。

[23]辟邪：古代傳說中的神獸，似鹿，有兩角。常飾以帶鈎、印鈕，寓意辟除邪穢。

[24]帶鐍：腰帶上扣環。

又有通天冠，高九寸，前加金博山、述，[1]黑介幘，絳紗袍，[2]皁緣中衣，黑舄，是爲朝服。[3]元正賀畢，還儲更衣，出所服也。其釋奠先聖，[4]則皁紗袍，絳緣中衣，絳袴襪，黑舄。臨軒亦服袞冕，[5]未加元服，[6]則空頂介幘。拜陵則箋布單衣，[7]介幘。又有五梁進賢冠、遠游、平上幘武冠[8]單衣，黑介幘，宴會則服之。

[1]金博山：金製山形冠飾，施於冠正前方。　述：冠飾，以翠鳥羽製作。

[2]紗袍：紗製袍服。袍服爲上下相連之衣。袍初爲内衣，至漢代以後纚變爲外衣，有時甚至可作朝服。

[3]朝服：君臣朝會或重大典禮時所穿之服。

[4]釋奠先聖：古時於學校設置酒食以祭奠先聖先師之禮儀。

[5]袞冕：此指袞衣與冕，古代帝王與上公的禮服與禮冠。《周禮·春官·司服》：“享先王則袞冕。”鄭注云：“袞，卷龍衣

也。"後世一般以畫卷龍之衣爲衮衣。冕則隨衣而名，如衮服所着之冕爲衮冕，後文所論冠冕之制皆同此。

[6]加元服：元服即冠。古時有未成年繼位帝王，至成年時需舉行加冠典禮，謂"加元服"。

[7]箋布：古代細布之一。　單衣：皇帝朝服之一，單層無裏子，所謂巾褠。

[8]五梁進賢冠：進賢冠之一，亦稱梁冠，以冠之梁數辨別品位等級。其形制可參本卷後文載南朝陳制："進賢冠，古緇布冠遺象也，斯蓋文儒者之服。前高七寸，後高三寸，長八寸。有五梁、三梁、二梁、一梁之別。五梁唯天子所服，其三梁已下，爲臣高卑之別云。"梁代天子之進賢冠亦爲五梁。東漢以來，戴此冠，必襯以介幘。　遠游：即遠游冠。古冠制之一。其形制據《續漢書・輿服志下》載：形制如通天冠，有展筩橫之於前，無山、述。　平上幘：亦稱平巾幘。魏晉以來一種武官所戴平頂頭巾。隋代，侍臣及武官通服之。　武冠：亦稱武弁或武弁大冠，東漢時爲武官之服，所服常配以平上幘。其形制《晉書・輿服志》云："武冠，一名武弁，一名大冠，一名繁冠，一名建冠，一名籠冠，即古之惠文冠。"本書《禮儀志七》云："其乘輿武弁之服，衣、裳、綬如通天之服。"

　　單衣、白帢，[1]以代古之疑衰、皮弁爲弔服，[2]爲群臣舉哀臨喪則服之。

[1]白帢：白色便帽。

[2]疑衰：古代王者爲參加大夫或士的喪儀而穿的喪服。疑，通"擬"；衰，通"縗"。　皮弁：古冠名。用白鹿皮縫製而成。天子皮弁每道縫中貫結十二顆五彩玉爲飾。

天監三年，[1]何佟之議：[2]“公卿以下祭服，裏有中衣，即今之中單也。案後漢《輿服志》明帝永平二年，[3]初詔有司採《周官》《禮記》《尚書》，[4]乘輿服，從歐陽説；[5]公卿以下服，從大、小夏侯説。[6]祭服，絳緣領袖爲中衣，絳袴襪，示其赤心奉神。今中衣絳緣，足有所明，無俟於袴。既非聖法，請不可施。”[7]遂依議除之。

[1]天監：南朝梁武帝蕭衍年號（502—519）。 三年：據《梁書》卷四八、《南史》卷七一《何佟之傳》，何佟之卒於天監二年，然此言“天監三年”及下文“四年”恐有誤，抑或何佟之卒年有誤，待考。

[2]何佟之：人名。南朝齊、梁時禮官。傳見《梁書》卷四八、《南史》卷七一。

[3]明帝：即東漢明帝劉莊。紀見《後漢書》卷二。 永平：東漢明帝劉莊年號（58—75）。

[4]《周官》：《周禮》的別稱。相傳爲周公所作，實爲戰國時儒家搜集周代官制和戰國時各國制度，比附儒家政治理想彙編而成的一部著作，爲儒家經典之一。 《禮記》：儒家經典之一，爲上古禮儀彙編，西漢戴德和他的侄子戴勝選編。戴德所編又稱《大戴禮記》，戴勝所編又稱《小戴禮記》。 《尚書》：相傳爲孔子編選而成的一部上古文獻著作彙編，爲儒家經典之一。按，《續漢書·輿服志下》作“《尚書·皋陶篇》”。

[5]歐陽：指西漢歐陽生，治尚書學。傳見《漢書》卷八八。

[6]大、小夏侯：均爲西漢人，治尚書學。大夏侯指夏侯勝，小夏侯指夏侯建。兩人傳均見《漢書》卷七五。

[7]請：汲古閣本、殿本、庫本、中華本均作“謂”。

四年，有司言：平天冠等一百五條，自齊以來，[1]隨故而毀，未詳所送。何佟之議：“《禮》‘祭服敝則焚之’。”[2]於是並燒除之，其珠玉以付中署。

[1]齊：即南朝齊（479—502），或稱蕭齊，都建康（今江蘇南京市）。

[2]祭服敝則焚之：語出《禮記·曲禮》。

七年，周捨議：[1]“詔旨以王者袞服，宜畫鳳皇，[2]以示差降。按《禮》：‘有虞氏皇而祭，深衣而養老。’[3]鄭玄所言皇，[4]則是畫鳳皇羽也。又按《禮》所稱雜服，[5]皆以衣定名，猶加袞冕，[6]則是袞衣而冕。明有虞言皇者，是衣名，非冕，明矣。畫鳳之旨，事實灼然。”制：“可。”又王僧崇云：[7]“今祭服，三公衣身畫獸，其腰及袖，又有青獸，形與獸同，義應是雖，[8]即宗彝也。兩袖各有禽鳥，形類鸞鳳，似是華蟲。今畫宗彝，即是周禮。但鄭玄云：‘雖，蜼屬，[9]昂鼻長尾。’是獸之輕小者，謂宜不得同獸。尋冕服無鳳，應改爲雉。又裳有圓花，於禮無礙，疑是畫師加葩蘤耳。[10]藻、米、黼、黻，並乖古制，今請改正，并去圓花。”帝曰：“古文日、月、星辰，此以一辰攝三物也。山、龍、華蟲，又以一山攝三物也。藻、火、粉米，又以一藻攝三物也。是爲九章。今袞服畫龍，則宜應畫鳳明矣。孔安國云：[11]‘華者，花也。’則爲花非疑。若一向畫雉，差降之文，復將安寄？鄭義是所未允。”又帝曰：“《禮》：‘王者祀昊天上帝，則大裘而冕，祀五帝亦如之。'[12]又云：'莞席之安，而蒲越、稾秸之用。'[13]斯皆至敬無文，貴誠重質。今郊用陶匏，[14]與古不異，而大裘蒲秸，獨不復存，其於質敬，恐有未盡。且一獻爲質，其劍佩之飾及公卿所著冕服，可共詳定。"五經博士陸瑋等並云：[15]"祭天猶存掃地之質，而服章獨取黼、黻爲文，於義不可。今南郊神座，皆用莞席，此獨莞類，未盡質素之理。宜以稾秸爲下藉，[16]蒲越爲上席。又《司服》云：'王祀昊天，服大裘'，[17]明諸臣禮不得同。自魏以來，皆用袞服，今請依古，更制大裘。"制："可。"瑋等又尋大裘之制，唯鄭玄注《司服》云"大裘，羔裘也"，既無所出，未可爲據。案六冕之服，[18]皆玄上纁下。今宜以玄繒爲之。其制式如裘，其裳以纁，皆無文繡。冕則無旒。詔："可"。

[1]周捨：人名。南朝梁武帝時官任祠部郎中，掌治禮儀。傳見《梁書》卷二五，《南史》卷三四有附傳。

[2]鳳皇："皇"通"凰"，鳳凰，爲百鳥之王。

[3]有虞氏皇而祭，深衣而養老：語出《禮記·王制》。有虞氏，原爲古部落名，其首領爲舜，後亦指舜。深衣，古時上衣、下裳相連綴之服飾。爲諸侯、大夫、士家居常服，亦爲庶人常禮服。漢代以後，成爲帝后禮服。其形制可參《禮記·深衣篇》。

[4]鄭玄：人名。東漢經學家，嘗遍注群經。傳見《後漢書》卷三五。

[5]雜服：古時所定各色服制。《禮記·學記》："不學雜服，不能安禮。"鄭玄注："雜服，冕服、皮弁之屬。雜或爲推。"《晉書·輿服志》："其雜服，有青、赤、黄、白、緅、黑色。"

[6]加：汲古閣本、殿本、庫本同，《册府元龜》卷五七九

《掌禮部·奏議第七》及中華本皆作"如",據句意,當改作
"如"。

　　[7]王僧崇:人名。南朝梁任太常丞,參議輿服制度,其他事
迹不詳。

　　[8]蜼:音 wèi。

　　[9]蝐(yú):中華書局新修訂本改作"禺",其校勘記云:
"原作'蝐',據《册府》卷五七九《掌禮部·奏議》改。《周禮·
司尊彝》鄭注:'蜼,禺屬,印鼻而長尾。'"當從改。

　　[10]葩(pā)蘤(huā):指花。

　　[11]孔安國:人名。西漢經學家,注《古文尚書》。傳見《漢
書》卷八八。

　　[12]"王者祀昊天上帝"至"祀五帝亦如之":語出《周禮·
春官·司服》。原文爲:"王之吉服,祀昊天上帝,則服大裘而冕,
祀五帝亦如之。"王,《册府元龜》卷五七九《掌禮部·奏議第七》
作"主"。五帝,上古傳説中的五位帝王。説法不一。

　　[13]莞席之安,而蒲越、稿秸之用:語出《禮記·郊特牲》。
原文爲:"莞簟之安,而蒲越槀鞂之尚,明之也。"莞席,即莞簟,
指蒲草所編之席與竹席。蒲越、稿秸,此中華本中間未加標點,據
《禮記》所載此二者爲兩種材質之席,中間當以頓號相隔。蒲越,
蒲草所編之席。稿秸,槀鞂,以禾秆所編之席。

　　[14]陶匏(páo):陶製合於古制的器皿。

　　[15]五經博士:官名。掌教授《詩》《書》《禮》《易》《春
秋》五經。梁武帝時五經各設一人。南朝梁位六班。　陸瑋:人
名。歷南朝齊、梁,入梁爲國子博士。

　　[16]藉:祭祀、朝聘時陳設禮品的草墊。

　　[17]大裘:黑羔裘。古時天子祭天的禮服。

　　[18]六冕:指周代六種冕服。據《周禮·春官·司服》云:
"王之吉服,祀昊天上帝,則服大裘而冕,祀五帝亦如之;享先王
則衮冕;享先公、饗射則鷩冕;祀四望山川則毳冕;祭社稷五祀則

希冕；祭群小祀則玄冕。”

又乘輿宴會，服單衣，黑介幘。舊三日九日小會，初出乘今輅服之。[1]八年，帝改去還皆乘輦，服白紗帽。[2]

[1]今：汲古閣、殿本同，庫本、中華本作“金”。中華本校勘記云：“據《册府》五七九改。”當從改。

[2]服白紗帽：白紗帽爲白紗製高頂帽。南朝宋、齊、梁時爲天子所服之一。按，《册府元龜》卷五七九《掌禮部·奏議第七》作“白服紗帽”。

九年，司馬筠等參議：[1]“《禮記·玉藻》云：‘諸侯玄冕以祭，[2]裨冕以朝。[3]’，《雜記》又云：[4]‘大夫冕而祭於公，弁而祭於己。’今之尚書，[5]上異公侯，下非卿士，止有朝衣，本無冕服。但既預齋祭，不容同在於朝，[6]宜依太常及博士諸齋官例，著皁衣，[7]絳襈，[8]中單，竹葉冠。[9]若不親奉，則不須入廟。”帝從之。

[1]司馬筠：人名。南朝齊、梁時人，時官任尚書祠部郎。傳見《梁書》卷四八、《南史》卷七一。

[2]玄冕：古代天子、諸侯祭祀禮服之一。東漢鄭玄認爲：“玄者，衣無文，裳刺黼而已，是以謂玄焉。”按，《禮記·玉藻》原文及《册府元龜》卷五七九《掌禮部·奏議第七》則作“玄端”。《禮記·玉藻》鄭玄注云：“端，當爲冕，字之誤也。”

[3]裨冕：着裨衣，戴冕，與袞冕或上一等冕服相對而言。東漢鄭玄認爲：“裨冕者，衣裨衣而冠冕也。裨之爲言埤也。天子六

服，大裘爲上，其餘爲裨，以事尊卑服之，而諸侯亦服焉。”

〔4〕《雜記》：《禮記》篇名。

〔5〕尚書：官名。南朝梁尚書省設祠部、吏部、左民、度支、五兵、都官六朝尚書。十三班。

〔6〕容：各本同，《册府元龜》卷五七九《掌禮部·奏議第七》作“來”。

〔7〕皁：各本同，《册府元龜》卷五七九《掌禮部·奏議第七》作“白”。

〔8〕襈：衣服緣邊。

〔9〕竹葉冠：即竹皮冠。史載秦末劉邦爲亭長時所做之冠，後亦爲宗廟祭祀時所戴。

十一年，尚書參議：“按《禮》，跣襪，[1]事由燕坐，[2]履不宜陳尊者之側。今則極敬之所，莫不皆跣。清廟崇嚴，既絶恒禮，凡有履行者，應皆跣襪。”詔：“可。”

〔1〕跣襪：脱去襪子，赤脚。
〔2〕燕坐：安坐、閑坐。

陳永定元年，[1]武帝即位，[2]徐陵白：[3]“所定乘輿御服，皆採梁之舊制。”又以爲“冕旒，後漢用白玉珠，晉過江，服章多闕，遂用珊瑚雜珠，飾以翡翠”。侍中顧和奏：[4]“今不能備玉珠，可用白琁。”[5]從之。蕭驕子云：[6]“白琁，蚌珠是也。”帝曰：“形制依此。今天下初定，務從節儉。應用繡、織成者，[7]並可彩畫，金色宜塗，珠玉之飾，任用蚌也。”至天嘉初，[8]悉改易之，定令具依天監舊事，然亦往往改革。今不同者，皆隨事於注言之；不言者，蓋無所改制云。

[1]陳：南朝陳（557—589），都建康（今江蘇南京市）。　永定：南朝陳武帝陳霸先年號（557—559）。

[2]武帝：即陳霸先。紀見《陳書》卷一、二，《南史》卷九。

[3]徐陵：人名。南朝梁、陳時人。著名文學家，宮體詩代表人物。傳見《陳書》卷二六，《南史》卷六二有附傳。

[4]侍中：官名。門下省官員，掌機要，儼如宰輔。南朝陳第三品。　顧和：人名。此爲南朝陳人，具體事迹不詳。

[5]白珫：蚌珠別名。珫，通"璇"。

[6]蕭驕子：人名。此爲南朝陳人，具體事迹不詳。

[7]織成：古代名貴絲織物之一，魏晉以來此類織物或爲綴織法織成，一般爲帝王公卿大臣所服用。

[8]天嘉：南朝陳文帝陳蒨年號（560—566）。

皇太子，金璽龜鈕，[1]朱綬，三百二十首。[2]朝服，遠游冠，金博山，佩瑜玉翠緌，[3]垂組，朱衣，絳紗袍，皁緣白紗巾衣，[4]白曲領，[5]帶鹿盧劍，[6]火珠首，[7]素革帶，玉鈎䚢，[8]獸頭鞶囊。[9]其大小會、祠廟、朔望、五日還朝，皆朝服，常還上宮則朱服。若釋奠，則遠游冠，玄朝服，絳緣中單，絳袴襪，玄舄。講，[10]則著介幘。又有三梁進賢冠。其侍祀則平冕九旒，袞衣九章，白紗絳緣中單，絳繒韠，赤舄，絳靺。若加元服，則中舍執冕從。[11]皇太子舊有五時朝服，[12]自天監之後則朱服。在上省則烏帽，[13]永福省則白帽云。[14]

[1]金璽龜鈕：金質印信，印鼻雕成龜形。古代以不同質地之印分別官員等級，如金、銀、銅質。印不同鈕（印鼻）亦不同，有瓦鈕、環鈕、龜鈕、虎鈕、獅鈕等。下文印章之制同此。

[2]首：古代綬、組計數單位。《漢律》曰：“綺絲數謂之絩……綬、組謂之首。”《續漢書·輿服志下》：“凡先合單紡爲一系，四系爲一扶，五扶爲一首，五首成一文。”

[3]翠緌：翠羽所製之緌。緌，冠纓下垂部分。

[4]巾：汲古閣、殿本、庫本同底本，中華本作“中”。按，《晉書·輿服志》載皇太子遠游冠制，“其中衣，白曲領”。又本書《禮儀志七》隋制：皇太子遠游冠制，“白紗內單”。內單，中單。中華本是，當從改。

[5]曲領：圓領。

[6]鹿盧劍：亦作“轆轤”，指劍柄形狀。古劍之柄以玉作鹿盧形爲飾，名鹿盧劍。

[7]火珠：火齊珠。《南史》卷七八《扶南國傳》載“（扶南國）獻火齊珠”。一說似珠之石；一說琉璃別名。

[8]鈎爕：《晉書·輿服志》亦同。《禮記》《儀禮》載相關之制作“鈎䚢”。本書《禮儀志七》載隋皇太子之制亦作“鈎䚢”。故此“爕”當爲“䚢”，或二字相通假。鈎，革帶上帶鈎；䚢，承鈎之環。

[9]鞶囊：革製之囊，亦謂小囊。繫於帶上，側在腰間，用以盛印綬。

[10]講：講武，講習武事。

[11]中舍：官名。即太子中舍人。與太子中庶子共掌東宮文翰，侍從規諫，儐相威儀，監督醫藥，檢奏更直名册，職如黃門侍郎。南朝梁位八班。

[12]五時：《續漢書·祭祀志中》載：東漢明帝永平二年（59）采古禮定“五郊迎氣服色”，立春、立夏、先秋十八日、立秋、立冬分別於都城東、南、中、西、北舉行，其服飾依時節分別

用青、赤、黄、白、黑，冕色亦如之。

[13]上省：官署名。亦稱尚書上省、尚書都省、都坐，魏晉南北朝爲尚書省長官辦公場所。

[14]永福省：位於皇宮内，南朝宋以來爲太子所居之所，取福祚永長之意。

諸王，[1]金璽龜鈕，纁朱綬，一百六十首。朝服，遠游冠，介幘，[2]朱衣，絳紗袍，皁緣中衣，素帶，黑烏。佩山玄玉，[3]垂組，大帶，獸頭鞶，腰劍。若加餘官，則服其加官之服。

[1]王：爵名。南朝梁十五等爵的第一等。
[2]幘：底本原缺，據汲古閣本、中華本補。
[3]山玄玉：像山一樣的玄色，即赤黑色之玉。

開國公，[1]金章龜鈕，玄朱綬，二百四十首。[2]朝服，紗朱衣，進賢三梁冠，[3]佩山玄玉，獸頭鞶，腰劍。

[1]開國公：爵名。南朝梁十五等爵的第二等。
[2]二：汲古閣本、殿本、庫本同。中華本作“一”。其校勘記云：“‘一’原作‘二’，據《通典》卷六三改。”開國公位低於諸王，根據等級當改爲“一”。
[3]進賢三梁冠：即三梁進賢冠。

開國侯、伯，[1]金章龜鈕，青朱綬，一百二十首。朝服，紗朱衣，進賢三梁冠，佩水蒼玉，[2]獸頭鞶，腰劍。

[1]開國侯、伯：爵名。南朝梁十五等爵的第三、四等。

[2]水蒼玉：深青色之玉。

開國子、男，[1]金章龜鈕，青綬，二百首。[2]朝服。紗朱衣，進賢三梁冠，佩水蒼玉，獸頭鞶，腰劍。

[1]開國子、男：爵名。南朝梁十五等爵的第五、六等。

[2]二百首：各本均同。中華本校勘記云：“上文‘王、公、侯、伯’璽印的綬首數各以二十爲差，則此處‘子、男’當是一百”。所言是，當從改。

縣、鄉、亭、關內、關中及名號侯，[1]金印龜鈕，紫綬，朝服，進賢二梁冠，獸頭鞶，腰劍。關內、關中及名號侯則珪鈕。

[1]縣、鄉、亭、關內、關中及名號侯：爵名。南朝陳時縣侯爲第三品，鄉侯、亭侯爲第八品，關中、關內侯爲第九品。

關外侯，[1]銀印珪鈕，青綬，朝服，進賢二梁冠，獸頭鞶，腰劍。

[1]關外侯：爵名。南朝陳時爲第九品。

諸王嗣子，[1]金印珪鈕，紫綬，八十首。朝服，進賢二梁冠，佩山玄玉，獸頭鞶，腰劍。

[1]嗣子：承嗣之子，多爲嫡長子。

開國公、侯嗣子，銀印珪鈕，青綬，八十首。朝服，進賢二梁冠，佩水蒼玉，獸頭鞶，腰劍。

太宰、太傅、太保、司徒、司空，[1]金章龜鈕，紫綬，八十首。朝服，進賢三梁冠，佩山玄玉，獸頭鞶，腰劍。《陳令》加有相國、丞相，[2]服制同。

[1]太宰、太傅、太保、司徒、司空：官名。均爲贈官，乃德高望重元老重臣的榮銜，名爲輔導天子之官，位極尊而無具體職掌。南朝梁十八班。

[2]相國、丞相：官名。亦均爲贈官。第一品。按，中華本中間未加頓號，據本書《百官志上》陳又置相國，位在丞相之上。知此爲兩職官，當頓開。

大司馬、大將軍、太尉、諸位從公者，[1]金章龜鈕，紫綬，八十首。朝服，武冠，佩山玄玉，獸頭鞶，腰劍。直將軍則不帶劍。

[1]大司馬、大將軍、太尉：官名。均爲贈官，乃德高望重元老重臣的榮銜，名爲輔導天子之官，位極尊而無具體職掌。南朝梁十八班。

凡公及位從公、言以將軍及以左右光禄、開府儀同者，[1]各隨本位號。[2]其文則曰“某位號儀同之章”。五等諸侯，助祭郊廟，皆平冕九旒，青玉爲珠，有前無後。各以其綬色爲組纓，旁垂黈纊。衣，玄上纁下，畫山龍已下九章，備五采，大佩，赤舄，胸屨。[3]録尚書無章綬品秩，[4]悉以餘官總司其任，服則餘官之服，猶執笏、紫荷。[5]其在都坐，[6]則東面最上。

[1]左右光禄：官名。左右光禄大夫，屬光禄勳，多爲贈官或加官。南朝梁十六班。　開府儀同：官名。三司即三公，儀同三司謂“開府之儀制援引三公成例”。位次三公，諸將軍、左右光禄大夫優者則加之。南朝梁十七班。

[2]位號：爵位與名號。

[3]胸屨：用絇裝飾之鞋。絇猶如今鞋梁有孔，可以穿鞋帶。按，汲古閣本、殿本、庫本同。中華本及《通典》卷六一《禮・君臣服章制度》作“絇履”。

[4]録尚書：官名。全稱爲録尚書事，南朝梁多以重臣兼領，總領尚書省政務。故云“無章綬品秩”。

[5]笏：古時朝臣覲見時所執狹長板子，材質有玉、象牙、竹木等。亦曰手板。後世惟品官執之。　紫荷：尚書令、僕射、尚書等高官朝服外負於左肩上之紫色囊。録尚書亦屬尚書省，故有。按，中華本“執笏”“紫荷“二者之間未加頓號相隔，據以上解釋二者非一物。今補。

[6]都坐：官署名。魏晋南北朝爲尚書省長官辦公場所。

尚書令、僕射、尚書，[1]銅印，墨綬，[2]朝服，納言幘、進賢冠，[3]佩水蒼玉，尚書則無印綬。腰劍，紫荷，執笏。陳尚書令、僕射，金章龜鈕，紫綬，八十首。獸頭鞶。尚書無印綬及鞶。餘並同梁。

[1]尚書令、僕射、尚書：官名。南朝梁尚書省設令一人，十六班；左右僕射各一人，十五班。又置吏部、祠部、度支、左户、都官、五兵六尚書。吏部尚書十四班，其他十三班。

[2]銅印，墨綬：中華本"銅印""墨綬"之間無標點。按，印、綬乃兩種飾物，中間可點開。後文皆同此。

[3]納言幘：晋南朝時爲尚書省令、僕射、尚書所冠。其形制，《晋書·輿服志》《宋書·禮志五》均載爲：幘後收，又一重，方三寸。

侍中、散騎常侍、通直常侍、員外常侍，[1]朝服，武冠貂蟬，[2]侍中左插，常侍右插。皆腰劍，佩水蒼玉，其員外常侍不給佩。舊至尊朝會登殿，侍中、常侍夾御，御下輿，則扶左右。侍中驂乘，[3]則不帶劍。

[1]侍中：官名。門下省置四人，掌擯相威儀，盡規獻納，糾正違闕。南朝梁十二班。按，中華本標點作"侍中散騎常侍"。檢本書《百官志上》，梁天監六年革選常侍、侍中之制，分門下省置侍中四人，集書省置散騎常侍四人，散騎視侍中，通直視中丞，員外視黄門郎。無侍中散騎常侍一職。故"侍中""散騎常侍"爲兩官職，中間當用頓號。　散騎常侍、通直常侍、員外常侍：官名。南朝梁均屬集書省。通直常侍即通直散騎常侍，員外常侍即員外散騎常侍。散騎常侍、通直散騎常侍，均設四人，員外散騎常侍無常員。一般爲加官，爲閑散職，無固定職掌。散騎常侍，十二班；通直散騎常侍，十一班；員外散騎常侍，十班。

[2]貂蟬：指貂尾和附蟬，爲侍中、常侍等天子近臣之冠飾。侍臣班位在左者插冠左邊，班位在右者插冠右邊。

[3]驂乘：陪乘。

中書監、令、秘書監，[1]銅印，墨綬，朝服，進賢兩梁冠，佩水蒼玉，腰劍，獸頭鞶。陳制，銀章龜鈕，青綬，八十首，獸頭鞶，腰劍。餘同梁。

　[1]中書監、令：官名。南朝梁中書省置監、令各一人，掌出納帝命。中書監，十五班；中書令，十三班。　秘書監：官名。南朝梁秘書省置監一人，掌國之典籍圖書。十一班。

　　左、右光禄大夫，皆與加金章紫綬同。其但加金紫者，謂之金紫光禄，[1]但加銀青者，謂之光禄大夫。《陳令》有特進，[2]進賢二梁冠，朝服，佩水蒼玉，腰劍。《梁令》不載。

　[1]金紫光禄：官名。南朝梁金紫光禄大夫，晋初有光禄大夫，授銀章青綬。如加賜金章紫綬，則爲金紫光禄大夫。梁位十四班。
　[2]特進：官名。南朝陳爲加官，用以安置閑退大臣，無固定職掌。第二品。

　　光禄、太中、中散大夫，[1]太常、光禄、弘訓太僕、太僕、廷尉、宗正、大鴻臚、大司農、少府、大匠諸卿，[2]丹陽尹，[3]太子保、傅，[4]大長秋，[5]太子詹事，[6]銀章龜鈕，青綬，獸頭鞶，朝服，進賢冠二梁，佩水蒼玉。卿大夫助祭，則冠平冕五旒，黑玉爲珠，有前無後。各以其綬采爲組纓，旁垂黈纊。衣，玄上纁下，畫華蟲七章，皆佩五采大佩，赤舄，絇履。陳宮卿改云慈訓，餘皆同梁。又有大舟卿，[7]服章同。

　[1]光禄、太中、中散大夫：官名。南朝梁掌備顧問應對，無常事。光禄大夫，十三班；太中大夫，十一班；中散大夫，十班。
　[2]諸卿：南朝梁天監七年改制，設十二卿，爲具體事務機構。其品秩：太常卿，十四班；宗正、太府卿，十三班；衛尉卿，十二

班；廷尉、大司農、少府卿、光禄卿，十一班；太僕、大匠卿，十班；鴻臚卿、大舟卿，九班。

[3]丹陽尹：官名。亦稱京尹。東晉太興元年（318）改丹楊內史置，南朝梁爲京城所在郡府長官，掌京城行政事務及詔獄。

[4]太子保、傅：官名。南朝梁設太子太傅一人，位視尚書令，十六班。少傅一人，位視左僕射，十五班。太子太保、太子少保梁官制未載。

[5]大長秋：官名。領諸宦者，管理宮闈。南朝梁九班。

[6]太子詹事：官名。掌東宮一切事務。南朝梁十四班。

[7]大舟卿：官名。南朝梁武帝天監七年改都水使者置。掌船舶航運河堤修治等事務。位九班。陳沿置，與其餘列卿皆位三品，秩中二千石。

驃騎、車騎、衛將軍、中軍、冠軍、輔國將軍、四方中郎將，[1]金章紫綬，中郎將則青綬。朝服，武冠，佩水蒼玉。《陳令》：鎮、衛、驃騎、車騎、中軍、中衛、中撫軍、中權、四征、四鎮、四安、四翊、四平將軍，金章獸鈕。其冠軍、四方中郎將，金章豹鈕，並紫綬，八十首，獸頭鞶，朝服，武冠，佩水蒼玉。自中軍已下諸將軍及冠軍、四方中郎將，並官不給佩。

[1]“驃騎”至“四方中郎將”：以上均爲南朝梁雜號將軍，班位參本書《百官志上》。

領、護軍，[1]中領、護軍，[2]五營校尉，[3]銀印青綬，朝服，武冠，佩水蒼玉，獸頭鞶。其屯騎，夾御日，假給佩，[4]餘校不給。《陳令》：領、護，金章龜鈕，紫綬，八十首。中領、護，銀章龜鈕，青綬，八十首。其五營校尉，銀印珪鈕，青綬，八十首。官不給佩。餘並同梁。

　　[1]領、護軍：官名。指領軍將軍與護軍將軍。領軍將軍南朝宋以來掌禁衛軍及京都諸軍，南朝梁位十五班。護軍將軍掌督護京師以外諸軍，南朝梁位十五班。

　　[2]中領、護軍：官名。指中領軍與中護軍。中領軍掌京師駐軍及禁軍，中護軍掌外軍。南朝梁位十四班。

　　[3]五營校尉：官名。指屯騎、步騎、越騎、長水、射聲等五營校尉。位七班。屯騎校尉，掌宿衛兵，但兵員常缺，與其他四營兵合爲一營。步騎、越騎、長水、射聲四校尉爲侍衛武官，不領兵，仍隸中領軍（領軍將軍），用以安置勳舊武臣。

　　[4]假：暫且、權宜。

　　弘訓衛尉，衛尉，陳宮卿云慈訓，服同諸卿，但武冠。司隸校尉，陳無官服。左右衛、驍騎、游擊、前、左、右、後軍將軍，龍驤、寧朔、建威、振威、奮威、揚威、廣威、武威、建武、振武、奮武、揚武、廣武等將軍，積弩、積射、強弩將軍，監軍，銀章青綬，朝服，武冠，佩水蒼玉，獸頭鞶。驍、游已下，並不給佩。驍、游夾侍日，假給。[1]《陳令》：左、右衛，銀章龜鈕，不給劍。左、右驍騎、游擊、雲騎、游騎、前、左、右、後軍將軍，左、右中郎將，銀印珪鈕。餘服飾同梁，亦官不給佩。其驍、游、雲騎，夾御日，假給。其積弩、積射、強弩，銅印環鈕，墨綬，帶劍。餘服同梁。又有忠武、軍師、武臣、爪牙、龍騎、雲麾、鎮兵、翊帥、宣惠、宣毅、智威、仁威、勇威、信威、嚴威、智武、仁武、勇武、信武、嚴武，金章豹鈕，紫綬，八十首。官不給。輕車、鎮朔、武旅、貞毅、朔威、寧遠、安遠、征遠、振遠、宣遠等將軍，金章貔鈕，紫綬，並獸頭鞶，朝服，武冠，佩水蒼玉。

[1]"弘訓衛尉"至"假給"：此段所言均指武職服飾。班位參本書《百官志上》。

國子祭酒，[1]皁朝服，進賢二梁冠，佩水蒼玉。

[1]國子祭酒：官名。南朝梁隸太常卿，總領國子學、太學。十三班。

御史中丞、都水使者，[1]銀印，墨綬，朝服，進賢二梁冠，獸頭鞶，腰劍，佩水蒼玉。陳中丞，銀章龜鈕，青綬，八十首，二梁冠。餘同梁。其都水，陳、梁改爲太舟卿，服在諸卿中見。

[1]御史中丞：官名。御史臺長官，置一人，掌督司百僚。南朝梁十一班。 都水使者：官名。南朝梁改爲太舟卿，掌理河渠陂池灌溉。

謁者僕射，[1]銅印環鈕，墨綬，八十首。朝服，高山冠，[2]獸頭鞶，佩水蒼玉，腰劍。

[1]謁者僕射：官名。謁者臺長官，置一人，掌朝覲賓饗之事。南朝梁六班。

[2]高山冠：古代冠制之一。晋代形制："一名側注，高九寸，鐵爲卷梁，制似通天。頂直竪，不斜却，無山、述、展箭。"宋齊梁陳，歷代因之。

諸軍司，[1]銀章龜鈕，青綬，朝服，武冠，獸頭鞶。

[1]軍司：即監軍。

給事中、黄門侍郎、散騎通直、員外散騎侍郎、奉朝請、太子中庶子、庶子、武衛將軍、武騎常侍，[1]朝服，武冠，腰劍。《陳令》：庶子已上簪筆。[2]其武衛不劍，正直夾御，白布袴褶。[3]

[1]給事中：官名。隸集書省。南朝梁班位不詳，陳爲第七品。黄門侍郎：官名。即門下省給事黄門侍郎，置四人。南朝梁十班。　散騎通直：官名。散騎通直郎省稱，也稱通直散騎侍郎，集書省設四人。南朝梁六班。按，此處中華本標點作“散騎通直員外、散騎侍郎”，有誤。　員外散騎侍郎：官名。隸集書省。南朝梁三班。　奉朝請：官名。隸集書省。南朝梁二班。　太子中庶子：官名。太子府設四人，功高者一人爲祭酒。行則負璽，前後部護駕。南朝梁十一班。　庶子：官名。太子府設庶子四人，掌侍從左右，獻納得失。高功者一人，與高功舍人共掌其坊之禁令。南朝梁九班。　武衛將軍：官名。殿中將軍，比員外散騎常侍，權任漸輕。齊、梁沿置。南朝梁二班。　武騎常侍：官名。南朝宋大明中復置，爲侍從武官，用以安置閑散，隸中領軍（領軍將軍），位比奉朝請。齊、梁因之。南朝梁二班。

[2]簪筆：即白筆。秦漢時稱“簪白筆”，文官上朝插之於冠，用以隨時記録言行或皇帝口諭於執笏。漢代亦稱之爲“珥筆”。其後珥筆儀式化成爲“白筆”，成爲一種冠飾，但一般爲文官所飾。其制亦可參本書《禮儀志七》隋制“白筆”條。

[3]袴褶（xí）：袴，没有褲襠的套褲。褶，短袍，騎服。上服褶而下縛袴，其外不再穿裘裳，故稱袴褶。原爲胡人裝束，斜領、左衽、窄袖，南北朝時用爲武服，並雜糅漢制，改爲右衽、大袖。

中書侍郎，[1]朝服，進賢一梁冠，腰劍。冗從僕射、太子衛率，[2]銅印，墨綬，獸頭鞶，朝服，武冠。陳衛率，銀章龜鈕，青綬，不劍。冗從，銅印環鈕，墨綬，腰劍。餘並同梁。

[1]中書侍郎：官名。中書省置四人，功高者一人主省内事。南朝梁九班。

[2]冗從僕射：官名。即太子冗從僕射。南朝宋置，爲東宮侍從武官，職掌略同冗從僕射。南朝梁沿置，位五班。　太子衛率：官名。太子左、右衛率，各置一人，掌東宮禁軍。南朝梁十一班。

武賁中郎將、羽林監，[1]銅印環鈕，墨綬，朝服，武冠，獸頭鞶，腰劍。其在陛牙及備鹵簿，[2]著䴏尾，[3]絳紗縠單衣。

[1]武賁中郎將：官名。即虎賁中郎將，唐人避諱而稱“虎”爲“武”。主宿衛。南朝梁六班。　羽林監：官名。主宿衛。南朝梁六班。

[2]陛牙：指在陛下侍衛。　鹵簿：帝王出行時扈從儀仗。

[3]䴏（hé）尾：“䴏”通“鶡”，鶡雞尾。

護匈奴中郎將，護羌、戎、夷、蠻、越、烏丸、西域校尉，銀印珪鈕，青綬，朝服，武冠，獸頭鞶。《陳令》無此官。其庶子，鎮蠻、寧蠻、平戎、西戎校尉，平越中郎將，服章同。[1]

[1]“護匈奴中郎將”至“服章同”：此段指管理少數民族事

務的將軍之服飾。其班位與品秩隨府主號輕重而不爲定。

安夷、撫夷護軍，[1]州、郡、國都尉，[2]奉車、駙馬、騎都尉，[3]諸護軍，銀印珪鈕，青綬，獸頭鞶，朝服，武冠。陳安遠、鎮蠻護軍，州、郡、國都尉，奉車、駙馬、騎都尉，諸護軍，服章同。無餘文。

[1]安夷、撫夷護軍：皆立府，隨府主號輕重而不爲定。

[2]州、郡、國都尉：官名。指地方行政制度中掌軍事之官員。南朝梁班位不詳。

[3]奉車、駙馬、騎都尉：官名。據本書《百官志上》云："駙馬、奉車、車騎三都尉，並無員。駙馬以加尚公主者，無班秩。"

州刺史，銅印，墨綬，獸頭鞶，腰劍，絳朝服，進賢二梁冠。陳銅章龜鈕，青綬。餘同梁。

郡國太守、相、内史，[1]銀章龜鈕，青綬，獸頭鞶，單衣，介幘。加中二千石，依卿尹冠服劍佩。

[1]郡國太守、相、内史：官名。郡最高行政長官爲太守，王國或諸侯國最高行政長官稱爲相，西晉時改爲内史。

尚書左、右丞，[1]秘書丞，[2]銅印環鈕，黃綬，獸爪鞶，朝服，進賢一梁冠。

[1]尚書左、右丞：官名。尚書省置左、右丞各一人。輔佐尚書令、尚書僕射理尚書省政事，左丞位在右丞之上。南朝梁左丞九班，右丞八班。

[2]秘書丞：官名。秘書省屬官，佐秘書監掌國之典籍圖書，置一人。南朝梁八班。

尚書、秘書、著作郎，[1]太子中舍人、洗馬、舍人，[2]朝服，進賢一梁冠，腰劍。

[1]尚書：官名。即尚書郎中，尚書省郎曹長官。南朝梁爲五班。　秘書：官名。即秘書郎。南朝梁秘書省置四人，掌國之典籍圖書。南朝梁爲二班。　著作郎：官名。南朝梁秘書省置著作郎一人，佐郎八人，掌國史，集注起居。南朝梁爲六班。按，本句中華本標點作“尚書，秘書著作郎”。檢本書《百官志上》，南朝梁尚書省置吏部等六尚書，位十三班，乃高官，不應與秘書、著作郎同列。南朝梁尚書省官位自高及低依次爲尚書令、僕射、諸曹尚書、尚書左右丞、尚書郎、尚書令史等，本卷前文已載尚書令、僕射、尚書，“銅印墨綬，朝服，納言幘、進賢冠，佩水蒼玉，腰劍，紫荷，執笏”。此處“尚書”不應重出。又本條前一句爲“尚書左、右丞，秘書丞”之服制，按行文，此句當敘尚書郎之服制。故此“尚書”之後當用頓號，與後文相連，指“尚書郎”。南朝梁尚書郎位五班。

[2]太子中舍人、洗馬、舍人：官名。南朝梁均爲太子府屬官，中舍人四人，功高者一人，與中庶子祭酒共掌其坊之禁令，八班。太子府典經局有洗馬八人，六班。舍人十六人，掌文記，三班。

諸王友、文學，[1]朱服，進賢一梁冠。《陳令》，諸王師服同。

[1]王友：官名。掌陪侍、輔助規諷。南朝王或皇弟、皇子皆設。南朝梁位八班。　文學：官名。太子及諸王、侯均置，掌輔導

王侯讀書作文。南朝梁皇弟皇子府文學位五班。

治書侍御史、侍御史，[1]朝服，腰劍，法冠。[2]治書侍御史，則有銅印環鈕，墨綬。陳又有殿中、蘭臺侍御史，朝服，法冠，腰劍，簪筆。

[1]治書侍御史、侍御史：官名。南朝梁御史臺置治書侍御史二人，掌舉劾官品第六以下，分統侍御史。侍御史九人，掌曹事，糾察不法。治書侍御史，六班；侍御史，一班。

[2]法冠：一名獬豸冠，爲御史等執法官吏所服之冠。其形制據《晉書·輿服志》："高五寸，以縰爲展筩。鐵爲柱卷，取其不曲撓也。侍御史、廷尉正監平，凡執法官皆服之。"

諸博士，[1]給皁朝服，進賢兩梁冠，佩水蒼玉。

[1]博士：古代學官名。掌教授生徒。

太學博士，[1]正限八人，著佩，限外六人不給。

[1]太學博士：官名。掌教授太學生，亦備咨詢，參議禮儀，隸國學。南朝梁二班。

廷尉律博士，[1]無佩。並簪筆。

[1]廷尉律博士：官名。三國魏明帝時置，掌法律教授並保管法律典籍，屬廷尉。晉、南朝宋因之，齊亦置，梁改稱胄子律博士，南朝梁位三班。

國子助教，[1]阜朝服，進賢一梁冠，簪筆。

[1]國子助教：官名。掌協助博士教授生徒儒學，置十人。南朝梁二班。

公府長史，[1]獸頭鞶。諸卿、尹丞，[2]黃綬，獸爪鞶，簪筆。諸縣、署令、秩千石者，獸爪鞶，銅印環鈕，墨綬，朝服，進賢兩梁冠。長史朱服，諸卿尹丞、建康令，玄服。

[1]長史：官名。公府及各軍府屬官，總管府內行政事務。南朝梁班位隨府級別不同而有差別。
[2]諸卿、尹丞：指十二卿及丹陽尹副屬官。

公府掾屬、主簿、祭酒，[1]朱服，進賢一梁冠。公府令史亦同。

[1]掾屬、主簿、祭酒：均爲公府佐官。南朝梁公府掾屬位八班，公府主簿位四班，公府祭酒位三班。

領、護軍長史，[1]朱服，獸頭鞶。諸軍長史，單衣，介幘，獸頭鞶。

[1]領、護軍長史：官名。領、護軍府屬官，南朝梁位六班。

諸卿部丞、獄丞，[1]並阜朝服，一梁冠，黃綬，獸爪鞶，簪筆。

[1]諸卿部丞：指諸卿官署之丞。太常丞，五班；宗正、太府、衛尉、司農、少府、廷尉等丞，四班；光禄丞、太僕丞、大匠丞，三班；鴻臚丞，二班。　獄丞：官名。建康舊置獄丞一人。南朝梁班位不詳。

太子保、傅、詹事丞，[1]皁朝服，一梁冠，簪筆，獸爪鞶，黃綬。

[1]太子保、傅、詹事丞：官名。南朝梁太子太保、太子少保、太子太傅、太子少傅丞位五班，太子詹事丞位四班。

郡國相、內史丞、長史，[1]單衣，介幘。長史，獸頭鞶，其丞，黃綬，獸爪鞶。

[1]郡國相、內史丞、長史：官名。郡國屬官。南朝梁班位隨府主班位不同而異。

諸縣署令、長、相，[1]單衣，介幘，獸頭鞶，銅印環鈕，墨綬，朝服，進賢一梁冠。諸署令，朱衣，武冠。州都大中正、郡中正，單衣，介幘。

[1]諸縣署令、長、相：此指諸縣署長官。南朝梁縣爲國曰相，大縣爲令，小縣爲長。諸署長官曰令。

太子門大夫，[1]獸頭鞶，陵令、長，[2]獸爪鞶，銅印環鈕，墨綬，朝服，進賢一梁冠。令、長朱服，率更、家令、僕，[3]朝服，兩梁冠，獸頭鞶，腰劍。

　　[1]太子門大夫：官名。南朝梁東宮置一人，主通遠近箋表，宮門禁防。六班。

　　[2]陵令、長：官名。陵令隸太常卿，掌守衛皇帝陵園。王國設陵長。南朝梁明堂二廟帝陵令，二班。

　　[3]率更、家令、僕：此指太子率更令、太子家令、太子僕，合稱太子三卿，南朝梁各置一人，均爲十班。

　　黃門諸署令、僕、長、丞，[1]朱服，進賢一梁冠，銅印環鈕，墨綬。丞，黃綬。黃門冗從僕射監、太子寺人監，[2]銅印環鈕，墨綬，朝服，武冠，獸頭鞶。

　　[1]黃門：指宦官、太監，因東漢黃門令、中黃門諸官皆爲宦官充任，故名。　令、僕、長、丞：宦官所擔任諸署長官與次官，班位不詳。按，此中華本標點作“令、僕、長丞”。據此段文意，指令、僕、長、丞四種官職之服飾，衹是“丞”綬爲黃色。又《宋書·禮志五》載：“黃門諸署令、僕、長，銅印，墨綬。”與梁制大體同，亦可參考。故此“長”“丞”之間當用頓號相隔。

　　[2]黃門冗從僕射監：官名。以宦官任之，掌皇宮禁衛。南朝梁位五班。　太子寺人監：官名。負責管理太子府太監的宦官，梁官制未載，當沿用前代之制。

　　公府司馬，[1]領、護軍司馬，諸軍司馬，護匈奴中郎將，護羌、戎、夷、蠻、越、烏丸、戊己校尉長史、司馬，銅印環鈕，墨綬，獸頭鞶，朝服，武冠。諸軍司馬，單衣，平巾幘。長史，介幘。《陳令》：公府司馬，領、護軍司馬，諸軍司馬，鎮安蠻安遠護軍，蠻、戎、越校尉中郎將長史、司馬，其服章與梁官同。

[1]司馬：官名。南朝梁諸公府、軍府皆置，位僅次於長史，掌參贊軍務，管理本府武職。其品秩隨府主地位而定。

公府從事中郎，[1]朱服，進賢一梁冠。諸將軍開府功曹、主簿，[2]單衣，介幘，革帶。

[1]從事中郎：官名。公府屬官。南朝梁皇弟皇子公府從事中郎，九班；嗣王庶姓公府從事中郎，八班。

[2]功曹：官名。亦稱功曹史、主吏。南朝梁皇弟皇子府、嗣王府皆置，自六班至二班不等。　主簿：官名。典領文書簿籍，經辦事務。南朝梁公王府及軍府均置主簿。司徒府主簿位六班，嗣王庶姓公府主簿位四班。

廷尉，建康正、監、平，[1]銅印環鈕，墨綬，阜零辟，[2]朝服，法冠，獸爪鞶。

[1]建康正、監、平：中華本標點作“建康正、監平”。按，據本書《百官志上》，梁廷尉“有正、監、平三人”，即廷尉正、廷尉監、廷尉平。建康所設亦同。故中華本標點誤。廷尉正、監、平，南朝梁位六班。建康正、監、平，南朝梁位四班。

[2]零辟：所指不詳。

左、右衛司馬，銅印環鈕，墨綬，單衣，帶，平巾幘，獸頭鞶。

諸府參軍，[1]單衣，平巾幘。

[1]參軍：官名。即參軍事，南朝梁各級官府及軍府均設不同員數及名目參軍。其品秩隨府主地位而定。

諸州別駕、治中、從事、主簿、西曹從事，[1]玄朝服，進賢一梁冠，簪筆。常公事，單衣，介幘，朱衣。

[1]別駕：官名。州府屬官，置一人，亦稱別駕從事、別駕從事史。班位因州等級不同而異，如揚州別駕位十班。 治中：官名。州府屬官，治中從事（史）省稱，置一人。梁隨州之大小位從九班至一班不等。 從事：官名。此為州府屬官。據梁官制，有西曹從事、議曹從事、祭酒從事、部傳從事、文學從事，各因其州之大小而置員。班位因州等級不同而異。

直閤將軍，[1]朱服，武冠，銅印珪鈕，青綬，獸頭鞶。

[1]直閤將軍：官名。亦稱朱衣直閤將軍，簡稱朱衣直閤。掌宮內侍衛，屬中領軍（領軍將軍），為皇帝親信。南朝梁位十班。

直閤將軍諸殿主帥，[1]朱服，武冠。正直絳衫，從則裲襠衫。

[1]直閤將軍諸殿主帥：本句中華本標點作"直閤將軍、諸殿主帥"。檢本條上句為"直閤將軍，朱服，武冠，銅印珪鈕，青綬，獸頭鞶"，則此條不當再敘"直閤將軍"，"直閤將軍"與"諸殿主

帥"中間不應點斷，指"直閤將軍諸殿主帥"。檢本書《禮儀志七》南朝梁警衛之制云："梁武受禪于齊，侍衛多循其制。正殿便殿閤及諸門上下，各以直閤將軍等直領。"故此"直閤將軍諸殿主帥"即直閤將軍所領諸殿。

諸開國郎中令、大農、公、傅、中尉，[1]銅印環鈕，青綬，朝服，進賢兩梁冠，中尉武冠，皆獸頭鞶。

[1]開國郎中令：官名。南朝梁與大農、中尉並稱王國三卿，侍從左右，戍衛王宮，地位頗重，公、侯等國亦或置，其品秩隨國主地位高低不等。　大農、公、傅、中尉：中華本此標點作"大農，公、傅中尉"，恐有誤。檢《通典》卷六三《禮·天子諸侯玉佩劍綬璽印》標點作"公傅、中尉"，未言所據。本書《百官志上》梁制亦未載有"公傅"一職。"中尉"爲王國三卿之一，當斷開。然"公傅"是否爲一職，抑或爲"公、傅"，當再考。大農，官名。南朝梁王國皆置，公國不常置，與郎中令、中尉合稱三卿。梁位自三班至位不登二品者六班不等。中尉，官名。諸侯國軍事長官，掌國中軍兵。南朝梁位自三班至位不登二品者四班不等。

諸開國三將軍，[1]銅印環鈕，青綬，朝服，武冠。限外者不給印。[2]陳制：墨綬，餘並同梁。

[1]開國三將軍：官名。南朝梁王國皆置將軍，皇弟皇子國三將、五班。其他王國府班位不詳。
[2]限外者：超出制度規定人數以外的人員。

開國掌書中尉、司馬，[1]陵廟食官，[2]厩牧長，[3]典醫、典府丞，[4]銅印。

[1]掌書中尉：官名。本書《百官志上》南朝梁官制未載此官職，王國屬官有典書令，或爲此職。典書令，梁位自位不登二品者六班至一班不等。

[2]陵廟食官：官名。南朝梁陵長與廟長，掌王國陵廟之制。班位不詳。

[3]厩牧長：官名。掌馬匹放牧之制。班位不詳。

[4]典醫、典府丞：官名。典醫丞與典府丞。三國魏始置，爲諸王、公、侯、伯、子國屬官。兩晉、南朝沿置。

常侍、侍郎、世子、庶子、謁者、中大夫、舍人，不給印。典書、典祠、學官令，典膳丞、長，銅印。限外者不給印。左右常侍、侍郎，典衛中尉司馬，朝服，武冠。典書、典祠、學官令，朝服，進賢一梁冠。餘悉朱服，一梁冠。常侍、侍郎、典書、典祠、學官令，簪筆，腰劍。[1]

[1]“常侍”至“腰劍”：此段言開國府屬官印綬及服飾制度。

太子衛率、率更、家令丞，[1]銅印環鈕，黃綬，皁朝服，進賢一梁冠，獸爪鞶。太子常從武賁督，[2]銅印環鈕，墨綬，朝服，武冠，獸爪鞶。殿中將軍、員外將軍，[3]朱服，武冠。

[1]太子衛率、率更、家令丞：太子衛率、太子率更令、太子家令屬官皆置丞。太子家令丞，位不登二品者七班。

[2]太子常從武賁督：官名。掌東宮宿衛，東晉置，南朝沿襲，

然梁官制未載。

[3]殿中將軍、員外將軍：官名。南朝梁太子左右衛率各置殿中將軍十人，員外將軍十人。殿中將軍，一班；員外將軍，位不登二品者七班。

州郡國都尉、司馬，[1]銅印環鈕，墨綬，朱服，武冠，獸頭鞶。

[1]州郡國都尉、司馬：官名。南朝梁州郡國軍事長官，協助州郡國長官典掌軍事。三國、晉五品，梁官制未載。按，此中華本標點爲"州郡國都尉司馬"。

諸謁者，[1]朝服，高山冠。

[1]謁者：官名。南朝梁謁者臺屬官謁者十人，掌奉詔出使拜假，朝會擯贊。高功者一人爲假史，掌差次謁者。又有勸農謁者、河堤謁者，王國屬官亦有謁者。

中書通事舍人門下令史、主書典書令史、門下朝廷局書令史、太子門下通事守舍人、主書典守舍人、二宮齋內職、左右職局齋幹已上，[1]朱服，武冠。

[1]"中書通事舍人門下令史"至"左右職局齋幹已上"：此段言令史、守舍人、齋幹等低級官員冠服。二宮，指皇宮及太子宮。齋幹，指在齋室中執役童僕。

殿中內外局監、太子內外監殿中守舍人，[1]銅印環鈕，朱服，武冠。內外監典事書吏，朱服，進賢一梁冠。內監朝廷人領局典事、外監統軍隊諮詳發遣局典事，武冠。外監及典事書吏，悉著朱衣，唯正直及齋監并受使，不在例。其東宮內外監、殿典事書吏，依臺格。五校、三將將軍主事，內監主事，外監主事，三校主事，朱服，武冠。

[1]殿中內外局監：官名。此指殿中內監，殿中外監。殿中外監爲三品蘊位；南朝梁殿中內監爲三品勳位。　太子內外監殿中守舍人：官名。此指太子內監殿中守舍人，爲三品蘊位；太子外監殿中守舍人，南朝梁爲三品勳位。按，此句中華本標點作“殿中內外局監、太子內外監、殿中守舍人”。按，“太子內外監”與“殿中守舍人”之間不需點斷。檢本書《百官志上》南朝梁官品，三品蘊位有“東宮內監殿中守舍人”，三品勳位有“東宮外監殿中守舍人”，中華書局修訂本及原點校本均將“殿中守舍人”之前斷開，作爲兩個職官。僅從職官角度看，“殿中守舍人”不可能既是三品蘊位又是三品勳位，“殿中守舍人”必須與“東宮內監”或“東宮外監”連在一起表述，即“東宮內監殿中守舍人”或“東宮外監殿中守舍人”。南朝梁建立之初，“官班多同宋、齊之舊”，東宮內外監的殿中守舍人南朝宋已有設置，《宋書·符瑞志下》載宋文帝元嘉二十二年七月，東宮玄圃園池二蓮同幹，即由“（東宮）內監殿守舍人宮勇民”以聞。故而此條材料中“太子內外監、殿中守舍人”爲“太子內監殿中守舍人”與“太子外監殿中守舍人”之合稱，中間不應有頓。

尚書都令史，都水參事，門下書令史，集書、中書、尚書、秘書著作掌書主書主圖主譜典客令史書令史，[1]監、令、僕射省事，[2]蘭臺、殿中蘭臺、謁、都水令史，公府令史書令史，太子導客、次客守舍人及諸省典事，朱衣，進賢一梁冠。尚書都算、度支算、左右校吏，朱服，進賢一梁冠。

[1]集書、中書、尚書、秘書著作掌書主書主圖主譜典客令史書令史：此句指集書省、中書省、尚書省、秘書省著作郎，下屬掌書、主書、主圖、主譜、典客各官署之令史及書令史職官。按，汲古閣本無"書令史"三字。

[2]省事：低級辦事吏職。

諸縣署丞、太子諸署丞、王公侯諸署及公主家令丞、僕，銅印環鈕，黃綬，朱服，進賢一梁冠。太官、太醫丞，武冠。

諸縣尉，銅印環鈕，單衣，介幘，黃綬，獸爪鞶。節騎郎，朱服，武冠。其在陛列及備鹵簿者，貂尾，絳紗縠單衣。御節郎、黃鉞郎，朝服，赤介幘，簪筆。典儀、唱警、唱奏事、持兵、主麾等諸職，公事及備鹵簿，朱服，武冠。

殿中中郎將、校尉、都尉，銀印珪鈕，青綬，朱服，武冠，獸頭鞶。

城門侯，銅印環鈕，墨綬，朱服，武冠，獸頭鞶。

部曲督、司馬吏、部曲將，銅印環鈕，朱服，武冠。司馬吏，假墨綬，獸爪鞶。

太中、中散、諫議大夫，議郎、中郎、郎中、舍人，朱服，進賢一梁冠。

諸門郎、僕射、佐吏，東宮門吏，其郎朱服，僕射
皁零辟，朝服，進賢冠，吏却非冠，[1]佐吏著進賢冠。

　　[1]却非冠：據《續漢書·輿服志下》及《晋書·輿服志》其
形制記載：“似長冠，下促。宮殿門吏僕射冠之。”

總章、協律，[1]銅印環鈕，艾綬，獸爪鞶，朱服，
武冠。

　　[1]總章：官名。南朝梁設總章校尉，樂官，掌宮廷舞蹈。
協律：官名。南朝梁設協律校尉。屬太常，掌舉麾節樂，調和樂
律，監試樂人典課。按，中華本兩官職之間未加標點，今補入。

黃門後閣舍人、主書、齋帥、監食、主食、主客、
扶侍、鼓吹，朱服，武冠。鼓吹進賢冠，齋帥墨綬，獸
頭鞶。
殿中司馬，銅印環鈕，墨綬，朱服，武冠，獸
頭鞶。
總章監、鼓吹監，[1]銅印環鈕，艾綬，朱服，武冠。

　　[1]鼓吹監：官名。南朝梁太常卿統鼓吹令，屬官有丞、監等。

諸四品將兵都尉、牙門將、崇毅、材官、折難、輕
騎、揚烈、威遠、寧遠、宣威、光威、驤威、威烈、威
虜、平戎、綏遠、綏狄、綏邊、綏戎、獸威、威武、烈
武、毅武、奮武、討寇、討虜、殄難、討難、討夷、屬

武、横野、陵江、鷹揚、執訊、蕩寇、蕩虜、蕩難、蕩逆、珍虜、掃虜、掃難、掃逆、掃寇、厲鋒、武奮、武牙、廣野。[1]領兵滿五十人，給銀章，不滿五十，除板而已，[2]不給章，朱服，武冠。以此官爲刺史、太守，皆青綬。此條已下，皆陳制，與梁不同。

[1]“諸四品將兵都尉”至“廣野”：此段指南朝陳四品戎官服飾。

[2]板：指手板，笏。

典儀但帥、典儀正帥，[1]朱衣，武冠。其本資有殿但、正帥，得帶艾綬，獸頭鞶。殿但帥、正帥，艾綬，獸頭鞶，朱服，武冠。殿帥、羽儀帥、員外帥，朱衣，武冠。

[1]但帥：典禮儀式中備用之帥，或副帥，以別於正帥。

威雄、猛、烈、振、信、勝、略、風、力、光等十威將軍，武猛、略、勝、力、毅、健、烈、威、銳、勇等十武將軍，並銀章熊鈕，青綬，獸頭鞶，武冠，朝服。猛毅、烈、威、銳、震、進、智、武、勝、駿等十猛將軍，[1]銀章羆鈕，青綬，獸頭鞶，武冠，朝服。壯武、勇、烈、猛、銳、威、毅、志、意、力等十壯將軍，驍雄、桀、猛、烈、武、勇、銳、名、勝、迅等十驍將軍，雄猛、威、明、烈、信、武、勇、毅、壯、健等十雄將軍，並銀章羔鈕，青綬，獸頭鞶，武冠，朝服。忠勇、烈、猛、鋭、壯、毅、捍、信、義、勝等十忠將軍，明智、略、遠、勇、烈、威、勝、進、鋭、毅等十明將軍，光烈、明、英、遠、勝、鋭、命、勇、武、野等十光將軍，飍勇、猛、烈、鋭、奇、決、起、略、勝、出等十飍將軍。並銀章鹿鈕，青綬，獸頭鞶，武冠，朝服。[2]

[1]武：底本作“威”，中華本校勘記云：“‘武’原作‘威’，與上文復出，據《通典》六三改。”今從改。

[2]“威雄”至“朝服”：此段爲南朝陳戎號擬官，十威、十武、十猛、十壯、十驍、十雄、十忠、十明、十光、十飍將軍，共一百人。品第六。均爲銀章，惟鈕頭有别。

龍驤、武視、雲旗、風烈、電威、雷音、馳鋭、進鋭、羽騎、突騎、折衝、冠武、和戎、安壘、起猛、英果、掃虜、掃狄、武鋭、摧鋒、開遠、略遠、貞威、決勝、清野、堅鋭、輕鋭、拔山、雲勇、振旅等三十號將軍。[1]銀印菟鈕，青綬，獸頭鞶，朝服，武冠。

[1]“龍驤”至“振旅等三十號將軍”：此段爲南朝陳戎號擬官。品第七。武視，當作“虎視”，避唐諱改。進鋭，本書《百官志上》作“追鋭”。起猛，本書《百官志上》作“超猛”。輕鋭，本書《百官志上》作“輕車”。

超武、鐵騎、樓船、宣猛、樹功、剋狄、平虜、稜威、戎昭、威戎、伏波、雄戟、長劍、衝冠、雕騎、仗飛、勇騎、破敵、剋敵、威虜、前鋒、武毅、開邊、招遠、全威、破陣、蕩寇、殄虜、橫野、馳射等三十號將軍。[1]銅印環鈕，墨綬，獸頭鞶，朝服，武冠。并左十二件將軍，除並假給章印綬，板則止朱服、武冠而已。其勳選除，亦給章印。

[1]"超武"至"馳射等三十號將軍"：此段爲南朝陳戎號擬官。"前鋒"之前品第八，"前鋒"之後品第九。

建威、牙門、期門已下諸將軍。[1]並銅印環鈕，墨綬，獸頭鞶，朱服，武冠。板則無印綬，止冠服而已。其在將官，以功次轉進，應署建威已下諸號，不限板除，悉給印綬。若武官署位轉進，登上條九品馳射已上諸戎號，亦不限板除，悉給印綬。

[1]建威、牙門、期門已下諸將軍：建威、牙門、期門三將軍陳品秩不詳，梁爲將軍位其不登二品者第八班。

千人督、校督司馬、武賁督、牙門將、騎督督、守將兵都尉、太子常從督別部司馬、假司馬，假銅印環鈕，朱服，武冠，墨綬，獸頭鞶。[1]

[1]"千人督"至"獸頭鞶"：以上爲低級武官服飾，具體品秩不詳。

武猛中郎將、校尉、都尉，銅印環鈕，朱服，武冠。其以此官爲千人司馬、道賁督已上及司馬，皆假墨綬，獸頭鞶。已上陳制，梁所無及不同者。

陛長、甲僕射、主事吏將騎、廷上五牛旗假吏武賁,[1]在陛列及備鹵簿，服錦文衣,[2]武冠，髦尾。陛長者，假銅印環鈕，墨綬，獸頭鞶。

[1]陛長：官名。南朝梁爲低級武官，朝會時立殿中侍衛。五牛旗：五牛旗輿。晋所造皇帝乘輿，南朝沿用。車設五牛，豎旗於牛背。　武賁：虎賁，避唐諱改。勇士之稱。

[2]錦文：指織錦。

假旄頭羽林,[1]在陛列及備鹵簿，服絳單衣，上著韋畫腰襦，假旄頭。輿輦、迹禽、前驅、由基强弩司馬,[2]給絳科單衣,[3]武冠。其本位佩武猛都尉已上印者，假墨綬，別部司馬已下假墨綬，並獸頭鞶。

[1]假旄頭羽林：官名。南朝梁皇帝儀仗隊中擔任前驅騎兵的羽林禁軍。旄頭，以犛牛尾所做頭飾。

[2]輿輦、迹禽、前驅、由基强弩司馬：指皇帝儀仗隊中的禁軍。

[3]絳科：絳色規格、等級。

殿中冗從武賁、殿中武賁、持鈒戟冗從武賁，假青綬，絳科單衣，武冠。《陳令》：絳科單衣，其本位職佩武猛、都尉等印，假鞶綬，依前條。

持椎斧武騎武賁、五騎傳詔武賁、殿中羽林、太官尚食武賁、稱飯宰人、諸宮尚食武賁,[1]假墨綬，給絳褠，武冠。其佩武猛、都尉等位印，皆依上條假鞶綬之例。

[1]尚：底本作“嘗”，中華本校勘記云：“‘尚’原作‘嘗’，據《宋書·禮志五》改。”今從改。

其在陛列及備鹵簿，五騎武賁，服錦文衣，毦尾。宰人服離支衣。領軍捉刀人，烏總帽，袴褶，皮帶。

絓是羽葆毦鼓吹，[1]悉改著進賢冠，外給系毦。鼓吹著武冠。諸官鼓吹，尚書廊下都坐門下使守藏守閣、殿中威儀驺，武賁常直殿門雲龍門者、門下左右部武賁羽林驺，給傳事者諸導驺門下中書守閣、尚書門下武賁羽林驺，蘭臺五曹節藏僕射廊下守閣、威儀發符驺，都水使者廊下守給驺，謁者威儀驺，諸宮謁者驺，絳褠，武冠，衣服如舊。大誰、天門士，皁科單衣，樊噲冠。[2]衛士，涅布褠，[3]却敵冠。[4]

[1]絓是羽葆毦鼓吹：此句意指鼓吹之絓爲連綴鳥羽飾物者。
[2]樊噲冠：古冠名。相傳鴻門宴上，劉邦部將樊噲，爲救主，裂裳裹盾爲冠，後人壯噲意，摹其裹盾的冠狀製冠，因名“樊噲冠”。其形制《續漢書·輿服志下》云：“廣九寸，高七寸，前後出各四寸，制似冕。”
[3]涅布：指黑布。
[4]却敵冠：古冠名。其制本卷後又云：“高四寸，通長四寸，後高三寸，制似進賢冠。”

諸將軍、使持節、都督執節史，朱衣，進賢一梁冠。自此條已下皆陳制，梁所無。

持節節史，單衣，介幘。其纂戎戒嚴時，同使持節。制假節節史，單衣，介幘。凡節跌，[1]以石爲之。持節皆刻爲鼇螭形，假節及給蠻夷節，皆刻爲狗頭趺。

[1]趺：底座。

諸王典籤帥，[1]單衣，平巾幘。典籤書吏，袴褶，平巾幘。

[1]典籤帥：官名。爲王府中處理文書的吏員。

諸王書佐，[1]單衣，介幘。

[1]書佐：掌管文書的佐吏。

公府書佐，朱衣，進賢冠。

諸王國舍人、司理、謁者、閤下令史、中衛都尉，朱衣，進賢一梁冠。司理假銅印，謁者高山冠，令史已下武冠。

太子太傅五官、功曹、主簿，[1]皁朝服，進賢一梁冠。

[1]太子太傅五官、功曹、主簿：此中華本標點作“太子太傅五官功曹、主簿”。按，據本書《百官志上》梁制：“（太子）二傅及詹事，各置丞、功曹、主簿、五官。”知此“五官、功曹、主簿”乃太子太傅府所屬三個並列官署。故中華本標點誤，今改。

太子二傅門下主記、録事、功曹書佐，[1]門下書佐，記室帳下督、都督省事，法曹書佐，太傅外都督，皁衣，進賢一梁冠。

［1］太子二傅：即太子太傅與太子少傅。

太子妃家令，絳朝服，進賢一梁冠。

太子三校、二將，[1]積弩、殿中將軍，衣服皆與上宮官同。

［1］太子三校：指太子府屯騎、步兵、翊軍三校尉。　二將：指太子府旅賁中郎將、冗從僕射。

太子正員司馬督、題閣監，銅印墨綬。三校內主事、主章、扶侍，守舍人，衣帶仗局、服飾衣局、珍寶朝廷主衣統，奏事幹，內局內幹，朱衣，武冠。

諸公府御屬及省事，録尚書省事，太子門下及內外監丞、典事、導客、算書吏，次功、典書函、典書、典經、五經典書諸守宮舍人，市買清慎食官督，內直兵吏，宣華、崇賢二門舍人，諸門吏，朱衣，進賢一梁冠。

太子妃傳令，朱衣，武冠，執刀，烏信幡。

太子二傅騎吏，玄衣，赤幘，武冠，常行則袴褶。執儀、齋帥、殿帥、典儀帥、傳令、執刀戟、主蓋扇麈傘、殿上持兵、車郎、扶車、注疏、萌床、齋閣食司馬、唱導飯、主食、殿前帥、殿前威儀、武賁威儀、散給使、閣將、鼓吹士帥副，武冠，絳褠。案輒、小輿、持車、輻車給使，[1]平巾幘，黃布袴褶，赤犀帶。[2]

　　〔1〕給使：官府中供役使之人。
　　〔2〕罽（jì）：毛織物。

　　太子諸門將，涅布褠，樊噲冠。
　　太子鹵簿戟吏，赤幘，武冠，絳褠。廉帥、整陣、禁防，平巾幘，白布袴褶。鞢角五音帥、長麾，青布袴褶，岑帽，[1]絳絞帶。[2]都伯，平巾幘，黃布袴褶。

　　〔1〕岑帽：其制不詳。
　　〔2〕絞帶：以絞麻爲繩作帶。

　　文官曹幹，[1]白紗單衣、介幘。尚書二臺曹幹亦同。

　　〔1〕曹幹：諸曹辦事人員。

　　武官問訊、將士給使，[1]平巾幘，白布袴褶。

　　〔1〕問訊：武官所屬打探消息之人。

　　通天冠，高九寸，正豎，頂少斜却，乃直下鐵爲卷梁。[1]前有展筩，[2]冠前加金博山、述。乘輿所常服。

　　〔1〕“通天冠”至“乃直下鐵爲卷梁”：中華本此標點作“通天冠，高九寸，正豎頂，少斜却，乃直下，鐵爲卷梁……”。標點不妥。本書《禮儀志七》引三國魏人董巴《輿服志》云：“（通天冠）冠高九寸，形正豎，頂少邪卻，後乃下直爲鐵卷梁，前有高

山。"則"正豎"者乃冠形，"斜卻"者乃冠頂，冠後直下爲鐵製卷梁。又《隋書》此條文字與《後漢書·輿服志下》幾乎相同，中華本《後漢書·輿服志下》標點爲："通天冠，高九寸，正豎，頂少邪卻，乃直下爲鐵卷梁。"故此條似標點"通天冠，高九寸，正豎，頂少斜卻，乃直下鐵爲卷梁"更妥。

[2]展筩：冠前飾物，由冠體轉化而來。

遠游冠，制似通天，而前無山、述，有展筩，横于冠前。皇太子及王者後、諸王服之。諸王加官者，自服其官之冠服，唯太子及王者後常冠焉。太子則以翠羽爲緌，綴以白珠。其餘但青絲而已。

進賢冠，古緇布冠遺象也，[1]斯蓋文儒者之服。前高七寸，後高三寸，長八寸。有五梁、三梁、二梁、一梁之别。五梁唯天子所服，其三梁已下，爲臣高卑之别云。

[1]緇布冠：古冠名。古人行冠禮，初加緇布冠。其形制《儀禮·士冠禮》："緇布冠，缺項，青組纓屬于缺，緇纚，廣終幅，長六尺。"鄭玄注大意云：缺讀如頍，固冠之帶。此冠後當人項處空缺，用青組纓結之。

武冠，一名武弁，一名大冠，一名繁冠，一名建冠，今人名曰籠冠，即古惠文冠也。[1]天子元服，亦先加大冠。今左右侍臣及諸將軍武官通服之。侍中常侍，則加金璫附蟬焉，[2]插以貂尾，黄金爲飾云。

[1]惠文冠：冠名。相傳爲趙惠文王創制，故稱。

［2］金璫附蟬：冠飾。璫當冠前，以金爲飾。璫上裝飾蟬形圖案。

高山冠，一名側注，高九寸，鐵爲卷梁。制似通天，頂直豎，不斜，無山、述、展筩。[1]高山者，取其矜莊賓遠，中外謁者僕射服之。

［1］無山、述、展筩：中華本標點作“無山述展筩”。據歷代服飾，此爲三類飾物，中間當加頓號。

法冠，一名柱後，或謂之獬豸冠，高五寸，以縱爲展筩，[1]鐵爲柱卷，[2]取其不曲撓也。侍御史、廷尉正監平，凡執法官皆服之。

［1］縱（xǐ）：亦作“纚”，束髮之帛。
［2］柱卷：法冠後部上端卷曲的兩根鐵柱。

鶡冠，[1]猶大冠也，[2]加雙鶡尾，豎插兩邊，故以名焉。武賁中郎將、羽林監、節騎郎，在陛列及鹵簿者服之。

［1］鶡冠：以鶡羽爲飾之冠，爲武官之冠。
［2］大冠：武弁大冠。

長冠，一名齋冠。高七寸，廣三寸，漆纚爲之。制如版，以竹爲裏。漢高祖微時，[1]以竹皮爲此冠，所謂劉氏冠。後除竹，用漆纚焉。司馬彪曰：[2]“長冠，楚制也。人間或謂之鵲尾冠，非也。"後代以爲祭服，尊敬之也。至天監三年，祠部郎沈宏議：[3]"案竹葉冠，是高祖爲亭長時所服，[4]安可綿代爲祭服哉？《禮》：'士弁祭於公。'[5]請令太常丞、博士奉齋之服，宜改用爵弁。"[6]明山賓同宏議。[7]司馬褧云：[8]"若必遵三王，則懼所改非一。長冠謂宜仍舊。案今之宗丞博士之服，未有可非。"帝竟不改。

[1]漢高祖：即劉邦。紀見《史記》卷八、《漢書》卷一。

[2]司馬彪：人名。西晉史家。著有《續漢書》，其中有《輿服志》，今《後漢書》中的《輿服志》取其文。傳見《晉書》卷八二。

[3]祠部郎：官名。梁尚書省設祠部郎，職掌禮制、祠祀、祭享等事。南朝梁五班。　沈宏：人名。南朝梁時任五經博士、祠部郎。

[4]亭長：秦漢時期基層管理人員。劉邦曾爲泗水亭長。

[5]士弁祭於公：語出《禮記·雜記》。

[6]爵弁："爵"通"雀"，其冠形及顏色如雀頭，亦稱作"雀弁"。隋爲六品以下、九品以上官助祭所服。古代形制，《儀禮·士冠禮》："爵弁服。"鄭玄注："爵弁者，冕之次。其色赤而微黑，如爵頭然。"

[7]明山賓：人名。南朝梁時禮官。傳見《梁書》卷二七，《南史》卷五〇有附傳。

[8]司馬褧（jiǒng）：人名。亦作"司馬絅"。南朝梁武帝時官任祠部郎中，掌治吉凶禮儀。傳見《梁書》卷四〇、《南史》卷六二。

建華冠，[1]以鐵爲柱卷，貫大銅珠九枚。祀天地、五郊、明堂，舞人服之。

[1]建華冠：古冠名。其形制《續漢書・輿服志下》：“建華冠……制似縷鹿。”劉昭注：“《獨斷》曰：‘其狀若婦人縷鹿。’薛綜曰：‘下輪大，上輪小。’”

樊噲冠，廣九寸，高七寸，前後出各四寸，制似平冕。凡殿門司馬衛士服之。

却敵冠，高四寸，通長四寸，後高三寸，制似進賢冠。凡宮殿門衛士服之。

却非冠，高五寸，制似長冠。宮殿門吏僕射冠之。

幘，[1]尊卑貴賤皆服之。文者長耳，謂之介幘；武者短耳，謂之平上幘。各稱其冠而制之。尚書令、僕射、尚書幘，收方三寸，名曰納言。未冠童子幘，[2]無屋，[3]施假髻者，示未成人也。

[1]幘：包扎髮髻之巾。

[2]未冠童子：古禮男子二十而冠，未滿二十稱爲“未冠”或“童子”。

[3]屋：指覆蓋物。

幅，[1]《傅子》云：[2]“先未有歧，[3]荀文若巾觸樹成歧，[4]時人慕之，因而弗改。”今通爲慶弔之服。白紗爲之，或單或袷。[5]初婚冠送餞亦服之。

[1]帢（qià）：包頭巾之一，前代之制不詳。

[2]《傅子》：西晉傅玄所撰，論經國九流及三史故事，並評斷得失之書，詳參《晉書》卷四七《傅玄傳》。

[3]歧：分岔。

[4]荀文若：人名。即荀彧，字文若。傳見《後漢書》卷七〇、《三國志》卷一〇。

[5]裌（jiá）：夾層。

　　巾，國子生服，白紗爲之。晋太元中，[1]國子生見祭酒博士，單衣，角巾，執經一卷，以代手版。[2]宋末，闕其制。齊立學，太尉王儉更造。[3]今形如之。

[1]太元：東晉孝武帝司馬曜年號（376—396）。

[2]手版：亦稱手板，古笏。手板與笏的區别，據《宋書·禮志五》，笏爲手板頭復有白筆，以紫皮裹之。

[3]王儉：人名。南朝宋、齊時人。博通禮學。傳見《南齊書》卷二三，《南史》卷二二有附傳。

　　帽，自天子下及士人，通冠之。以白紗者，名高頂帽。[1]皇太子在上省則烏紗，在永福省則白紗。又有繒皁雜紗爲之，高屋下裙，[2]蓋無定准。

[1]高頂帽：亦稱白紗帽或白高帽，白紗製高頂帽。以烏紗爲之，稱爲烏紗帽。

[2]裙：指帽緣周圍下垂的薄紗細網。

　　袴褶，近代服以從戎。今纂嚴，[1]則文武百官咸服之。車駕親戎，則縛袴，[2]不舒散也。中官紫褶，外官絳褶，腰皮帶，以代鞶革。

[1]纂嚴：謂軍隊嚴裝、戒備，天子親征前所舉行戒嚴之禮。

[2]縛：捆扎。

笏，中世以來，[1]唯八座尚書執笏。[2]笏者白筆綴其頭，以紫囊裹之。其餘公卿，但執手版。荷紫者，[3]以紫生爲袂囊，[4]綴之服外，加於左肩。周遷云：[5]“昔周公負成王，[6]制此衣，至今以爲朝服。”蕭驕子云：“名契囊。”案《趙充國傳》云：“張子孺持囊簪筆，事孝武帝。”[7]張晏云：[8]“囊，契囊也。近臣負囊簪筆，從備顧問，有所記也。”

[1]中世：此大體指漢代以來。

[2]八座尚書：歷代所指各有差異，大體而言東漢以六曹尚書並令、僕射爲“八座”；三國魏、南朝宋齊以五曹尚書、二僕射、一令爲“八座”。

[3]荷紫：指佩帶紫色荷囊，俗稱紫荷。

[4]紫生：《宋書·禮志五》同，《晉書·輿服志》作“生紫”。

[5]周遷：人名。南朝梁人。具體事迹不詳。《太平御覽》卷三四〇《兵部·旗》引周遷《車服雜記》記載知此書爲周遷所撰。本書《經籍志二》載有《古今輿服雜事》二十卷，題爲梁代周遷撰，恐爲一書。

[6]周公負成王：指西周武王死後，成王年幼，周公旦懷抱成王輔政。

[7]張子孺持囊簪筆，事孝武帝：語出《漢書》卷六九《趙充

國傳》。張子孺，人名。即西漢大臣張安世，字子孺。傳見《漢書》卷五九。囊，《漢書·趙充國傳》作"橐"。孝武帝，即漢武帝劉徹。紀見《漢書》卷六。

[8]張晏：人名。三國魏人，曾注《史記》《漢書》。

　　入殿門，有籠冠者著之，有縷則下之。緣厢行，得提衣。省閣内得著履、烏紗帽。[1]入齋閣及橫度殿庭，[2]不得人提衣及捉服飾。入閣則執手板，自摳衣。几席不得入齋正閣。介幘不得上正殿及東西堂。儀仗傘扇，有幰牽車，不得入臺門。[3]臺官問訊皇太子，亦皆朱服，著襪；謁諸王，單衣，幘；庶姓，單衣，帢。詣三公，必衣帢。至黄閣，[4]下履，過閣還，著履。

[1]省閣：指中樞機構。
[2]齋閣：書房。
[3]臺門：皇帝宫室之門。
[4]黄閣：三公官署之門，廳門塗黄色，故名。

　　古者君臣佩玉，尊卑有序，綬者，所以貫佩相承受也。又上下施韍，如蔽膝，貴賤亦各有殊。五霸之後，戰兵不息，佩非兵器，韍非戰儀，於是解去佩韍，留其繫襚而已。[1]韍、佩既廢，秦乃以采組連結於襚，轉相結受，又謂之綬。漢承用之。至明帝始復制佩，而漢末又亡絶。魏侍中王粲識其形，[2]乃復造焉。今之佩，粲所制也。

[1]繫襚：各本均同。中華本《宋書·禮志五》校勘記云：

"'繫襚'，《初學記》二六、《御覽》六八二引董巴《志》作'絲襚'。《續漢書·輿服志》作'繫璲'。劉昭注引徐廣曰：'今名璲爲綬'。按繫襚不訛。"繫襚指繫衣服的帶子，襚泛指衣物。《西京雜記》卷一："趙飛燕爲皇后，其女弟在昭陽殿遺飛燕書曰：'今日嘉辰，貴姊懋膺洪册，謹上襚三十五條，以陳踊躍之心。'"可作參考。

[2]王粲：人名。東漢末著名文學家，"建安七子"之一。傳見《三國志》卷二一。

　　皇后謁廟，服褘褕大衣，[1]蓋嫁服也，謂之褘衣，[2]皁上皁下。親蠶則青上縹下。[3]皆深衣制，[4]隱領袖，緣以條。首飾則假髻、步摇，[5]俗謂之珠松是也。簪珥、步摇，[6]以黃金爲山題，[7]貫白珠，爲支相繆。[8]八爵九華，[9]熊、獸、赤羆、天鹿、辟邪、南山豐大特六獸。[10]諸爵、獸皆以翡翠爲華。[11]綬佩同乘輿。

[1]褘褕大衣：指上衣下裳相連之衣。褘，婦人上衣，《釋名·釋衣服》："婦人上服曰褘，其下垂者上廣下狹，如刀圭也。"

[2]褘（huī）衣：繪有錦鷄紋飾的皇后禮服。

[3]親蠶：每年季春之月，皇后躬親蠶事，以種農桑。

[4]皆：底本原作"比"。中華本校勘記云："'皆'原作'比'，據《續漢志》改。"今從改。　深衣：古時上衣、下裳相連綴之服飾。爲諸侯、大夫、士家居常服，亦爲庶人常禮服。漢代以後，成爲帝后禮服。其形制可參《禮記·深衣篇》。

[5]假髻：假髮所作之髻。　步摇：上有垂珠，行步則摇的一種首飾。《釋名·釋首飾》："步摇，上有垂珠，步則摇也。"

[6]簪珥：髮簪及耳飾。

[7]山題：步摇等首飾底座，因其形象山，著於前額，故名。

[8]支：中華本作“桂枝”。其校勘記云：“《續漢志》下作‘假結、步搖、簪珥。步搖以黃金爲山題，貫白珠，爲桂枝相繆’。本志，‘桂枝’原作‘支’，今據《續漢志》改。”

[9]爵：雀。　華：指花釵。婦女頭上飾物，由兩股合成，上有飾物。

[10]獸：前一個“獸”原指“虎”，避唐諱改。

[11]諸爵、獸皆以翡翠爲華：中華本據《續漢志》下在“華”字前補入“毛羽。金題，白珠璫繞，以翡翠爲”。

貴妃、貴嬪、貴姬，是爲三夫人，金章龜紐，紫綬，八十首。佩于闐玉，獸頭鞶。

淑媛、淑儀、淑容、昭華、昭儀、昭容、修華、修儀，修容，是爲九嬪，金章龜鈕，青綬，八十首。獸頭鞶，佩采瓊玉。

婕妤、容華、充華、承徽、列榮五職，亞九嬪，銀印珪鈕，艾綬，獸頭鞶。

美人、才人、良人三職，散位，銅印環鈕，墨綬，獸頭鞶。

皇太子妃，金璽龜鈕，纁朱綬，一百六十首。佩瑜玉，獸頭鞶。

良娣，銀印珪鈕，佩采瓊玉，青綬，八十首。獸爪鞶。

保林，銀印珪鈕，佩水蒼玉，青綬，八十首。獸爪鞶。

諸王太妃、妃、諸長公主、公主、封君，金印龜鈕，紫綬，八十首。佩山玄玉，獸頭鞶。

開國公、侯太夫人，銀印珪鈕，青綬，八十首。佩水蒼玉，獸頭鞶。

公主、三夫人，大手髻，[1]七鑷蔽髻。[2]九嬪及公夫人，五鑷；世婦，三鑷。其長公主得有步搖。公主、封君已上，皆帶綬。以綵組爲緄帶，各以其綬色。金辟邪，首爲帶玦。

[1]大手髻：在自己頭髮的基礎上，接上一些假髮爲髻。
[2]鑷：鈿，以金翠珠寶製成花形首飾。　蔽髻：一種假髻，《北堂書鈔》卷一三五“假髻”注引成公綏《蔽髻銘》曰：“或造兹蔽，南金翠翼，明珠星列，繁華致飾。”

公、特進、列侯、卿、校、中二千石夫人，紺繒幗，[1]黄金龍首銜白珠，魚須擿，[2]長一尺，爲簪珥。入廟佐祭者，皁絹上下，助蠶者，縹絹上下，皆深衣制，緣。自二千石夫人已上至皇后，皆以蠶衣爲朝服。

[1]幗：婦女覆於髮上的飾物。
[2]擿（zhì）：簪股，俗稱搔頭。

自晉左遷，中原禮儀多缺。後魏天興六年，[1]詔有司始制冠冕，各依品秩，以示等差，然未能皆得舊制。至太和中，[2]方考故實，正定前謬，更造衣冠，尚不能周洽。及至熙平二年，[3]太傅、清河王懌、黄門侍郎韋廷祥等，[4]奏定五時朝服，准漢故事，五郊衣幘，各如方色焉。及後齊因之。[5]河清中，[6]改易舊物，著令定制云。

[1]後魏：即北魏（386—557），亦單稱魏。初都平城（今山西大同市東北），公元494年遷都洛陽（今河南洛陽市東北白馬寺東）。公元534年分裂爲東魏和西魏兩個政權。東魏（534—550）都於鄴（今河北臨漳縣西南鄴鎮東），西魏（535—557）都於長安（今陝西西安市西北郊）。 天興：北魏道武帝拓跋珪年號（398—404）。

[2]太和：北魏孝文帝元宏年號（477—499）。

[3]熙平：北魏孝明帝元詡年號（516—518）。

[4]太傅：官名。與太師、太保並號三師，位雖尊榮，多安置元老勳舊，無職司。北魏爲第一品。 清河王懌：即元懌。北魏孝文帝之子。傳見《魏書》卷二二、《北史》卷一九。 韋廷祥：人名。北魏孝明帝時任黃門侍郎，其他事迹不詳。

[5]後齊：即北齊（550—577），或稱高齊，都鄴（今河北臨漳縣西南）。

[6]河清：北齊武成帝高湛年號（562—565）。

乘輿，平冕，黑介幘，垂白珠十二旒，飾以五采玉，以組爲纓，色如其綬，黈纊，玉笄。白玉璽，黃赤綬，五采，黃、赤、縹、綠、紺，純黃質，長二丈九尺，五百首，廣一尺二寸。小綬長三尺二寸，與綬同采，而首半之。袞服，皁衣，絳裳，裳前三幅，後四幅，織成爲之，十二章，緣絳中單，織成緄帶，朱紱，佩白玉，帶鹿盧劍，絳袴襪，赤舄。未加元服，則空頂介幘。又有通天金博山冠，[1]則絳紗袍，皁緣中單。其五時服，則五色介幘，進賢五梁冠，五色紗袍。又有遠游五梁冠，並不通于下。四時祭廟、圓丘、方澤、明堂、五郊，[2]封禪、大雩、出宮行事、正旦受朝及臨軒拜王公，[3]皆服袞冕之服。還宮及齋，則服通天冠。籍田則冠冕，[4]璪十二旒，[5]佩蒼玉，黄綬，青帶，青襪，青舄。拜陵則黑介幘，白紗單衣。釋奠則服通天金博山冠，玄紗袍。春分朝日，[6]則青紗朝服，青舄；秋分夕月，[7]則白紗朝服，緗舄，[8]俱冠五梁進賢冠。合朔，[9]服通天金博山冠，絳紗袍。季秋講武、出征告廟，冠武弁，黄金附蟬，左貂。禡、類、宜社，[10]武弁，朱衣。纂嚴升殿，服通天金博山冠，絳紗袍。入温、涼室，冠武弁，右貂附蟬，絳紗服。征還飲至，[11]服通天冠。廟中遣上將，[12]則袞冕，還宮則通天金博山冠。賞祖、罰社，[13]則武弁，左貂附蟬。元日、冬至大小會，[14]皆通天金博山冠。四時畋、出宮，服通天冠，並赤舄。明堂則五時俱通天冠，各以其色服。東、西堂舉哀，服白帢。

[1]通天金博山冠：即通天冠，加金博山。

[2]四時祭廟、圓丘、方澤、明堂、五郊：此中華本標點“五郊”之後用頓號。按，據古禮，此句五項均爲祭之禮儀，與封禪等典禮稍有不同，故“五郊”之後用逗號分開。四時，每年立春、立夏、立秋、立冬，天子需舉行相應祭祀典禮。圓丘，冬至日祭天之所。方澤，夏至日祭地祇之所。

[3]封禪：古代帝王祭天地大典。在泰山上築土爲壇，報天之功，稱封；在泰山下之梁父山上辟場祭地，報地之德，稱禪。　大雩：求雨的祭祀。　正旦：指農曆正月初一。

[4]籍田：指籍禮，天子徵民力耕種之田曰"籍田"。每逢春耕前，天子執耒耜於籍田上三推或一撥，稱爲"籍禮"，以示重農。

[5]璪：貫穿玉珠的彩色絲緣。古制，天子五彩，有青、赤、黃、白、黑五彩。

[6]朝日：古代天子於春分祭日儀式。

[7]夕月：古代天子於秋分祭月儀式。

[8]緗（xiāng）：淺黃色。

[9]合朔：日月運行處於同宮同度，謂之合朔。《續漢書·律曆志下》："日月相推，日舒月速，當其同〔所〕，謂之合朔。"此時要舉行相應典禮。

[10]禡（mà）、類、宜社：此中華本標點作"禡類宜社"。據古禮，此爲三種不同祭祀禮儀，中間當用頓號。禡，古時軍隊出征，於軍隊所止處舉行的祭禮。《禮記·王制》："天子將出征……禡於所征之地。"類，古代出兵前所舉行的祭天儀式。宜社，古時發兵前，天子至社神之所祈禱平安。

[11]征還飲至：征討得勝歸來於廟堂飲酒慶賀。

[12]廟中遣上將：出征前於廟堂舉行命帥拜將的儀式。

[13]賞祖、罰社：此中華本標點作"賞祖罰社"。據古禮，此爲兩種不同祭祀禮儀，中間當用頓號。賞祖，在祖廟賞功。罰社，罰者，伐也。古時天子爲討伐叛逆，發兵前到社神之所舉行禱祝儀式。罰社與宜社不同在於前者爲討伐而祝，後者爲出師而禱。

[14]元日：正旦，正月初一。

天子六璽：文曰"皇帝行璽"，封常行詔敕則用之。"皇帝之璽"，賜諸王書則用之。"皇帝信璽"，下銅獸符，[1]發諸州征鎮兵，下竹使符，拜代徵召諸州刺史，則用之。並白玉爲之，方一寸二分，螭獸鈕。"天子行璽"，封拜外國則用之。[2]"天子之璽"，賜諸外國書則用之。“天子信璽”，發兵外國，若徵召外國，及有事鬼神，則用之。並黃金爲之，方一寸二分，螭獸鈕。又有傳國璽，白玉爲之，方四寸，螭獸鈕，上交五蟠螭，隱起鳥篆書。[3]文曰“受天之命，皇帝壽昌”，凡八字。在六璽外，唯封禪以封石函。[4]又有督攝萬機印一鈕，以木爲之，長一尺二寸，廣二寸五分。背上爲鼻鈕，鈕長九寸，厚一寸，廣七分。腹下隱起篆書爲“督攝萬機”，凡四字。此印常在內，唯以印籍縫。用則左戶郎中、度支尚書奏取，[5]印訖輸內。[6]

[1]獸符：即虎符，避唐諱改。

[2]封：《通典》卷六三《禮·天子諸侯玉佩劍綬璽印》作“册”。

[3]隱起：凸起，此指字爲陽文。　鳥篆：篆體古字，因形如鳥之爪迹，故稱。

[4]封禪以封石函：意指封禪刻石立銘之時，刻在封石上之印璽。

[5]左戶郎中：官名。尚書省度支尚書下設有左戶郎中一人，掌天下計帳、戶籍等事。北齊正六品。　度支尚書：官名。尚書省設度支尚書，領度支、倉部、左戶、右戶、金部、庫部曹，掌會計、事役、倉廩帳籍、田宅租調、度量衡、軍械庫藏之政令。北齊正三品。

[6]內：《通典》卷六三《禮·天子諸侯玉佩劍綬璽印》作“納”。

皇太子平冕，黑介幘，垂白珠九旒，飾以三采玉，以組爲纓，色如其綬。金璽，朱綬，四采，赤、黃、縹、紺。綬朱質，[1]長二丈一尺，三百二十首，廣九寸。小綬長三尺二寸，與綬同色，而首半之。衮服，同乘輿而九章，絳紱，佩瑜玉，玉具劍、火珠標首，[2]絳袴襪，赤舄。非謁廟則不服。未加元服，則空頂黑介幘，雙童髻，[3]雙玉導。中舍人執遠游冠以從。[4]其遠游三梁冠，黑介幘，翠緌纓，絳紗袍，皁緣中單，黑舄。大朝所服，[5]亦服進賢三梁冠，黑介幘，皁朝服，絳緣中單，玄舄。爲宮臣舉哀，白帢，單衣，烏皮履。未加元服，則素服。

[1]綬：中華書局新修訂本據“宋乙本、至順本、汲本”改作“純”。

[2]玉具劍：以玉劍具裝飾之劍名玉具劍。玉劍具共四件，即摽，通鏢，劍鞘底端的包頭；首，劍柄頂端飾片；鐔，劍格；衛，劍鞘外供穿帶用之劍鼻。

[3]雙童髻：兒童在頭頂或腦後盤成的髮髻。其制不詳，或以爲古時“總角”。

[4]中舍人：官名。即太子中舍人。北齊正五品上。

[5]大朝：天子大會群臣。

皇太子璽，黃金爲之，方一寸，龜鈕，文曰“皇太子璽”。宮中大事用璽，小事用門下、典書坊印。[1]

[1]門下、典書坊：中華本標點作“門下典書坊”，據本書《百官志中》所載北齊官制，當指門下坊及典書坊，中間當用頓號。此亦可參本書《禮儀志七》隋皇太子璽，“小事用左、右庶子印”。門下坊，官署名。即太子門下坊，掌東宮供奉事務。典書坊，官署

名。即太子典書坊，掌東宮行令書、表啓等。

諸公卿平冕，黑介幘，青珠爲旒，上公九，[1]三公八，諸卿六，以組爲纓，色如其綬。衣皆玄上纁下。三公山、龍八章，[2]降皇太子一等，九卿藻、火六章，[3]唯郊祀天地宗廟服之。

[1]上公：北齊以太師、太傅、太保爲三師，擬古上公。

[2]山、龍：中華本標點作“山龍”。按，據十二章之制，山與龍各爲一章，中間用頓號。

[3]藻、火：中華本標點作“藻火”。按，據十二章之制，藻與火各爲一章，中間用頓號。

遠游三梁，諸王所服。其未冠，則空頂黑介幘。開國公、侯、伯、子、男及五等散爵未冠者，[1]通如之。

[1]五等散爵：北齊散公、散侯、散伯、散子、散男五等爵，散爵各降正爵一等。

進賢冠，文官二品已上，並三梁，四品已上，並兩梁，五品已下，流外九品已上，[1]皆一梁。致事者，[2]通著委貌冠。[3]主兵官及侍臣，通著武弁。侍臣加貂璫。[4]御史、大理著法冠。[5]諸謁者、太子中導客舍人，著高山冠。宮門僕射、殿門吏、亭長、太子率更寺、宮門督、太子内坊察非吏、諸門吏等，皆著却非冠。羽林、武賁，著鶡。録、令已下，[6]尚書以上，著納言幘。又有赤幘，卑賤者所服。救日蝕，文武官皆免冠，著赤介幘，對朝服。賤者平巾，赤幘，示威武，以助於陽也。止雨亦服之。請雨則服緗幘，東耕則服青幘，[7]庀人則服緑幘。

[1]流外：北朝時期流内九品以下官員通稱。流外官亦分品級，經過一定考銓，可以遞升爲九品官，稱之爲“入流”。

[2]致事：猶致仕，辭官。

[3]委貌冠：古冠名，以皂絹爲之。《續漢書・輿服志下》載其形制：“委貌冠、皮弁冠同制，長七寸，高四寸，制如覆杯，前高廣，後卑鋭，所謂夏之毋追，殷之章甫者也。委貌以皂絹爲之。”

[4]貂璫：加金璫，插以貂尾。

[5]大理：官署名。即大理寺。爲北齊的最高審判機構，負責司法刑獄方面的事務。此指大理寺所屬官員。

[6]録、令：中華本標點作“録令”。按，據本書《百官志中》北齊官制，此指録尚書及尚書令二官職，中間當用頓號。

[7]東耕：天子籍田。

印綬，二品已上，並金章，紫綬；三品銀章，青綬；三品已上，凡是五省官及中侍中省，[1]皆爲印，不爲章。四品得印者，銀印，青綬；五品、六品得印者，銅印，墨綬，四品已下，凡是開國子、男及五等散品名號侯，皆爲銀章，不爲印。七品、八品、九品得印者，銅印，黄綬。金銀章、印及銅印，並方一寸，皆龜鈕。東西南北四藩諸國王章，上藩用中金，中藩用銀，[2]並方寸，龜鈕。佐官唯公府長史、尚書二丞，[3]給印綬。六品已下，九品已上，唯當曹爲官長者給印。餘自非長官，雖位尊，並不給。

[1]五省：指尚書、門下、中書、秘書、集書五省。

[2]中藩：《通典》卷六三《禮·天子諸侯玉佩劍綬璽印》作"下藩"。又中華書局新修訂本據"宋乙本、南監本、北監本、汲本、殿本"在"中藩用"之後補入"下金下藩用"五字。

[3]尚書二丞：官名。北齊尚書左、右丞。左丞，從四品上；右丞，從四品下。

諸王纁朱綬，四采，赤、黃、縹、紺，純朱質，纁文織，長二丈一尺，二百四十首，廣九寸。開國郡縣公、散郡縣公，[1]玄朱綬，四采，玄、赤、縹、紺，朱質，玄文織，長一丈八尺，百八十首，廣八寸。開國縣侯伯、散縣侯伯，青朱綬，四采，青、赤、白、縹，朱質，青文織，長一丈六尺，百四十首，廣七寸。[2]開國縣子男、散縣子男、名號侯、開國鄉男，[3]素朱綬，三采，青、赤、白，朱質，白文織，長一丈四尺，百二十首，廣六寸。一品、二品，紫綬，三采，紫、黃、赤，純紫質，長一丈八尺，百八十首，廣八寸。三品、四品，青綬，三采，青、白、紅，純青質，長一丈六尺，百四十首，廣七寸。五品、六品，墨綬，二采，青、紺，純紺質，長一丈四尺，百首，廣六寸。七品、八品、九品，黃綬，二采，黃、白，純黃質，長一丈二尺，六十首，廣五寸。官品從第二已上，小綬間得施玉環。凡綬，先合單紡爲一絲，絲四爲一扶，扶五爲一首，首五成一文。采純爲質。首多者絲細，首少者絲粗。官有綬者，則有紛，[4]皆長八尺，廣三寸，各隨綬色。若服朝服則佩綬，服公服則佩紛。^[5]官無綬者，不合佩紛。

[1]開國郡縣公、散郡縣公：爵名。北齊開國郡公，從一品；開國縣公、散郡公，正二品；散縣公，從二品。

[2]“開國縣侯伯”至“廣七寸”：底本原無，今據《通典》卷六三《禮·天子諸侯玉佩劍綬璽印》及中華本補入。開國縣侯伯、散縣侯伯，爵名。北齊開國縣伯，從二品；開國縣伯、散縣侯，正三品；散縣伯，從三品。

[3]開國縣子男、散縣子男、名號侯、開國鄉男：爵名。北齊開國縣子，正四品下；散縣子，從四品下；開國縣男，正五品下；散縣男、名號侯、開國鄉男，從五品下。

[4]紛：彩色絲帶，比綬窄。又《説文》：“紛，馬尾韜也。”馬尾後飾物爲紛，則人佩之紛當在身後。

[5]公服：朝廷之服，即處理公事所着之服。

鞶囊，二品已上金縷，三品金銀縷，四品銀縷，五品、六品綵縷，七、八、九品綵縷，獸爪鞶。官無印綬者，並不合佩鞶囊及爪。

一品，玉具劍，佩山玄玉。二品，金裝劍，^[1]佩水蒼玉。三品及開國子男、五等散品名號侯雖四、五品，並銀裝劍，佩水蒼玉。侍中已下，通直郎已上，^[2]陪位則像劍。^[3]帶真劍者，入宗廟及升殿，若在仗內，皆解劍。一品及散郡公、開國公侯伯，皆雙佩。二品、三品及開國子男、五等散品名號侯，皆雙佩。綬亦如之。

[1]金裝劍：以金裝飾之劍，下銀裝劍亦同。

〔2〕侍中：官名。北齊正三品。　通直郎：官名。即通直散騎侍郎，北齊集書省設六人，掌諷議左右，從容獻納。從五品上。

〔3〕像劍：木劍，言其像劍。

百官朝服、公服，皆執手板。尚書録、令、僕射、吏部尚書，[1]手板頭復有白筆，以紫皮裹之，名曰笏。朝服綴紫荷，録、令、左僕射左荷，右僕射、吏部尚書右荷。七品已上文官朝服，皆簪白筆。正王公侯伯子男、卿尹及武職，並不簪。朝服，冠、幘各一，絳紗單衣，白紗中單，皂領袖，皂襈，革帶，曲領、方心，蔽膝，白筆、舄、襪，兩綬，劍佩，簪、導，[2]鈎、䚢，[3]爲具服。[4]七品已上服也。公服，冠、幘，紗單衣，深衣，革帶，假帶，[5]履、襪，鈎、䚢，謂之從省服。八品已下，流外四品已上服也。

〔1〕尚書録：官名。録尚書，北齊尚書省置一人，位在尚書令上，掌與令同，但不糾察。　令：官名。即尚書令。尚書省長官，北齊正二品。　僕射：官名。尚書省置左、右僕射各一人，位列宰相。北齊從二品。　吏部尚書：官名。掌官吏銓選考課獎勵，職權甚重。北齊正三品。

〔2〕簪：冠飾之一。爲一種大型長針，通過冠上之紐自右至左穿過髮髻，用於固定冕、弁、冠等首服。天子玉製，臣下則象牙、犀角等。　導：冠飾之一，髮簪。用於固定髮髻形狀，其制比簪短小。亦天子玉製，臣下象牙、犀角等。

〔3〕鈎：革帶上帶鈎。　䚢：承鈎之環。按，“鈎、䚢”中華本未加點讀，據本書《禮儀志七》云：“革帶……今博三寸半，加金縷䚢，螳蜋鈎，以相拘帶。”知鈎與䚢爲兩件飾物，中間應用頓號

相隔。本卷下同。

　　[4]具服：朝服。

　　[5]假帶：大帶。

　　流外五品已下，九品已上，皆著褠衣爲公服。[1]

　　[1]褠衣：爲袖狹而直，形狀如溝之單衣。

　　皇后璽、綬、佩同乘輿，假髻，步搖，十二鐶，八雀九華。助祭、朝會以褘衣，祠郊禖以褕狄，[1]小宴以闕狄，[2]親蠶以鞠衣，[3]禮見皇帝以展衣，[4]宴居以褖衣。[5]六服俱有蔽膝、織成緄帶。皇太后、皇后璽，並以白玉爲之，方一寸二分，螭獸鈕，文各如其號。璽不行用，有令，則太后以宮名衛尉印，[6]皇后則以長秋印。[7]

　　[1]郊禖：天子求子所祭之神，因祠在郊，故名。　褕狄：亦作褕翟或揄翟，古代王后祭服之一。《詩·鄘風·君子偕老》：“其之翟也。”毛傳曰：“褕翟、闕翟，羽飾衣也。”則褕翟原指以翟羽裝飾之衣，以後則指畫雉之衣。《周禮·天官·內司服》：“掌王后之六服：褘衣、褕狄、闕狄、鞠衣、展衣、緣衣。”鄭玄注：“狄當爲翟。翟，雉名。……江淮而南，青質，五色皆備成章曰搖。……褕翟畫搖者。”

　　[2]闕狄：古代王后祭服之一。《周禮·天官·內司服》：“內司服掌王后之六服：褘衣、褕狄、闕狄、鞠衣、展衣、緣衣。”鄭玄注：“狄當爲翟。翟，雉名……王后之服，刻繒爲之形而采畫之，綴於衣以爲文章。……闕翟刻而不畫。”

[3]鞠衣：古代王后親蠶禮服，其色淺黃，似桑葉初生之色。《釋名·釋衣服》亦云：“鞠衣，黃如鞠花色也。”鞠花，菊花。

[4]展衣：古代王后六服之一，後亦爲世婦及卿大夫妻之命服。色白。《周禮·天官·內司服》：“掌王后之六服：褘衣、揄狄、闕狄、鞠衣、展衣、緣衣，素沙。”鄭玄注引鄭司農云：“展衣，白衣也。”一説展衣色赤。

[5]褖（tuàn）衣：爲古王后燕居或進御時所穿之服，後亦爲世婦及卿大夫妻之命服。按，《周禮·天官·內司服》作“緣衣”，東漢鄭玄注：“此緣衣者，實作褖衣也。褖衣，御于王之服，亦以燕居。”

[6]宮名衛尉印：指太后所居宮尉衛之印。

[7]長秋：官署名。即長秋寺，爲宦者官署，負責管理後宮諸宮閣事務。

内外命婦從五品已上，[1]蔽髻，唯以鏌數花釵多少爲品秩。二品已上金玉飾，三品已下金飾。内命婦、左右昭儀、三夫人視一品，假髻，九鏌，金章，紫綬，服褕翟，雙佩山玄玉。九嬪視三品，五鏌蔽髻，銀章，青綬，服鞠衣，佩水蒼玉。世婦視四品，[2]三鏌，銀印，青綬，服展衣，無佩。八十一御女視五品，[3]一鏌，銅印，墨綬，服褖衣。又有宮人女官服制，第二品七鏌蔽髻，服闕翟；三品五鏌，鞠衣；四品三鏌，展衣；五品一鏌，褖衣；六品褖衣；七品青紗公服。俱大首髻。[4]八品、九品，俱青紗公服，偏髾髻。[5]

[1]命婦：指有封號的婦人，宮廷中嬪妃等稱爲内命婦，朝中大臣之母、妻則稱爲外命婦。

［2］世婦：女官名。掌賓客祭祀，北齊位次九嬪。

［3］御女：女官名。北齊掌女工絲枲。

［4］大首髻：形制不詳。檢《續漢書・輿服志下》婦人之首飾有“大手結”。《通典》卷六二《禮・后妃命婦首飾制度》載三國魏貴人夫人以下助齏，晋、南朝宋皇后首飾均有“大首髻”。然《宋書・禮志五》引晋《先齏儀注》作“大手髻”。則“大首”亦或作“大手”，惜均未載其具體形制。

［5］偏髾（shāo）髻：指髻後下垂之頭髮梢向一邊偏。

皇太子妃璽、綬、佩同皇太子，假髻，步搖，九鈿，服褕翟。從齏則青紗公服。

皇太子妃璽，以黃金，方一寸，龜鈕，文曰“皇太子妃之璽”。若有封書，則用內坊印。[1]

［1］內坊：官名。太子家令領有內坊令，掌諸知閤內諸事。北齊第九品。

郡長公主、公主、王國太妃、妃，[1]纁朱綬，髻章服佩同內命婦一品。

［1］郡長公主：皇帝之姊妹封號。　公主：指郡公主。皇帝之女封號。　王國太妃：諸王之母封號。　妃：諸王之妻封號。

郡長君七鈿蔽髻，[1]玄朱綬，闕翟，章佩與公主同。

［1］郡長君：外官之母封號。唐制爲四品以上官母，可作參考。

郡君、縣主，[1]佩水蒼玉，餘與郡長君同。

[1]郡君：外官之妻封號。唐制爲四品以上官妻，可作參考。縣主：皇族及其諸王之女封號。

太子良娣視九嬪服。[1]縣主青朱綬，餘與良娣同。

[1]良娣：皇太子之妾，地位次於太子妃。

女侍中五鏌，[1]假金印、紫綬，服鞠衣，佩水蒼玉。

[1]女侍中：宮內女官。

縣君銀章，[1]青朱綬，餘與女侍中同。

[1]縣君：外官母、妻封號。唐制爲五品以上官母、妻，可作參考。

太子孺人同世婦。[1]太子家人子同御女。[2]

[1]孺人：太子之妾，地位次於良娣。
[2]太子家人子：太子之妾，地位次於孺人。

鄉主、鄉君，[1]素朱綬，佩水蒼玉，餘與御女同。

[1]鄉主：諸王之孫女。　鄉君：外官母妻封號。唐制爲勳官四品，可作參考。

外命婦章印綬佩，皆如其夫。若夫假章印綬佩，妻則不假。一品、二品，七鎮蔽髻，服闕翟。三品，五鎮，服鞠衣。四品，三鎮，服展衣。五品，一鎮，服褖衣。

內外命婦、宮人女官從蠶，則各依品次，還著蔽髻，皆服青紗公服。如外命婦，綬帶鞶囊，皆准其夫公服之例。百官之母詔加太夫人者，朝服公服，各與其命婦服同。

後周設司服之官，[1]掌皇帝十二服。祀昊天上帝，則蒼衣蒼冕；祀東方上帝及朝日，則青衣青冕；祀南方上帝，則朱衣朱冕；祭皇地祇、祀中央上帝，[2]則黃衣黃冕；祀西方上帝及夕月，則素衣素冕；祀北方上帝，祭神州、社稷，則玄衣玄冕；享先皇、加元服、納后、朝諸侯，則象衣象冕。十有二章，日、月、星辰、山、龍、華蟲六章在衣，[3]火、宗彝、藻、粉米、黼、黻六章在裳，[4]凡十二等。享諸先帝、大貞於龜、食三老五更、享諸侯、耕籍，[5]則服袞冕，自龍已下，凡九章十二等。[6]宗彝已下五章在衣，[7]藻、火已下四章在裳，[8]衣重宗彝。祀星辰、祭四望、視朔、大射、饗群臣、巡犧牲、養國老，[9]則服山冕，[10]八章十二等。衣、裳各四章，衣重火與宗彝。群祀、視朝、臨太學、入道法門、宴諸侯與群臣及燕射、養庶老、適諸侯家，則服鷩冕，[11]七章十二等。衣三章，裳四章，衣重三章。袞、山、鷩三冕，皆裳重黼、黻，^[12]俱十有二等。通以升龍爲領、褾。^[13]冕通十有二旒。巡兵、即戎，則服韋弁，^[14]謂以韎韋爲弁，又以爲裳衣也。田獵、行鄉畿，則服皮弁，謂以鹿子皮爲弁，白布衣而素裳也。皇帝凶服斬衰。^[15]父母之喪上下達。其弔服，錫衰以哭三公，總衰以哭諸侯，皆十五升抽其半。錫者，浣其布，不浣其縷，哀在內；總者，浣其縷，不浣其布，哀在外也。疑衰以哭大夫，十四升。^[16]皆素弁，如爵弁之數。環絰。一服纏絰。凡大疫、大荒、大災則素服縞冠。^[17]凡疫病、荒飢、年災水旱也。

［1］後周：即北周（557—581），都長安（今陝西西安市西北）。　司服：官名。北周天官府設司服上士二人，司服中士二人，掌天子吉凶服飾。司服上士正三命；司服中士，正二命。

［2］皇地祇：對地神的尊稱。

［3］十有二章，日、月、星辰、山、龍、華蟲六章在衣：六章之間中華本未加標點，今據十二章之制補。又《周禮·春官·司服》鄭玄注引《繢人職》云：“‘鳥獸蛇雜四時五色以章之謂’是也。……王者相變，至周而以日月星辰畫於旌旗，所謂三辰旌旗，昭其明也。而冕服九章，登龍於山，登火於宗彝，尊其神明也。九章，初一曰龍，次二曰山，次三曰華蟲，次四曰火，次五曰宗彝，皆畫以爲繢；次六曰藻，次七曰粉米，次八曰黼，次九曰黻。”後文所載“火”在“宗彝”之前，則此句“龍”亦當在“山”前。（參見閻步克《宗經、復古與尊君、實用（上）——中古《周禮》六冕制度的興衰變異》，《北京大學學報》2005年第6期）

［4］火、宗彝、藻、粉米、黼、黻六章在裳：此句六章之間中華本未加標點，今據十二章之制補。

［5］大貞於龜：亦稱貞龜，占卜，因古人灼龜甲以卜，故名。

三老五更：古代設置的兩個養老之位，掌宣德教。三老與五更各置一人，皆以年老退休且明世事的三公任之。天子則以父禮事三老，以兄禮事五更，皆尊養於國子學或太學中，用以示天下之孝悌。

[6]則服袞冕，自龍已下，凡九章十二等：此句所言九章不詳。按，後周章服之制參《周禮》而定，據前文所引《周禮·春官·司服》鄭玄注引《繢人職》，此袞冕九章之順序亦同鄭玄注所言，故此言自龍以下九章。

[7]已下：此恐爲"已上"之誤，據此段注[3]，宗彝已上五章爲龍、山、華蟲、火、宗彝，符合《周禮》及歷代服章之制（參見閻步克《宗經、復古與尊君、實用（上）——中古《周禮》六冕制度的興衰變異》）。

[8]藻、火已下四章：此句"火"恐衍。據此段注[3]，"藻"以下四章爲"藻、粉米、黼、黻"，"火"章爲第四，當在衣。又此段後云"袞、山、鷩三冕，皆裳重黼、黻"，則"黼、黻"二章在裳。檢歷代《周禮》及歷代服章之制，"粉米"均在裳，後周當不例外。此袞冕裳之四章當爲"藻、粉米、黼、黻"。故"火"字衍。（參見閻步克《宗經、復古與尊君、實用（上）——中古《周禮》六冕制度的興衰變異》）

[9]四望：所祭之四方山川及其神靈。　大射：古射禮之一。天子舉行祭祀大典之前，選擇陪祭之臣而舉行的禮儀。其方法爲：按等級不同，以虎、熊、豹、麋等形象爲箭靶，靶心設一鵠，數中者可陪祭。　國老：告老退職的國家重臣。

[10]山冕：天子服飾中繪有山形圖案者及其相應之冕。

[11]鷩（bì）冕：指鷩衣加冕，古禮服。鷩爲一種好鬥之鳥，《釋名·釋首飾》云："鷩冕：鷩、雉之憋者，山雞是也。鷩、憋也，性急憋，不可生服，必自殺。故畫其形於衣，以象人執耿介之節也。"鷩冕之制漢晉及南朝未有，北周宗《周禮》，復行此制。

[12]黼、黻：中華本標點作"黼黻"。按，據十二章之制，此

爲二章，中間當用頓號。本卷下同。

[13]升龍："乘龍升天"紋飾圖案。 領、褾：指衣領及袖端。按，中華本標點作"領褾"。領與褾爲服飾的兩個不同部位，中間當用頓號。本卷下同。

[14]韋弁：天子禮服及冠制之一。用熟皮製成，淺朱色，制如皮弁。《周禮·春官·司服》："凡兵事，韋弁服。"鄭玄注："韋弁，以韎韋爲弁。"孫詒讓《正義》引任大椿曰："韋弁爲天子諸侯大夫兵事之服。戎服用韋者，以韋革同類，服以臨軍，取其堅也。《晋志》韋弁制似皮弁，頂上尖，韎草染之，色如淺絳。然則形狀似皮弁矣。"

[15]斬衰：古代五種喪服中最重一種。用粗麻布製成，左右和下邊不縫。服制三年。子及未嫁女爲父母服斬衰。諸侯爲天子、臣爲君亦服斬衰。

[16]"其弔服"至"十四升"：此段言天子參加臣子喪禮所着之服，依臣子地位不同而異。錫衰、緦衰、疑衰均爲古代王爲臣所穿喪服。《周禮·春官·司服》云："王爲三公六卿錫衰，爲諸侯緦衰，爲大夫士疑衰。"鄭玄注云："君爲臣服弔服也。鄭司農云：'錫，麻之滑易者，十五升去其半，有事其布，無事其縷。緦亦十五升去其半，有事其縷，無事其布。疑衰，十四升衰。'玄謂無事其縷，衰在內；無事其布，衰在外。疑之言擬也，擬於吉。""升"，古代布八十縷（綫）爲升，十五升約二尺二寸，幅內含一千二百縷，爲細布。"十五升去其半"，即六百縷。錫衰與緦衰皆以十五升布爲之，惟疑衰十四升。"有事"亦即此段"浣"之意，指以水鍛濯漂白，去其污垢。錫衰與緦衰區別在於，錫漂織成的布而不漂縷，緦則相反。

[17]縞冠：白色生絹所製之帽。

諸公之服九：[1]一曰方冕。[2]二曰衮冕，九章，[3]宗彝已上五章在衣，藻已下四章在裳。三曰山冕，八章，衣、裳各四章，衣重宗彝，爲九等。四曰鷩冕，七章，衣三章，裳四章，衣重火與宗彝。五曰火冕，[4]六章，衣、裳各三章，衣重宗彝及藻，裳重黻。六曰毳冕，[5]五章，衣三章，裳二章，衣重藻、粉米，[6]裳重黼、黻。山冕已下俱九等，皆以山爲領、褾，冕俱九旒。七曰韋弁。八曰皮弁。九曰玄冠。[7]

[1]公：爵名。北周封爵有國公、郡公，均爲正九命；縣公，命數不詳（參見王仲犖《北周六典》卷八《封爵第十九》，中華書局1979年版，第538—553頁）。

[2]方冕：北周新創，《周禮》未載有此冕。王仲犖認爲："方冕者，即皇帝祀昊天上帝時服蒼衣蒼冕；祀東方上帝及朝日時服青衣青冕；祀南方上帝時服朱衣朱冕；祭皇地祇祀中央上帝時服黃衣黃冕；祀西方上帝及夕月時服素衣素冕；祀北方上帝祭神州社稷時服玄衣玄冕。但天子冕服十二章，有日、月、星辰，公九章，無日、月、星辰耳。"（參見王仲犖《北周六典》卷四《春官府第九》，第195頁）可作參考。

[3]九章：指衣龍、山、華蟲、火、宗彝五章，裳藻、粉米、黼、黻四章。以下諸冕依次減少一章。

[4]火冕：北周新創，《周禮》未載有此冕，形制不詳。

[5]毳（cuì）冕：指毳衣加冕，古禮服。毳爲獸細毛織物。

[6]藻、粉米：中華本標點作"藻粉米"。據十二章之制加頓號。

[7]玄冠：即委貌冠。《儀禮·士冠禮》："主人玄冠。"鄭玄注："玄冠，委貌也。"委貌冠參本卷前文注。

　　諸侯服，[1]自方冕而下八，無衮冕。山冕八章，衣、裳各四章。鷩冕七章，衣三章，裳四章，衣重宗彝。火冕六章，衣、裳各三章，衣重藻，裳重黼。毳冕五章，衣三章，裳二章，衣重粉米，裳重黼、黻。鷩冕已下俱八等，皆以華蟲爲領、褾。冕俱八旒。

　　[1]侯：爵名。北周封爵有縣侯，正八命（參見王仲犖《北周六典》卷八《封爵第十九》，第553頁）。

　　諸伯服，[1]自方冕而下七，又無山冕。鷩冕七章，衣三章，裳四章。火冕六章，衣、裳各三章，裳重黻。毳冕五章，衣三章，裳二章，裳重黼、黻。火冕已下俱七等，皆以火爲領、褾。冕俱七旒。

　　[1]伯：爵名。北周封爵有縣伯，正七命（參見王仲犖《北周六典》卷八《封爵第十九》，第554頁）。

　　諸子服，[1]自方冕而下六，又無鷩冕。火冕六章，衣、裳各三章。毳冕五章，衣三章，裳二章，裳重黻。毳冕已下俱六等，皆以宗彝爲領、褾。冕俱六旒。

　　[1]子：爵名。北周封爵有縣子，正六命（參見王仲犖《北周六典》卷八《封爵第十九》，第555頁）。

　　諸男服，[1]自方冕而下五，又無火冕。毳冕五章，衣三章，裳二章。以藻爲領、褾。冕五旒。

[1]男：爵名。北周封爵有縣男，正五命（參見王仲犖《北周六典》卷八《封爵第十九》，第556頁）。

三公之服九：[1]一曰祀冕。[2]二曰火冕，六章，衣、裳各三章，衣重宗彝與藻，裳重黼。三曰毳冕，五章，衣三章，裳二章，衣重藻與粉米，裳重黼、黻。四曰藻冕，[3]四章，衣、裳俱二章，衣重藻與粉米，裳重黼、黻。五曰繡冕，[4]三章，衣一章，裳二章，衣重粉米，裳重黼、黻。俱九等，皆以宗彝爲領、褾。六曰爵弁。七曰韋弁。八曰皮弁。九曰玄冠。

[1]三公：指太師、太傅、太保。均正九命。
[2]祀冕：形制不詳。
[3]藻冕：北周新創，《周禮》未載有此冕，形制不詳。
[4]繡冕：形制不詳。

三孤之服，[1]自祀冕而下八，無火冕。毳冕五章，衣三章，裳二章，衣重粉米，裳重黼、黻。藻冕四章，衣、裳各二章，衣重藻與粉米，裳重黼、黻，俱八等，皆以藻爲領、褾。繡冕三章，衣一章，裳二章，衣重粉米，裳重黼、黻，爲八等。

[1]三孤：指少師、少傅、少保。均正八命。

公卿之服，[1]自祀冕而下七，又無毳冕。藻冕四章，衣、裳各二章，衣重粉米，裳重黼、黻，爲七等，皆以粉米爲領、褾，各七。[2]繡冕三章，衣一章，裳二章，衣重粉米，裳重黼、黻，爲七等。

[1]公卿：《通典》卷五七《禮》、王仲犖《北周六典》均同。然北周官制，有太師、太保、太傅爲三公，正九命；有少師、少傅、少保爲三孤，正八命；其下大冢宰等六卿，正七命。雖然北周有大丞相、相國，大象元年（579）又置四輔（大前疑、大右弼、大左輔、大後丞），但它們不會低於三孤而與六卿同級。所以，北周別無與六卿同級之公。公、六形近易訛，“公卿”或爲“六卿”。又所載印綬制度：“三公之綬，如諸公；三孤之綬，如諸侯；六卿之綬，如諸伯。”可見在三公、三孤之下，所列正是“六卿”，而非“公卿”。故“公卿”或爲“六卿”之訛。（參見閻步克《宗經、復古與尊君、實用（上）——中古《周禮》六冕制度的興衰變異》）。六卿，官名。北周天官冢宰、地官司徒、春官宗伯、夏官司馬、秋官司寇、冬官司空分掌邦國之政，總稱六官或六卿。正六命。

[2]各七：據上下文述冕服格式，此二字恐衍。

上大夫之服，[1]自祀冕而下六，又無藻冕。繡冕三章，衣一章，裳二章，衣重粉米，裳重黼，爲六等。

[1]上大夫：官名。北周正六命。

中大夫之服，[1]自祀冕而下五，又無皮弁。繡冕三章，衣一章，裳二章，衣重粉米，爲五等。

[1]中大夫：官名。北周正五命。

下大夫之服，[1]自祀冕而下四，又無爵弁。繡冕三章，衣一章，裳二章，衣重粉米，爲四等。

[1]下大夫：官名。北周正四命。

士之服三：[1]一曰祀弁，[2]二曰爵弁，三曰玄冠。玄冠皆玄衣。其裳，上士以玄，中士以黃，下士雜裳，謂前玄後黃也。庶士之服一：玄冠。庶士，庶人在官，[3]府史之屬。其服緇衣裳。

[1]士：官名。北周上士，正三命；中士，正二命；下士，正一命。

[2]祀弁：形制不詳。

[3]官：底本原作“宫”，據汲古閣本、殿本、庫本、中華本改。

後令文武俱著常服，冠形如魏帢，無簪有纓。其凶服皆與庶人同。其弔服，諸侯於其卿大夫，錫衰；同姓，緦衰；於士，疑衰。其當事則弁絰，[1]否則皮弁。公、孤、卿、大夫之弔服，[2]錫衰、弁絰，皮弁亦如。[3]士之弔服，疑衰素裳，當事弁絰，否則徒弁。[4]

[1]弁絰：吊喪時所戴加麻素冠。

[2]公、孤、卿、大夫：中華本標點作“公孤卿大夫”。按，據上文此當指三公、三孤、六卿、大夫，故中間應加頓號。

[3]皮弁亦如：中華本“如”後有“之”字。

[4]徒弁：形制不詳。

皇后衣十二等。其翟衣六，[1]從皇帝祀郊禖，享先皇，朝皇太后，則服韗衣。素質，五色。祭陰社，朝命婦，則服褕衣。[2]青質，五色。祭群小祀，受獻繭，[3]則服鷩衣。赤衣。采桑則服鳪衣。[4]黄色。從皇帝見賓客，聽女教，則服鵫衣。[5]白色。食命婦，歸寧，則服翟衣。[6]玄色。俱十有二等，以韗雉爲領、褾，各有二。臨婦學及法道門，命婦，[7]有時見命婦，則蒼衣。春齋及祭還，則青衣。夏齋及祭還，則朱衣。采桑齋及采桑還，則黄衣。秋齋及祭還，則素衣。冬齋及祭還，則玄衣。自青衣而下，其領、褾以相生之色。

[1]翟衣：此指繪有翟羽紋飾的禮服。

[2]褕衣：《通典》卷六二《禮·后妃命婦服章制度》作“揄衣”。

[3]繭：汲古閣本、殿本、庫本同，中華本作“繭”。其校勘記云：“‘繭’原作‘璽’，據《通典》卷六二改。”

[4]鳪（bú）：黄色野雞，故鳪衣色黄。

[5]鵫（zhuó）：鳥名，白色，一説即白鵰。故鵫衣色白。

[6]翟：鳥名，黑色。故翟衣色玄。

[7]命婦：汲古閣本、殿本、庫本同，中華本前有“燕”字。檢《通典》卷六二《禮·后妃命婦服章制度》作“燕命婦”，中華本恐據此補。

諸公夫人九服，其翟衣雉皆九等，俱以褕雉爲領、褾，各九。自褕衣已下五，曰褕衣、鷩衣、鳪衣、鵫衣、翟衣。并朱衣、黄衣、素衣、玄衣而九。自朱衣而下，其領、襮亦同用相生之色。

諸侯夫人，自鷩而下八。其翟衣雉皆八等，俱以鷩雉爲領、襮。無褕衣。

諸伯夫人，自鷊而下七。其翟衣雉皆七等，俱以鷊雉爲領襮，又無鷩衣。

諸子夫人，自鶕而下六。其翟衣俱以鶕雉爲領、襮。又無鷊衣。

諸男夫人，自翬而下五。其翟衣雉皆五等，俱以翬雉爲領、襮。又無鶕衣。

三妃，[1]三公夫人之服九：一曰鷊衣，二曰鶕衣，三曰翬衣，四曰青衣，五曰朱衣，六曰黃衣，七曰素衣，八曰玄衣，九曰鬒衣。[2]似髮。華皆九樹。其雉衣亦皆九等，以鷊雉爲領、襮，各九。

[1]三妃：北周後宮嬪妃之一，比《周禮》三夫人之位，位視三公，正九命（參見王仲犖《北周六典》卷九《内命婦第二十三》，第613頁）。

[2]鬒衣：紋飾如髮鬒之衣，其制不詳。

三㚤，[1]三孤之内子，[2]自鶕衣而下八。雉衣皆八等，以鶕雉爲領、襮，各八。六嬪，[3]六卿之内子，自翬衣而下七。雉衣皆七等，以翬雉爲領、襮，各七。上媛，[4]上大夫之孺人，[5]自青衣而下六。中媛，中大夫之孺人，自朱衣而下五。下媛，下大夫之孺人，自黃衣而下四。御婉，[6]士之婦人，自素衣而下三。中宮六尚，一曰緅衣。[7]其色赤而微玄。

　　[1]三妣：北周後宮嬪妃之一。地位僅次於三妃，位視三孤（參見王仲犖《北周六典》卷九《内命婦第二十三》，第 615 頁）。

　　[2]内子：古代卿大夫之嫡妻。

　　[3]六嬪：北周後宮嬪妃之一。地位僅次於三妃，位視六卿（參見王仲犖《北周六典》卷九《内命婦第二十三》，第 615 頁）。

　　[4]上媛：上媛、中媛、下媛均爲御媛，位視大夫。大夫有上、中、下，故御媛亦有上、中、下。（參見王仲犖《北周六典》卷九《内命婦第二十三》，第 616 頁）

　　[5]孺人：古稱大夫之妻。

　　[6]御婉：北周後宮嬪妃之一。位視士（參見王仲犖《北周六典》卷九《内命婦第二十三》，第 616 頁）。

　　[7]一曰：此二字衍。中華本去此二字，其校勘記云："'尚'下原衍'一曰'二字。按：'六尚'指尚食、尚藥、尚衣、尚舍、尚乘、尚輦等六種女官，'緅衣'指其服色。《通典》卷六二作'中宮六尚，緅衣'。今據刪。"所言是，當從刪。

　　諸命秩之服，[1]曰公服，其餘常服，曰私衣。皇后華皆有十二樹。諸侯之夫人，亦皆以命數爲之節。三妃，三公夫人已下，又各依其命。一命再命者，又俱以三爲節。

　　[1]命秩：猶如官爵之意。

　　皇后及諸侯夫人之服，皆烏履。三妃，三公夫人已下，翟衣則烏，其餘皆屨。烏、履各如其裳之色。

　　皇后之凶服，斬衰、齊衰，降旁期已下。弔服，[1]

爲妃、嬪、三公之夫人、孤卿內子之喪，錫衰。錫者，十五升去其半。無事其縷，有事其布，哀在內也。爲諸侯夫人之喪，緦衰。緦亦十五升去其半。有事其縷，無事其布，哀在外也。爲媛、御婉及大夫孺人、士之婦人之喪，疑衰。十四升，疑於吉。皆吉笄，無首。象笄，去首飾。太陰虧則素服。[2]蕩天下之陰事。諸侯之夫人及三妃與三公之夫人已下凶事，則五衰：自緦已上皆服之。其弔，諸侯夫人於卿之內子、大夫孺人，錫衰。於己之同姓之臣，緦衰。於士之婦人，疑衰。皆吉笄，無首。其三妃已下及媛，三公夫人已下及孺人，其弔服錫衰。御婉及士之婦人，弔服疑衰，疑衰同笄。九族已下皆骨笄。

[1]降旁期已下。弔服：此句中華本標點作"皇后之凶服，斬衰、齊衰，降旁期已下弔服。"按，此句"弔服"二字應斷入後句。北周推崇古制，車服器用多依《周禮》。凶服指服喪之服，《周禮·春官·司服》云："凡凶事，服弁服"，東漢鄭玄注："其服斬衰、齊衰。"《周禮·春官·司服》又云："其凶服，加以大功、小功。"旁期，指旁系親屬之凶服，《周禮·春官·司服》唐賈公彥疏："天子諸侯絕旁期，正統之期猶不降，故兼云齊衰，其正服大功，亦似不降也。"顯然此條凶服指斬衰、齊衰。弔服爲弔喪之服，《周禮·春官·司服》云："凡弔事，弁絰服。"其制有三，"王爲三公六卿錫衰，爲諸侯緦衰，爲大夫士疑衰"。故本書此條所載錫衰、緦衰、疑衰乃皇后之弔服，故"弔服"二字應斷入下句。又本卷前文北周皇帝服制云："皇帝凶服斬衰。其弔服，錫衰以哭三公，緦衰以哭諸侯，疑衰以哭大夫。"亦可資佐證。綜上，此句標點應作"皇后之凶服，斬衰、齊衰，降旁期已下。弔服……"。

[2]太陰虧：指發生月食，太陰指月亮。

韍，皇帝三章，龍、火、山；諸侯二章，去龍；卿大夫一章，以山。皆織綵以成之。

皇帝八璽，有神璽，有傳國璽，皆寶而不用。神璽明受之於天，傳國璽明受之於運。皇帝負扆，[1]則置神璽於筵前之右，置傳國璽於筵前之左。又有六璽。其一“皇帝行璽”，封命諸侯及三公用之。其二“皇帝之璽”，與諸侯及三公書用之。其三“皇帝信璽”，發諸夏之兵用之。其四“天子行璽”，封命蕃國之君用之。其五“天子之璽”，與蕃國之君書用之。其六“天子信璽”，徵蕃國之兵用之。六璽皆白玉爲之，方一寸五分，高寸，螭獸鈕。

[1]負扆：原意指背靠屏風，此引申爲臨朝聽政。

皇后璽，文曰“皇后之璽”，白玉爲之，方寸五分，高寸，麟鈕。

三公諸侯皆金印，方寸二分，高八分，龜鈕。七命已上銀，四命已上銅，皆龜鈕。三命已上，銅印銅鼻。其方皆寸，其高六分，文曰“某公官之印”。

皇帝之組綬以蒼，以青，以朱，以黃，以白，以玄，以纁，以紅，以紫，以緅，以碧，以綠，十有二色。諸公九色，自黃以下。諸侯八色，自白以下。諸伯七色，自玄以下。諸子六色，自纁已下。諸男五色，自紅已下。三公之綬，如諸公。三孤之綬，如諸侯。六卿之綬，如諸伯。上大夫之綬，如諸子。中大夫之綬，如諸男。下大夫綬，自紫已下。士之綬，自緅已下。其璽印之綬，亦如之。

保定四年，[1]百官始執笏，常服上焉。宇文護始命袍加下欄。[2]

[1]保定：北周武帝宇文邕年號（561—565）。

[2]宇文護：人名。西魏權臣宇文泰之侄。北周建立，宇文護專政。傳見《周書》卷一一，《北史》卷五七有附傳。　欄：織物界道。

宣帝即位，[1]受朝於路門，初服通天冠，絳紗袍。群臣皆服漢魏衣冠。大象元年，[2]制冕二十四旒，衣服以二十四章爲準。二年下詔，天臺近侍及宿衛之官，[3]皆著五色衣，以錦綺繢繡爲緣，名曰品色衣。有大禮則服冕。內外命婦皆執笏，其拜俯伏方興。

[1]宣帝：北周宣帝宇文贇。紀見《周書》卷七、《北史》卷一〇。

[2]大象：北周靜帝宇文闡年號（579—580）。

[3]天臺：北周大象元年周宣帝禪位周靜帝，自稱天元皇帝，住處稱天臺。

隋書　卷一二

志第七

禮儀七

　　高祖初即位，[1]將改周制，[2]乃下詔曰："宣尼制法，[3]云行夏之時，乘殷之輅。[4]弈葉共遵，理無可革。然三代所尚，[5]衆論多端，或以爲所建之時，或以爲所感之瑞，或當其行色，因以從之。今雖夏數得天，[6]歷代通用，漢尚於赤，魏尚於黃，驪馬玄牲，已弗相踵，明不可改，建寅歲首，常服於黑。朕初受天命，赤雀來儀，兼姬周已還，於茲六代，三正迴復，[7]五德相生，[8]總以言之，並宜火色。垂衣已降，[9]損益可知，尚色雖殊，常兼前代。其郊丘廟社，[10]可依袞冕之儀，[11]朝會衣裳，[12]宜盡用赤。昔丹烏木運，[13]姬有大白之旗，[14]黃星土德，[15]曹乘黑首之馬，[16]在祀與戎，其尚恒異。今之戎服，皆可尚黃，在外常所著者，通用雜色。祭祀之服，須合禮經，[17]宜集通儒，更可詳議。"

[1]高祖：隋文帝楊堅廟號。紀見本書卷一、二，《北史》卷一一。

[2]周：即北周（557—581），都長安（今陝西西安市西北）。

[3]宣尼：即孔子。漢平帝元始元年（1）追謚孔子爲褒成宣尼公，後因稱孔子爲宣尼。

[4]行夏之時，乘殷之輅：語出《論語·衛靈公》：“顏淵問爲邦。子曰：‘行夏之時，乘殷之輅，服周之冕。’”夏之時，指以建寅之月爲歲首的夏曆；殷之輅，指殷商之輅車，歷代帝王多沿用。按，《册府元龜》卷五八四《掌禮部·奏議第一二》下有“服周之冕”四字，參中華本校勘記。又本段後文云“三代所尚”，然此祇云夏、殷，故“服周之冕”句當補入。

[5]三代：指夏、商、周。

[6]夏數：即夏曆。

[7]三正：指三代曆法歲首，夏正建寅，殷正建丑，周正建子，合稱三正。

[8]五德：此指陰陽家所謂金、木、水、火、土五行。

[9]垂衣：“垂衣裳”省稱，典出《易·繫辭下》：“黃帝、堯、舜垂衣裳而天下治。”此代指黃帝、堯、舜所處時代。　已：《文獻通考》卷一一二《王禮考七·君臣冠冕服章》同，《册府元龜》卷五八四《掌禮部·奏議第一二》作“以”。

[10]郊丘廟社：指祭祀天地、宗廟、社稷。

[11]袞冕：此指袞衣與冕，古代帝王與上公的禮服與禮冠。《周禮·春官·司服》：“享先王則袞冕。”鄭注云：“袞，卷龍衣也。”後世一般以畫卷龍之衣爲袞衣。冕則隨衣而名，如袞服所着之冕爲袞冕，後文所論冠冕之制皆同此。

[12]朝會：百官或外國使臣朝見天子。

[13]丹烏木運：典出《三國志》卷二九《魏書·管輅傳》裴松之注引《輅別傳》：“文王受命，丹鳥銜書，此乃聖人之靈祥，周室之休祚。”丹鳥即丹烏，乃國之祥瑞。古陰陽五行學説，木德尚

紅，以木德稱王者，有丹烏現。

[14]姬：周的代稱。　大白之旗：相傳牧野之戰時周武王姬發持大白旗指麾諸侯。

[15]黃星：黃色之星，國之祥瑞。古陰陽五行學説，土德尚黃，以土德王者，多有黃星之現。按，土，各本及《通典》卷六一《禮·君臣服章制度》、《册府元龜》卷五八四《掌禮部·奏議第一二》均同；但《文獻通考》卷一一二《王禮考七·君臣冠冕服章》作"尚"，誤。

[16]曹乘黑首之馬：曹指曹魏。按照陰陽家説法，曹魏爲土德，本尚黃，然稱黑首之馬，説明祭祀與軍事顏色不一。

[17]禮經：古代講禮之經典，常指《儀禮》。

太子庶子、攝太常少卿裴政奏曰：[1]"竊見後周制冕，加爲十二，[2]既與前禮數乃不同，[3]而色應五行，[4]又非典故。謹案三代之冠，[5]其名各别。六等之冕，[6]承用區分，璪玉五采，[7]隨班異飾，都無迎氣變色之文。[8]唯《月令》者，[9]起于秦代，乃有青旗赤玉，白駱黑衣，[10]與四時而色變，全不言於弁冕。五時冕色，[11]《禮》既無文，[12]稽於正典，[13]難以經證。且後魏已來，[14]制度咸闕。[15]天興之歲，[16]草創繕修，所造車服，多參胡制。故魏收論之，[17]稱爲違古，[18]是也。周氏因襲，將爲故事，[19]大象承統，[20]咸取用之，輿輦衣冠，甚多迂怪。今皇隋革命，憲章前代，[21]其魏、周輦輅不合制者，已敕有司盡令除廢，然衣冠禮器，尚且兼行。乃有立夏袞衣，以赤爲質，迎秋平冕，[22]用白成形，既越典章，須革其謬。謹案《續漢書·禮儀志》云：立春之日，京都皆著青衣，秋夏悉如其色。逮于魏、晉，迎氣五郊，[23]行禮之人，皆同此制。考尋故事，唯幘從衣色。[24]今請冠及冕，色並用玄，唯應著幘者，任依漢、晋。"制曰："可。"

[1]太子庶子：官名。此爲太子左庶子，東宫門下坊置二員，掌侍從贊相，駁正啓奏，制比門下省侍中。正四品上。按，據本書卷六六、《北史》卷七七《裴政傳》"太子庶子"當爲"太子左庶子"。又裴政任太子左庶子在修訂律令之後，此蓋以後官名之。攝：兼理。　太常少卿：官名。輔太常卿掌宗廟郊社禮樂，通判寺事。正四品上。按，本書卷六六及《北史》卷七七《裴政傳》不載其攝太常少卿一職。　裴政：人名。傳見本書卷六六、《北史》卷七七。按，"政"底本作"正"，據本書本傳改。

[2]加爲十二：本書《禮儀志六》云："後周設司服之官，掌皇帝十二服。"即蒼衣蒼冕、青衣青冕、朱衣朱冕、黄衣黄冕、素衣素冕、玄衣玄冕、象衣象冕、袞冕、山冕、鷩冕、韋弁、皮弁。

[3]前禮數：此指古制天子之服九，祭服六：大裘冕、袞冕、鷩冕、毳冕、絺冕、元冕，常服三：韋弁、皮弁、冠弁。故此云周制冕十二"與前禮數乃不同"。

[4]色應五行：陰陽家以金、木、水、火、土五行所屬爲五種顏色，金德尚白，木德尚青，水德尚黑，火德尚赤、土德尚黄。

[5]冠：指首服，夏商周時主要有冕、弁、冠。

[6]六等之冕：即本段注[3]所云：大裘冕、袞冕、鷩冕、毳冕、絺冕、元冕。

[7]璪玉五采：璪玉，冕前所垂掛用於裝飾的玉珠，因狀如水藻而得名。璪，貫穿玉珠的彩色絲綫，有青、赤、黄、白、黑五彩。古制，天子五彩，其下按爵位、品秩遞減，分爲四彩、三彩、二彩、一彩，後文所云"隨班異飾"。按，璪，各本同，唯《册府元龜》卷五八四《掌禮部·奏議第一二》作"璨"。

[8]迎氣變色：指帝王於立春、立夏、立秋、立冬四時至郊外舉行迎氣儀典，其服飾旌旗隨季節不同而變化不同顏色。迎氣之制起於春秋戰國，後代沿襲，故三代未載。

[9]《月令》：《禮記》篇名。禮家合抄《呂氏春秋》十二月紀之首章而成。內容爲農曆十二個月的時令、行政及相關事物。

[10]駱：各本均同，《文獻通考》卷一一二《王禮考七·君臣冠冕服章》及《玉海》卷八二《車服·冕》亦同。唯《册府元龜》卷五八四《掌禮部·奏議第一二》作“輅”。按，《禮記·月令》云：“孟秋駕白駱。”作“輅”誤。

[11]五時冕色：《續漢書·祭祀志中》載：東漢明帝永平二年（59）采古禮定五郊迎氣服色，立春、立夏、先秋十八日、立秋、立冬分別於都城東、南、中、西、北舉行，其服飾依時節分別用青、赤、黃、白、黑，冕色亦如之。

[12]《禮》：《儀禮》《周禮》《禮記》三書合稱。

[13]典：各本均同，《文獻通考》卷一一二《王禮考七·君臣冠冕服章》亦同。《册府元龜》卷五八四《掌禮部·奏議第一二》作“色”。

[14]後魏：即北魏（386—557），亦單稱魏。初都平城（今山西大同市東北），公元494年遷都洛陽（今河南洛陽市東北白馬寺東）。公元534年分裂爲東魏和西魏兩個政權。東魏（534—550）都於鄴（今河北臨漳縣西南鄴鎮東），西魏（535—557）都於長安（今陝西西安市西北郊）。

[15]咸：各本均同，《册府元龜》卷五八四《掌禮部·奏議第一二》作“全”。

[16]天興：北魏道武帝拓跋珪年號（398—404）。

[17]魏收：人名。北齊文宣帝天保初年官任中書令，博學多識，通曉經史文章，對國典朝儀多有議定。傳見《魏書》卷一〇四、《北齊書》卷三七、《北史》卷五六。

[18]爲：各本均同，《册府元龜》卷五八四《掌禮部·奏議第

一二》作"於"。

[19]故事：指以往的典章制度或舊有的慣例。

[20]大象：北周靜帝宇文闡年號（579—580）。

[21]憲章：效法。

[22]平冕：此即南朝梁平天冠制（參見本書《禮儀志六》），爲天子郊祭及臨軒，皇太子侍祭，王公、大臣等助祭時戴的冕冠。東漢平冕即平天冠，爲冕的俗稱。至南朝齊時平天冠成爲冠制之一，非獨指冕，《南齊書·輿服志》曰："平冕，黑介幘，今謂平天冠。"此後平冕即指平天冠。

[23]迎氣五郊：參本段注[11]。

[24]幘：包扎髮髻的巾。西漢史游《急就篇》顏師古注云："幘者，韜髮之巾，所以整亂髮也。當在冠下，或單著之。"本書《禮儀志六》云："幘，尊卑貴賤皆服之。文者長耳，謂之介幘；武者短耳，謂之平上幘。"

於是定令，采用東齊之法。[1]乘輿袞冕，[2]垂白珠十有二旒，[3]以組爲纓，[4]色如其綬，[5]黈纊充耳，[6]玉笄。[7]玄衣，纁裳。[8]衣，山、龍、華蟲、火、宗彝五章；裳，藻、粉米、黼、黻四章。[9]衣重宗彝，裳重黼、黻，爲十二等。[10]衣褾、領織成升龍，[11]白紗內單，[12]黼領，[13]青褾、襈、裾。[14]革帶，[15]玉鈎、䚢；[16]大帶，素帶朱裏，[17]紕其外，[18]上以朱，下以綠。韍隨裳色，[19]龍、火、山三章。鹿盧玉具劍，[20]火珠鏢首。[21]白玉雙佩，[22]玄組。雙大綬，六采，玄、黃、赤、白、縹、綠，純玄質，[23]長二丈四尺，五百首，[24]廣一尺；小雙綬，長二尺六寸，色同大綬，而首半之，間施三玉環。朱襪，赤舄，[25]舄加金飾。祀圓丘、方澤、感帝、明堂、五郊、雩、祫、封禪、朝日、夕月、宗廟、社稷、籍田、廟遣上將、征還飲至、元服、納后、正月受朝及臨軒拜王公，[26]則服之。通天冠，[27]加金博山，[28]附蟬，[29]十二首，[30]施珠翠，[31]黑介幘，[32]玉簪、導。[33]絳紗袍，[34]深衣制，[35]白紗內單，皁領、襈、襈、裾，絳紗蔽膝。[36]白假帶。[37]方心、曲領。[38]其革帶、劍、佩、綬、舄，與上同。若未加元服，則雙童髻，[39]空頂黑介幘，[40]雙玉導，加寶飾。[41]朔日受朝、元會及冬會、諸祭還，[42]則服之。武弁，[43]金附蟬，[44]平巾幘，[45]餘服具服。[46]講武、出征、四時蒐狩、大射、禡、類、宜社、賞祖、罰社、纂嚴，[47]則服之。黑介幘，白紗單衣，[48]烏皮履，拜陵則服之。白紗帽，[49]白練裙、襦，[50]烏皮履，視朝、聽訟及宴見賓客，皆服之。白帢，[51]白紗單衣，烏皮履，舉哀則服之。

[1]東齊：即北齊（550—577），或稱高齊，都鄴（今河北臨漳縣西南）。

[2]乘輿：本指天子或諸侯所坐之車，後作皇帝代稱。

[3]旒：冕前後之垂珠。按，三代之制，冕前後之垂珠爲白玉珠，由青、白、赤、黃、玄五色組成，東漢明帝改革冕制，僅用白珠。隋沿其制。

[4]組：絲帶。　纓：繫冠帶子，其作用爲固定冕冠。《釋名·釋首飾》云：“纓，頸也，自上而繫於頸也。”

[5]綬：本爲繫官印之帶，其長度和顏色依身份高低而不同。漢代佩印時，綬縈繞於腰間。然隋官印並歸於官府，身不自配，爲衣裝平整，綬遂被剪斷，成爲兩層相疊的垂飾。隋天子之綬有雙大綬與小雙綬，顏色爲六彩：玄、黃、赤、白、縹、緑，純玄質，參

本段後文。

　　[6]黈纊：即黃纊，黃綿所製小球。懸於冠冕之上，垂兩耳旁，以示不欲妄聽是非。本卷後文云：“黈纊，黃綿爲之，其大如橘。”又引《禮含文嘉》：“加以黈纊，不聽讒也。”　　充耳：亦稱琐耳，古代冠冕兩側下垂到耳的玉飾。

　　[7]玉笄：玉製長簪。冕冠兩旁有孔，玉笄自左至右橫穿而過，將冕固定於髮髻之上。

　　[8]玄衣，纁裳：玄色上衣，纁色下裳。古制，祭服上衣下裳不連屬。

　　[9]衣，山、龍、華蟲、火、宗彝五章；裳，藻、粉米、黼、黻四章：此句言上衣下裳紋飾圖案。衣爲五章，山、龍、華蟲（即雉。《周禮·春官·司服》鄭玄注：“雉，謂華蟲也。”）、火、宗彝（即虎、蜼）。裳爲四章，藻（水草有文者）、粉米（細點狀繡紋）、黼（斧形）、黻（亞形）。袞冕九章依周朝之制而定，初爲九章，至漢明帝時，始爲“乘輿備文，日月星辰十二章”。

　　[10]十二等：每章一行爲等，共十二行。

　　[11]褾：袖端。　　織成：古代名貴的絲織物。以彩絲及金縷交織出花紋圖案，漢以來一般爲帝王公卿大臣所服用。　　升龍：“乘龍升天”紋飾圖案。

　　[12]内單：亦爲“中單”或“中衣”，穿於祭服或朝服裏的襯衣。

　　[13]黼領：黑白相間圖案之領。

　　[14]襈：衣服緣邊。　　裾：衣服前後襟。

　　[15]革帶：皮革製腰帶，帶上飾以不同料質的版或環，以別貴賤。

　　[16]鉤：革帶上帶鉤。　　鰈：承鉤之環。按，“鉤、鰈”中華本未加點讀，據本卷後文云：“革帶……今博三寸半，加金縷鰈，螳蜋鉤，以相拘帶。”知鉤與鰈爲兩件飾物，中間應用頓號相隔。本卷下同。

[17]素帶：紳，白絹縫製之大帶，束於腰間，一端下垂。　朱
裏：朱色之裏。

[18]紕：大帶的鑲邊。

[19]韍（fú）：蔽膝，圍於衣服前的大巾。

[20]鹿盧：亦作“轆轤”，指劍柄形狀。古劍之柄以玉作鹿盧
形爲飾，名鹿盧劍。　玉具劍：以玉劍具裝飾之劍名玉具劍。玉劍
具共四件，即摽，通鏢，劍鞘低端的包頭；首，劍柄頂端飾片；
鐔，劍格；衛，劍鞘外供穿帶用的劍鼻。

[21]火珠：即火齊珠。《南史》卷七八《扶南國傳》載“（扶
南國）獻火齊珠”。一説似珠之石，寶珠之一；一説琉璃別名。
鏢首：劍鞘末端。

[22]白玉雙佩：佩又稱大佩，着冕服者必有大佩，大佩分兩
組，掛於左右腰旁。隋佩玉本卷後文云：“天子白玉，太子瑜玉，
王山玄玉。”

[23]純玄質：指綬的底色爲純玄。

[24]首：古代綬、組計數單位。《續漢書·輿服志下》：“凡先
合單紡爲一系，四系爲一扶，五扶爲一首，五首成一文。”

[25]舄：專用於祭服或朝服的鞋，重底。重底以木爲之，浸塗
蠟，不畏濕泥。冕服舄色赤，具服舄色烏，詳本卷後文。

[26]圓丘：冬至日祭天之所。　方澤：夏至日祭地祇之所。
感帝：即感生帝。古代認爲王者之先祖皆感太微五帝之精以生，因
稱其祖所感生之帝爲感生帝。　明堂：古代帝王所建宣明政教場
所，凡朝會、祭祀、慶賞、選士、養老、教學等大典常舉行於此。
五郊：謂東郊、南郊、西郊、北郊、中郊。《續漢書·祭祀志中》
載：東漢明帝永平二年采古禮定五郊迎氣，立春、立夏、先秋十八
日、立秋、立冬分別於都城東、南、中、西、北舉行。隋沿用。
雩：求雨的祭祀。　禓（zhà）：亦通“蠟”，年終祭祀百神的大
祭。　封禪：古代帝王祭天地大典。在泰山上築土爲壇，報天之
功，稱封；在泰山下之梁父山上辟場祭地，報地之德，稱禪。　朝

日：古代天子於春分祭日儀式。 夕月：古代天子於秋分祭月儀式。 籍田：指籍禮，天子徵民力耕種之田曰"籍田"。每逢春耕前，天子執耒耜於籍田上三推或一撥，稱爲"籍禮"，以示重農。

廟遣上將：古時出征前於廟堂舉行命帥拜將的儀式。 征還飲至：古時征討得勝歸來於廟堂飲酒慶賀。 元服：指冠。古時有未成年繼位帝王，至成年時需舉行加冠典禮，謂"元服"。 臨軒拜王公：皇帝不坐正殿而御殿前平臺，殿前堂陛之間近檐處，兩邊有檻楯，如車之軒，故謂之"臨軒"。因天子册拜王公多於殿前舉行，謂"臨軒拜王公"。

［27］通天冠：天子冠制之一。其形制據《續漢書·輿服志下》："高九寸，正豎，頂少邪却，乃直下爲鐵卷梁，前有山，展筩爲述。"《太平御覽》卷六八五引晉徐廣《輿服雜注》云："通天冠，高九寸，黑介幘，金博山。"隋采漢晉之制，其形或同此。

［28］金博山：金製山形冠飾，施於冠正前方。

［29］蟬：指用玉、金、銀等所製成蟬形器物。此爲玉製冠飾，蟬形，飾於金博山上。

［30］十二首：此所指不詳。

［31］珠翠：指珍珠與翡翠。

［32］介幘：幘之一，頂上部呈屋頂形，其狀如"介"。興起於漢，初一般與進賢冠配合使用。本卷後云："幘，尊卑貴賤皆服之。文者長耳，謂之介幘。"

［33］簪：冠飾之一。爲一種大型長針，通過冠上之紐自右至左穿過髮髻，用於固定冕、弁、冠等首服。天子玉製，臣下象牙、犀角等。 導：冠飾之一，髮簪。用於固定髮髻形狀，其制比簪短小。天子玉製，臣下象牙、犀角等。

［34］紗袍：紗製袍服。袍服爲上下相連之衣。袍初爲内衣，至漢代以後纔變爲外衣，有時甚至可作朝服。

［35］深衣：古時上衣、下裳相連綴之服飾。爲諸侯、大夫、士家居常服，亦爲庶人常禮服。漢代以後，成爲帝后禮服。其形制可

參《禮記·深衣篇》。　制：底本作"製"，中華本校勘記云："'制'原作'製'，據《通典》六一改。"今從改。

[36]蔽膝：參本段注"韍"。

[37]白假帶：白大帶。

[38]方心、曲領：即圓領、方心。

[39]雙童髻：兒童在頭頂或腦後盤成的髮髻。其制不詳，或以爲古時"總角"。

[40]空頂黑介幘：幘頂中空露髮髻也。《續漢書·輿服志下》云："未冠童子幘無屋者，示未成人也。"無屋，幘頂不隆起。

[41]寶飾：鑲嵌珠玉的飾物。

[42]朔日：每月初一日。　元會：元正朝會，每年正月初一之朝會。　冬會：冬至日之朝會。　諸祭還：祭祀禮儀完畢後回宮或駐蹕之所。隋制，舉行祭祀着袞冕，禮畢返回則服通天冠。

[43]武弁：東漢時爲武官之服，所服常配以平上幘。其形制《晉書·輿服志》云："武冠，一名武弁，一名大冠，一名繁冠，一名建冠，一名籠冠，即古之惠文冠。"本卷後云："其乘輿武弁之服，衣、裳、綬如通天之服。"

[44]金附蟬：加金博山，附蟬。

[45]平巾幘：魏晉以來一種武官所戴平頂頭巾。隋代，侍臣及武官通服之。本卷後文云："幘……承武弁者，施以笄導，謂之平巾。"

[46]具服：朝服，隋代爲從七品以上官員陪祭、朝饗、拜表等大事時所服。其形制，本卷後文云："其朝服，亦名具服。絳紗單衣，白紗内單，玄領、裾、襈、袖，革帶，金鈎、䚢，假帶，曲領方心，絳紗蔽膝，白襪，烏皮舄。雙佩、綬，如遠游之色。"

[47]四時蒐狩：古時天子每季舉行一次狩獵，以示不忘弓馬。大射：古射禮之一。天子舉行祭祀大典之前，選擇陪祭之臣而舉行的禮儀。其方法爲：按等級不同，以虎、熊、豹、麋等形象爲箭靶，靶心設一鵠，數中者可陪祭。　禡（mà）：古時軍隊出征，於

軍隊所止處舉行的祭禮。《禮記·王制》："天子將出征……禡於所征之地。" 類：古代出兵前所舉行的祭天儀式。 宜社：古時發兵前，天子至社神之所祈禱平安。 賞祖：在祖廟賞功。 罰社：罰者，伐也。古時天子爲討伐叛逆，發兵前至社神之所舉行禱祝儀式。罰社與宜社不同在於前者爲討伐而祝，後者爲出師而禱。 纂嚴：謂軍隊嚴裝、戒備，天子親征前所舉行戒嚴之禮。

[48]單衣：皇帝朝服之一，單層無裏子，所謂巾褠。

[49]白紗帽：白紗製高頂帽。

[50]白練：柔絹。 裙：即裳，下體之衣。 襦：有裏子短上衣。

[51]白帢：白色便帽。起於魏太祖曹操，以白色縑帛裁製的高頂尖帽，其形制仿自皮弁。

神璽，[1]寶而不用。受命璽，[2]封禪則用之。"皇帝行璽"，[3]封命諸侯及三師、三公則用之。[4]"皇帝之璽"，賜諸侯及三師、三公書則用之。"皇帝信璽"，徵諸夏兵則用之。"天子行璽"，封命蕃國之君則用之。"天子之璽"，賜蕃國之君書則用之。"天子信璽"，徵蕃國兵則用之。常行詔敕，則用內史門下印。[5]

[1]神璽：天子玉璽之一。《晋書·輿服志》《宋書·禮志五》均載：乘輿六璽及傳國璽，未載神璽。又《北史》卷五《西魏文帝紀》："（大統）三年春二月，槐里獲神璽，大赦。"本書《禮儀志六》載："（北周）皇帝八璽，有神璽，有傳國璽，皆寶而不用。神璽明受之於天，傳國璽明受之於運。皇帝負扆，則置神璽於筵前之右，置傳國璽於筵前之左。"知神璽非漢制，爲西魏所制，經北周，爲隋所沿襲。

[2]受命璽：即傳國璽。相傳爲秦始皇取藍田玉刻而成，歷代

傳襲，隋開皇二年（582）正月甲子，文帝改傳國璽爲受命璽。

[3]皇帝行璽：此璽以下六璽，合稱“天子六璽”，爲秦漢所傳，自晋至隋其制屢變，而其名不改。《宋書·禮志五》載：“乘輿六璽，秦制也。《漢舊儀》曰：‘皇帝行璽，皇帝之璽，皇帝信璽，天子行璽，天子之璽，天子信璽。’此則漢遵秦也。”

[4]三師：指太師、太傅、太保。不主事，與天子坐而論道，各置一員。隋煬帝時廢除。正一品。　三公：指太尉、司徒、司空。掌參議國之大事，各一員。正一品。

[5]内史：官署名。即内史省。隋文帝至煬帝大業十二年（616），因避諱將中書省改爲内史省，掌草擬詔敕等。長官爲内史令。　門下：官署名。即門下省。與尚書、内史合稱三省，掌封駁制詔章表。長官爲侍中，隋改爲納言。

　　皇帝臨臣之喪，三品已上，服錫衰；五等諸侯，緦衰；四品已下，疑衰。[1]

　　[1]“皇帝臨臣之喪”至“疑衰”：此段言天子參加臣子喪禮所着之服，依臣子官階不同而異。錫衰、緦衰、疑衰均爲古代王臨臣喪所穿之服。《周禮·春官·司服》云：“王爲三公六卿錫衰，爲諸侯緦衰，爲大夫士疑衰。”

　　皇太子袞冕，垂白珠九旒，青纊充耳，犀笄。[1]玄衣，纁裳。衣，山、龍、華蟲、火、宗彝五章；裳，藻、粉米、黼、黻四章。織成爲之。白紗内單，黼領，青褾、襈、裾。革帶，金鈎、鰈；大帶，素帶不朱裏，亦紕以朱、綠。黻隨裳色，[2]火、山二章。玉具劍，火珠鏢首。瑜玉雙佩，朱組。雙大綬，四采，赤、白、縹、紺，純朱質，長一丈八尺，三百二十首，廣九寸；小雙綬，長二尺六寸，色同大綬，而首半之，間施二玉環。朱襪，赤舄，以金飾。侍從皇帝祭祀及謁廟、元服、納妃，[3]則服之。

[1]犀笄：以犀牛角所製之笄。

[2]黻：《通典》卷六一《禮‧君臣服章制度》作“戟”。

[3]元服：《通典》卷六一《禮‧君臣服章制度》前有“加”字。

遠游三梁冠，[1]加金附蟬，九首，施珠翠，黑介幘，纓翠綬，[2]犀簪、導。絳紗袍，白紗內單，皁領、褾、襈、裾，白假帶，方心曲領，絳紗蔽膝，襪，舄。其革帶、劍、佩、綬與上同。未冠則雙童髻，空頂黑介幘，雙玉導，加寶飾。謁廟、還宮、元日、朔日入朝、釋奠，則服之。

[1]遠游三梁冠：遠游冠制之一。《續漢書‧輿服志下》：“遠游冠，制如通天，有展筩橫之於前，無山、述，諸王所服也。”《晉書‧輿服志》引傅玄言略同。隋遠游冠之制大體沿襲漢晉，但略有差異。漢無金博山，隋加以金博山，附蟬。三梁冠，爲太子、諸王所冠服。

[2]翠綬：翠羽所製之綬。綬，冠纓下垂部分。

遠游冠，公服。[1]絳紗單衣，革帶，金鈎、鰈，假帶，方心。紛長六尺四寸，[2]廣二寸四分，色同其綬。金縷鞶囊，[3]襪，履。五日常朝，[4]則服之。

［1］公服：朝廷之服，即處理公事所着之服。

［2］紛：彩色絲帶，比綬窄。又《説文》：“紛，馬尾韜也。”馬尾後飾物爲紛，則人佩之紛當在身後。

［3］鞶囊：革製之囊，亦謂小囊。繫於帶上，側在腰間，用以盛印綬。本書《禮儀志六》載北齊之制：“鞶囊，二品已上金縷，三品金銀縷，四品銀縷，五品、六品綵縷，七、八、九品綵縷，獸爪鞶。官無印綬者，並不合佩鞶囊及爪。”隋代鞶囊用於公服之制，二品以上亦金縷，見本卷後文。皇太子位高品尊，故用金縷。

［4］常朝：朝臣對天子的一般朝見。

白帢，單衣，烏皮履，爲宮臣舉哀，[1]則服之。

［1］宮臣：内臣。

皇太子璽，宮内大事用之。小事用左、右庶子印。[1]

［1］左、右庶子：官名。東宮門下坊置左庶子二員，掌侍從贊相，駁正啓奏，制比門下省侍中。典書坊置右庶子二人，掌侍從、獻納、啓奏，制比中書省中書令。均爲正四品。

皇太子臨弔三師、三少，[1]則錫衰；宮臣四品已上，總衰；五品已下，疑衰。

［1］三師：太子太師、太子太傅、太子太保。掌教諭太子，各一員。正二品。 三少：指太子少師、太子少傅、太子少保。亦掌教諭太子，各一員。正三品。

衮冕，青珠九旒，以組爲纓，色如其綬。自此已下，纓皆如之。服九章，同皇太子。王、國公、開國公，[1]初受册、執贄、入朝、祭、親迎，[2]則服之。三公助祭者亦服之。

[1]國公：爵名。隋九等爵的第三等。從一品。 開國公：爵名。全稱爲開國郡公或開國縣公。隋九等爵的第四等與第五等。從一品。

[2]受册：指天子將爵位授與異姓王、公等，宣讀册文，授與印璽。按，《通典》卷五七《禮·君臣冠冕巾幘等制度》"册"後有一"命"字。 執贄：古代謁人之禮。贄，亦作"摯"。《儀禮·士相見禮》：士相見之禮，摯。冬用雉，夏用腒。鄭玄注："摯，所執以至者，君子見於所尊敬，必執摯以將其厚意也。"祭：《通典》卷六一《禮·君臣服章制度》及卷五七《禮·君臣冠冕巾幘等制度》"祭"後有一"祀"字，當補入。 親迎：古婚禮"六禮"之一，新婿親至女家迎娶。此指王、國公、開國公大婚迎娶之禮。

鷩冕，[1]侯八旒，[2]伯七旒。[3]服七章。衣，華蟲、火、宗彝三章；裳，藻、粉米、黼、黻四章。[4]八旒者，重宗彝。侯、伯初受册，執贄，入朝，祭，[5]親迎，則服之。

[1]鷩（bì）冕：指鷩衣加冕，古禮服。鷩爲一種好鬥之鳥，《釋名·釋首飾》云："鷩冕：鷩，雉之憋者，山雞是也。鷩、憋也，性急憋，不可生服，必自殺。故畫其形於衣，以象人執耿介之節也。"鷩冕之制漢晉及南朝未有，北周宗《周禮》，復行此制，隋沿用。

〔2〕侯：爵名。隋九等爵的第六等。正二品。

〔3〕伯：爵名。隋九等爵的第七等。正三品。

〔4〕藻、粉米、黼、黻四章：此中華本標點爲“藻、粉、米、黼黻四章”。十二章古代天子之服上所繪之十二種圖案。粉米爲一物或兩物，歷代記載有差異。《大唐郊祀録》卷三引南朝梁崔靈恩《三禮義宗》論十二章之意云：“……粉米，亦畫其形，粉潔白，故以名之；米者，人侍之以生者，亦物之所賴以治。黼畫斧形，像王者能割斷，臨事能決也。黻者兩己相背，明民見善惡也。”據崔靈恩所論知南朝梁時粉米實爲一章，白色米形紋；而黼、黻爲不同圖案，應各爲一章。故此標點當爲“粉米、黼、黻”。

〔5〕祭：《通典》卷六一《禮·君臣服章制度》“祭”後有一“祀”字，當補入。

毳冕，[1]子六旒，[2]男五旒。[3]服五章。衣，宗彝、藻、粉米三章，裳，黼、黻二章。六旒者裳重黻。子、男初受册，執贄，入朝，祭，[4]親迎，則服之。

〔1〕毳（cuì）冕：指毳衣加冕，古禮服。毳爲獸細毛織物。

〔2〕子：爵名。隋九等爵的第八等。正四品下。

〔3〕男：爵名。隋九等爵的第九等。正五品上。

〔4〕祭：《通典》卷六一《禮·君臣服章制度》“祭”後有一“祀”字，當補入。

絺冕，[1]三品七旒，四品六旒，五品五旒。服三章。七旒者，衣，粉米一章爲三重，裳，黼、黻二章各二重。六旒者，減黼一重。五旒，又減黻一重。正三品已下，從五品已上，助祭則服之。

[1]襴冕：各本同。《通典》記載無“襴冕”，卷五七《禮·君臣冠冕巾幘等制度》作“繡冕”，《通典》卷六一《禮·君臣服章制度》及《文獻通考》卷一一二《王禮考七·君臣冠冕服章》作“絺冕”。襴冕，考諸前代所無。《釋名·釋首飾》曰：“黻冕：黻，紩也。”畢沅疏證：“‘黻冕’當爲‘黹冕’。”故此“襴”恐爲“黻”誤字，即“黹冕”。又《周禮·春官·司服》：“祭社稷、五祀則希冕。”鄭玄注曰：“‘希’讀爲‘絺’，或作‘黹’，字之誤也。”《尚書·益稷篇》孔穎達疏引鄭玄注：“‘絺’讀爲‘黹’。‘黹’，紩也。”則“黹冕”即“希冕”，而“希”與“絺”相通。又《周禮·春官·司服》賈公彥疏云：“‘希繡’者，孔君以爲細葛，上爲繡；鄭君讀‘希’爲‘黹’，‘黹’，紩也，謂刺繒爲繡次。……今希冕三章，在裳者自然刺繡。但粉米不可畫之物，今雖在衣，亦刺之不變，故得希名。”則繡冕與希冕同義。綜上，此襴冕恐爲上古希冕（或作黹冕）。

自王公已下服章，[1]皆繡爲之。祭服冕，皆簪、導，青纊充耳。玄衣，纁裳。白紗内單，黼領、襴冕已下，内單青領。青褾、襈、裾。革帶，鈎、艓，大帶，王、三公及公、侯、伯、子、男，素帶，不朱裏，皆紕其外，上以朱，下以緑。正三品已下，從五品已上，素帶，紕其垂，外以玄，内以黄。紐約皆用青組。[2]朱韍，凡韍皆隨裳色，衮、鷩、毳，火、山二章。襴，山一章。劍，佩，綬，襪，赤舄。

[1]服章：汲古閣本、中華本同，殿本、庫本作“章服”。
[2]紐約：繫衣服的繩帶與帶扣，作用類似於今紐扣。

爵弁，[1]玄纓無旒，從九品已上，助祭，則服之。其制服簪、導，玄衣，纁裳，無章。白絹内單。青領、褾、襈、裾，革帶，大帶，練帶紕其垂，^[2]內外以緇。紐約用青組。爵韠，^[3]襪，赤履。

[1]爵弁："爵"通"雀"，其冠形及顏色如雀頭，亦稱作"雀弁"。隋爲六品以下、九品以上官助祭所服。古代形制，《儀禮·士冠禮》"爵弁服"，鄭玄注："爵弁者，冕之次。其色赤而微黑，如爵頭然。"

[2]練帶：白色熟絹所製之帶。

[3]爵韠：雀色韠。

武弁，平巾幘，諸武職及侍臣通服之。侍臣加金璫附蟬，^[1]以貂爲飾，^[2]侍左者左珥，右者右珥。

[1]金璫附蟬：冠飾。璫當冠前，以金爲飾，故名。璫上裝飾蟬形圖案。

[2]貂：指貂尾。侍臣班位在左者插冠左邊，班位在右者插冠右邊。

遠游三梁冠，黑介幘，諸王服之。

進賢冠，^[1]黑介幘，文官服之。從三品已上三梁，從五品已上兩梁，流內九品已上一梁。^[2]

[1]進賢冠：亦稱梁冠，以冠之梁數辨別品位等級。其形制如《續漢書·輿服志下》所載："進賢冠，古緇布冠也，文儒者之服也。前高七寸，後高三寸，長八寸。"本書《禮儀志六》載南朝陳制云："進賢冠，古緇布冠遺象也，斯蓋文儒者之服。前高七寸，後高三寸，長八寸。有五梁、三梁、二梁、一梁之別。五梁唯天子

所服，其三梁已下，爲臣高卑之别云。"隋代沿襲前代之制，内外
文官通服之，亦以梁數辨等級。東漢以來，戴此冠，必襯以介幘。

　[2]流内：古代官制等級從魏晋開始分爲九品，隋代沿用。隋
代從一品至從九品下稱爲流内，不入九品者則稱爲流外。流外官亦
分品級，經過一定考銓，可以遞升爲流内，稱之爲"入流"。

　　法冠，[1]一名獬豸冠，鐵爲柱，其上施珠兩枚，爲
獬豸角形。法官服之。

　[1]法冠：取義於獬豸，爲御史等執法官吏所服之冠。獬豸冠，
戰國時楚王好服，其形制據《晋書·輿服志》亦云："法冠，一名
柱後，或謂之獬豸冠。高五寸，以縰爲展筩。鐵爲柱卷，取其不曲
撓也。"隋沿漢晋之制，開皇中法冠上有兩真珠，爲獬豸角形，大
業中改制一角，爲御史臺、司隸臺官吏所服。

　　高山冠，[1]謁者服之。[2]

　[1]高山冠：《續漢書·輿服志下》："高山冠，一曰側注。制如
通天，（頂）不邪却，直竪，無山、述、展筩，中外官、謁者、僕
射所服。太傅胡廣説曰：'高山冠，蓋齊王冠也。秦滅齊，以其君
冠賜近臣謁者服之。'"《晋書·輿服志》載："高山冠，一名側注，
高九寸，鐵爲卷梁，制似通天。頂直竪，不斜却，無山、述、展
筩。高山者，《詩》云'高山仰止'，取其矜莊賓遠者也。"本書
《禮儀志六》所載南朝陳制與晋同。隋沿前代之制，爲謁者所服。
《通典》卷五七《禮·君臣冠冕巾幘等制度》載高山冠："魏明帝
因改之，卑下於通天、遠游，除去卷筩，加介幘，幘上加物以象
山，行人使者服之。晋宋齊梁陳，歷代因之。隋依魏制，參用之，
形如進賢冠，加三峰，謁者大夫以下服之，梁數依其品降殺。"

[2]謁者：煬帝大業三年置謁者臺，與御史大夫、司隸臺合稱三臺。置謁者大夫爲謁者臺長官，掌執詔勞問、出使慰撫，受理冤枉而申奏之，爲皇帝近臣。置司朝謁者二人爲副，從五品。後文所云煬帝之制，高山冠爲謁者大夫已下服之，即此意。然此言隋文帝時亦爲謁者所服，或指内史省通事舍人，煬帝改爲謁者臺職。

却非冠，[1]門者及禁防伺非服之。[2]

[1]却非冠：《續漢書・輿服志下》：「却非冠，制似長冠，下促。宮殿門吏僕射冠之。」《晋書・輿服志》記載同。隋代記載不詳，《通典》卷五七《禮・君臣冠冕巾幘等制度》云隋依漢梁之制，但未詳載。本卷後文「獬豸冠」條云：「開皇中，御史戴却非冠，而無此色。新制又以此而代却非。」則開皇中却非冠似亦爲法官所服，煬帝時爲獬豸冠取代。

[2]門者：宮殿門吏。

黑介幘，平巾黑幘，應服者，並上下通服之。庖人則綠幘。[1]

[1]庖人：職掌貢膳之人。

白帢，白紗單衣，烏皮履，上下通服之。

委貌冠，[1]未冠則雙童髻，空頂黑介幘，皆深衣，青領，烏皮履。國子、太學、四門生服之。[2]

[1]委貌冠：古冠名，以皂絹爲之。《續漢書・輿服志下》載其形制：「委貌冠、皮弁冠同制，長七寸，高四寸，制如覆杯，前

高廣，後卑銳，所謂夏之毋追，殷之章甫者也。委貌以皂絹爲之。”隋代委貌冠除爲國子、太學、四門生所服外，亦爲文舞者所服，《新唐書·禮樂志十一》載：隋代有文、武舞者六十四人，“文舞：左籥右翟，與執纛而引者二人，皆委貌冠”。

[2]國子：指國子學，是隋最高學府。初隸國子寺，置博士、助教各五人。後隸國子監，置博士、助教各一人。學生無常員。太學：學校名。爲隋僅次於國子學的中央學府。置博士、助教各五人，學生三百六十人。隋初隸國子寺，後有變化。　四門：學校名。爲隋國家中央第三級學府。置博士、助教、學生數及隸屬皆同太學。

朝服，亦名具服。冠，幘，簪、導，白筆。[1]絳紗單衣，白紗內單，皂領、袖，皂襈，革帶，鈎、䚢，[2]假帶，曲領方心，絳紗蔽膝，襪，烏，綬，劍，佩。從五品已上，陪祭、朝饗、拜表，[3]凡大事則服之。六品已下，從七品已上，去劍、佩、綬，餘並同。

[1]白筆：初爲“簪筆”，秦漢時曰“簪白筆”，文官上朝插之於冠，用以隨時記錄言行或皇帝口諭於執笏。漢代亦稱之爲“珥筆”。其後珥筆儀式化爲“白筆”，成爲一種冠飾，但一般爲文官所飾。其制亦可參本卷後文“白筆”條。

[2]䚢：底本原無，據中華本及《通典》卷六一《禮·君臣服章制度》補入。

[3]朝饗：天子祭祀宗廟，此亦陪祭之一。　拜表：拜章，拜受表彰之意。

自餘公事，皆從公服。亦名從省服。冠，幘，簪、導，絳紗單衣，革帶，鈎、䚢，假帶，方心，襪，履，紛，鞶囊。從五品已上服之。

絳褠衣公服，[1]褠衣即單衣之不垂胡也。[2]袖狹，形直如褠內。[3]餘同從省。流外五品已下、九品已上服之。[4]

[1]褠衣：直袖單衣。《釋名·釋衣服》：“褠，禪衣之無胡者也，言袖夾直，形如溝也。”胡，古指頸咽皮肉下垂之意，引申爲衣物下垂者。

[2]垂胡：古人衣袖廣大，其臂肘以下袖下垂，謂之垂胡。褠衣袖緊而直，故云不垂胡。

[3]褠：《釋名·釋衣服》：“褠……言袖夾直，形如溝也。”《舊唐書·輿服志》亦載：“褠衣……制同絳公服，袖狹形直，如溝不垂。”

[4]流外：隋唐時期流內九品以下官員通稱。流外官亦分品級，經過一定考銓，可以遞升爲九品官，稱之爲“入流”。

綬，王，纁朱綬，四采，赤、黃、縹、紺，純朱質，纁文織，[1]長一丈八尺，二百四十首，廣九寸。公，玄朱綬，四采，玄、赤、縹、紺，純朱質，玄文織，長一丈八尺，二百四十首，廣九寸。侯、伯，青朱綬，四采，青、赤、白、縹，純朱質，青文織，長一丈六尺，百八十首，廣八寸。子、男，素朱綬，三采，青、赤、白，純朱質，白文織成，一丈四尺，百四十首，廣七寸。正、從一品，綠綟綬，四采，綠、紫、黃、赤，純綠質，長一丈八尺，二百四十首，廣九寸。從三品已上，紫綬，三采，紫、黃、赤，純紫質，長一丈六尺，百八十首，廣八寸。銀青光禄大夫，朝議大夫及正、從四品，[2]青綬，三采，青、白、紅，純青質，長一丈四尺，百四十首，廣七寸。正、從五品，墨綬，二采，青、紺，純紺質，長一丈二尺，百首，廣六寸。自王公已下，皆有小雙綬，長二尺六寸，色同大綬，而首半之。正、從一品，施二玉環，已下不合。其有綬者則有紛，皆長六尺四寸，廣二寸四分，各隨其綬色。

[1]纁文織：《通典》卷六三《禮·天子諸侯玉佩劍綬璽印》作"纁文織成"。本段下文"玄文織""青文織"亦同。
[2]銀青光禄大夫：官名。屬散官，隋文帝時爲正三品，煬帝大業三年降爲從三品。　朝議大夫：官名。屬散官，隋文帝時爲從三品，煬帝大業三年廢。

鞶囊，二品已上金縷，三品金銀縷，四品及開國男銀縷，五品綵縷。

官無綬者，則不合劍佩。一品及五等諸侯，並佩山玄玉。[1]五品已上，佩水蒼玉。[2]

[1]山玄玉：像山一樣的玄色，即赤黑色之玉。
[2]水蒼玉：深青色之玉。

年高致仕及以理去官，[1]被召謁見，皆服前官從省服。州郡秀孝，[2]試見之日，皆假進賢一梁冠，絳公服。

[1]致仕：辭去官職。
[2]秀孝：指秀才與孝廉。漢魏南北朝時期選拔人才的兩種科目。由州郡推舉，皇帝面試，中者即可授予官職。隋初沿其制。

隐居道素之士，[1]被召入谒见者，黑介帻，白单衣，革带，乌皮履。

[1]道素之士：德行纯朴之士，亦指方士。

左右卫、左右武卫、左右武候大将军、领左右大将军，[1]并武弁，绛朝服，剑，佩，绶。侍从则平巾帻，紫衫，大口袴褶，[2]金玳瑁装两裆甲。[3]唯左右武卫大将军执赤棍杖。[4]左右卫、左右武卫、左右武候将军、领左右将军、左右监门卫将军，太子左右卫、左右宗卫、左右内等率，[5]左右监门郎将及诸副率，[6]并武弁，绛朝服，剑，佩，绶。侍从则平巾帻，紫衫，大口袴，金装两裆甲。唯左右武卫将军、太子左右宗卫率，执白檀杖。[7]

[1]左右卫：官名。即左右卫大将军。隋文帝设左右卫，各置大将军一人，掌宫掖禁御，督摄仗卫。正三品。　左右武卫：官名。即左右武卫大将军。隋文帝设左右武卫，各置大将军一人。掌领外军宿卫宫禁。正三品。　左右武候大将军：官名。隋初置左右武候府，掌皇帝出宫巡狩时的先驱后殿、昼夜警备等军务。武候大将军，是武候府的长官，左右各置一员，正三品。　领左右大将军：官名。隋文帝设左右领左右府，各置大将军一人，掌侍卫左右，供御兵仗。正三品。

[2]袴褶（xí）：袴，没有裤裆的套裤。褶，短袍，骑服。上服褶而下缚袴，其外不再穿裘裳，故称袴褶。原为胡人装束，斜领、左衽、窄袖，南北朝时用为武服，并杂糅汉制，改为右衽、大袖。隋沿用为武官戎服。

[3]玳瑁：爬行動物，形似龜，甲殼可做裝飾品。此指甲上有金鑲玳瑁做裝飾。　兩襠甲：亦名"裲襠甲"或"兩當甲"，指前當胸後當背之甲。其制如今之大背心，無領、袖，甲身直垂式。

[4]樨杖：樨木所做的儀杖，非兵器。

[5]左右衛：官名。即左右衛將軍。隋中央十二衛有左右衛，掌宮掖禁衛，督仗儀衛，設將軍二人。從三品。　左右武衛：官名。即左右武衛將軍。隋中央十二衛有左右武衛府，置將軍二人，輔助大將軍領外軍宿衛。從三品。　左右武候將軍：官名。隋中央十二衛有左右武候衛，各置將軍二人，掌車駕出，輔助大將掌先驅後殿，晝夜巡察，執捕奸非，烽候道路，水草所置。巡狩師田，則掌其營禁。武候將軍，從三品。　領左右將軍：官名。隋中央十二衛有左右領左右府，各置將軍二人，掌侍衛左右，供御兵仗。從三品。　左右監門衛將軍：官名。隋中央十二衛有左右監門衛，各置將軍一人，掌門禁與守衛之事。從三品。　太子左右衛：官名。即太子左右衛率。太子東宮有左右衛率各一人，掌東宮禁衛。正四品上。　左右宗衛：官名。即左右宗衛率。隋時太子東宮掌統宗人侍衛太子，左、右各一員。大業三年改爲太子左、右武侍率。正四品上。　左右内率：官名。太子東宮有左右内衛，各置率各一人，掌領備身以上禁内侍衛，供奉兵仗。正四品上。

[6]左右監門郎將：官名。隋中央左右監門府，掌宮殿門禁及守衛事，各設郎將二人。正四品。　副率：官名。太子東宮各衛率副職，此指太子左右衛、左右宗衛、左右内衛副率。從四品。

[7]白檀杖：白檀木所做的儀杖，非兵器。

直閤將軍、直寢、直齋、太子直閤，[1]武弁，絳朝服，劍，佩，綬。侍從則平巾幘，絳衫，大口袴褶，銀裝兩襠甲。

[1]直閤將軍：官名。隋中央左右衛各置直閤將軍六人，掌宮掖禁衛，督攝仗衛。從四品。　直寢：官名。隋中央左右衛各置直寢十二人，並掌宿衛侍從。太子東宮左右衛亦設。中央直寢從五品，太子直寢從六品。煬帝大業三年廢。　直齋：官名。隋中央左右衛各置直齋十五人，並掌宿衛侍從。太子東宮左右衛、左右宗衛亦設直齋。中央左右衛直齋從五品，太子直齋從六品。煬帝大業三年罷。後煬帝改左右領左右府爲左右備身府，又設直齋二人，以貳備身郎將，正四品。　太子直閤：官名。隋太子東宮左右衛設直閤四人，掌宮中禁衛。從五品。

　　皇后首飾，花十二樹。[1]皇太子妃，公主，王妃，三師、三公及公夫人，一品命婦，[2]並九樹。侯夫人，二品命婦，並八樹。伯夫人，三品命婦，並七樹。子夫人，世婦及皇太子昭訓，[3]四品已上官命婦，並六樹。男夫人，五品命婦，五樹。女御及皇太子良娣，[4]三樹。自皇后已下，小花並如大花之數，[5]并兩博鬢也。[6]

　　[1]花：指花釵。婦女頭上飾物，由兩股合成，上有飾物。花釵有大、小之別。　樹：量詞。即株，猶如枝或支。

　　[2]命婦：指有封號之婦人，宮廷中嬪妃等稱爲内命婦，朝中大臣之母、妻則稱爲外命婦。

　　[3]世婦：女官名。掌賓客祭祀，位次九嬪。隋文帝初置九員，視正五品，仁壽初增至二十七員。煬帝置美人、才人一十五員，是爲世婦，正四品。　昭訓：皇太子之妾，地位次於妃。

　　[4]女御：女官名。亦稱御女，掌女工絲枲。隋文帝初置三十八員，視正七品。仁壽初增至八十一員。煬帝置二十四員，正六品。　良娣：皇太子之妾，地位次於昭訓。

　　[5]數：《通典》卷六二《禮·后妃命婦首飾制度》作"形"。

[6]兩博鬢：爲一種假鬢，與髮髻、花釵、服飾等相配合以表等級，隋代爲后妃及內外命婦在一定禮儀場合所服。

皇后褘衣，[1]深青織成爲之。爲翬翟之形，[2]素質，五色，十二等。青紗內單，[3]黼領，羅縠褾、襈。[4]蔽膝，隨裳色，[5]用翟爲章，三等。大帶，隨衣色，朱裏，紕其外，上以朱錦，下以綠錦。紐約用青組。以青衣。[6]革帶，青襪、舃，舃加金飾。白玉佩，玄組、綬。章采尺寸，與乘輿同。祭及朝會，凡大事則服之。

　[1]褘（huī）衣：繪有錦鷄紋飾的皇后禮服。

　[2]翬（huī）翟：泛指雉鳥之一種。《周禮・天官・內司服》：“褘衣”條鄭玄注云：“翟，雉名……伊洛而南，素質，五色皆備成章曰翬。”

　[3]青紗：《通典》卷六二《禮・后妃命婦首飾制度》作“素紗”。

　[4]羅縠：一種疏細絲織品。按，《通典》卷六二《禮・后妃命婦首飾制度》“羅縠褾、襈”後有“色皆以朱”四字。

　[5]隨裳色：《通典》卷六二《禮・后妃命婦首飾制度》“隨裳色”後有“以緅爲緣”四字。

　[6]青衣：前文已言“深青織成爲之”，此又言“以青衣”，不應重複。按，《通典》卷六二《禮・后妃命婦首飾制度》及本卷後文煬帝之制載：“褘衣……大帶隨衣裳（按，此‘裳’恐爲‘色’誤），飾以朱綠之錦，青緣。”故此“青衣”恐爲“青緣”之誤。

鞠衣，[1]黃羅爲之。應服者皆同。其蔽膝、大帶及衣、革帶、舃，[2]隨衣色。餘與褘衣同，唯無雉。親蠶則服之。[3]應服者皆以助祭。

[1]鞠衣：古代王后親蠶禮服，其色淺黃，似桑葉初生之色。《釋名·釋衣服》亦云："鞠衣，黃如鞠花色也。"鞠花，菊花。

[2]其蔽膝、大帶及衣、革帶、舄：據文意，此"衣"字當衍。

[3]親蠶：每年季春之月，皇后躬親蠶事，以重農桑。

青衣，青羅爲之，制與鞠衣同。去花、大帶及佩、綬。以禮見皇帝則服之。

朱衣，緋羅爲之，制如青衣。宴見賓客則服之。

皇太后服與皇后同。皇太后璽，不行用，若封令書，則用宮官之印。

皇后璽，不行用，若封令書，則用內侍之印。[1]

[1]內侍：官名。隋內侍省置內侍二人，以宦官爲之，領內尚食、掖庭、宮闈、奚官、內僕、內府等局。從四品上。

皇太子妃褕翟，[1]青織成爲之。爲搖翟之形，青質，五色，九等。青紗內單，黼領，羅縠褾、襈，[2]蔽膝，隨衣色，以搖翟爲章，三等。大帶，隨衣色，下朱裏，[3]紕其外，上以朱錦，下以綠錦。紐約用青組。以青衣，[4]革帶，青襪，舄，舄加金飾。瑜玉佩，純朱綬。章采尺寸，與皇太子同。助祭、朝會，[5]凡大事則服之。亦有鞠衣。

[1]褕翟：亦作揄翟，古王后禮服之一。《詩·鄘風·君子偕

老》：“其之翟也。”《毛傳》曰：“褕翟、闕翟，羽飾衣也。”則褕翟原指以翟羽裝飾之衣，以後則指畫雉之衣。《周禮・天官・内司服》：“掌王后之六服：褘衣、揄狄、闕狄、鞠衣、展衣、緣衣。”鄭玄注：“玄謂狄當爲翟。翟，雉名。……江淮而南，青質，五色皆備成章曰搖。……揄翟畫搖者。”隋文帝用爲太子妃禮服，其制同皇后褘衣，唯色較淺。

[2]羅縠：《通典》卷六二《禮・后妃命婦首飾制度》無“縠”字。

[3]下：據大帶之制，此字恐衍。《通典》卷六二《禮・后妃命婦首飾制度》云：“大帶隨衣裳。”檢褘衣大帶之制，亦衹云“朱裹”，無“下”字。

[4]青衣：此“青衣”亦恐爲“青緣”之誤，校注同前文皇后褘衣注[7]。

[5]助祭、朝會：中華本此句未加頓號。按，“助祭”與“朝會”爲隋代兩種不同典禮儀式，中間應用頓號相隔，本卷下同。

皇太子妃璽，不行用，若封書，則用典内之印。[1]

[1]典内：官名。隋太子東宫内坊設典内二人，隋代職掌未詳，唐沿隋制，典内掌東宫閣門禁令及宫人衣稟出入之事，可資參考。從六品。

公主，王妃，三師、三公及公侯伯夫人，服褕翟。繡爲之。公主，王妃，三師三公及公夫人爲九等，侯夫人八等，伯夫人七等。助祭、朝會，凡大事則服之。亦有鞠衣。

子、男夫人，服闕翟。[1]緋羅爲之。刻赤繒爲翟形，[2]不繡，綴於服上。子夫人六等，男夫人五等。助祭朝會，凡大事則服之。亦有鞠衣。

[1]闕翟：古皇后禮服之一。《周禮·天官·内司服》：“掌王后之六服：褘衣、揄狄、闕狄、鞠衣、展衣、緣衣。”鄭玄注：“狄當爲翟。翟，雉名……王后之服，刻繒爲之形而采畫之，綴於衣以爲文章。……闕翟刻而不畫。”

[2]繒：帛之厚者。

諸王、公、侯、伯、子、男之母，與妃、夫人同。其郡縣君，[1]各視其夫及子。若郡縣君品高及無夫、子者，准品。

[1]郡縣君：婦人封君號。即郡君與縣君合稱。秦漢以來婦人始有封君之號，然唐代以前史籍缺載。唐代外命婦之制或可參考：唐代，諸王母妻及妃、文武一品及國公，母妻爲國夫人；三品以上母妻爲郡夫人；四品以上母妻爲郡君；五品以上母妻爲縣君，散官同職事。

嬪及從三品已上官命婦，青服。制與褕翟同，青羅爲之，唯無雉。助祭朝會，凡大事則服之。亦有鞠衣。

世婦及皇太子昭訓，從五品已上官命婦，服青服。助祭、從蠶、朝會，[1]凡大事則服之。

[1]助祭、從蠶、朝會：此句中華本標點中間未加頓號。按，“助祭”“從蠶”“朝會”爲三種典禮儀式，中間當用頓號相隔。下同。

女御及皇太子良媛，[1]朱服。制與青服同，去佩綬。助祭、從蠶、朝會，凡大事則服之。

[1]良媛：皇太子之妾，地位次於昭訓。

六尚，[1]朱絲布公服。助祭、從蠶、朝會，凡大事則服之。

[1]六尚：女官名。尚宮、尚儀、尚服、尚食、尚寢、尚工合稱。其職掌及設置據本書卷三六《后妃傳》載：隋文帝采晉、魏之制，置女官數員，一曰尚宮，掌導引皇后及閨閤廩賜。管司令三人，掌圖籍法式，糾察宣奏；典琮三人，掌綜璽器玩。二曰尚儀，掌禮儀教學。管司樂三人，掌音律之事；典贊三人，掌導引內外命婦朝見。三曰尚服，掌服章寶藏。管司飾三人，掌簪珥花嚴；典櫛三人，掌巾櫛膏沐。四曰尚食，掌進膳先嘗。管司醫三人，掌方藥卜筮；典器三人，掌樽彝器皿。五曰尚寢，掌幃帳床褥。管司筵三人，掌鋪設灑掃；典執三人，掌扇傘燈燭。六曰尚工，掌營造百役。管司製三人，掌衣服裁縫；典會三人，掌財帛出入。六尚各三員，視從九品，六司視勳品，六典視流外二品。

六司、六典及皇太子三司、三典、三掌，[1]青紗公服。助祭、從蠶、朝會，凡大事則服之。

[1]六司：女官名。隋後宮司令、司樂、司飾、司醫、司筵、司製合稱。參前文“六尚”注。　六典：女官名。隋後宮典琮、典贊、典櫛、典器、典執、典會合稱。參前文“六尚”注。　皇太子三司：指司閨、司則、司饌。　三典：具體所指不詳。　三掌：具體所指不詳。

佩、綬，嬪同九卿，[1]世婦及皇太子昭訓同五品，公主、王妃同諸王，三師、三公、五等國夫人及從五品已上官命婦，皆准其夫。無夫者准品。

定令訖。

[1]九卿：指太常、光祿、衞尉、宗正、太僕、大理、鴻臚、司農、太府等九寺卿，各置一人。正三品。

高祖元正朝會，方御通天服，郊丘宗廟，盡用龍袞衣，大裘、毳、絺，皆未能備。至平陳，[1]得其器物，衣冠法服，始依禮具。然皆藏御府，弗服用焉。百官常服，同於匹庶，皆著黃袍，出入殿省。高祖朝服亦如之，唯帶加十三環，以爲差異。蓋取於便事。及大業元年，[2]煬帝始詔吏部尚書牛弘、工部尚書宇文愷、兼內史侍郎虞世基、給事郎許善心、儀曹郎袁朗等，[3]憲章古制，創造衣冠，自天子逮于胥皁，[4]服章皆有等差。若先所有者，則因循取用。弘等議定乘輿服，合八等焉。

[1]陳：即南朝陳（557—589），都建康（今江蘇南京市）。

[2]大業元年：本書卷三《煬帝紀上》載時間在“大業二年二月”，《通鑑》卷一八〇《隋紀》大業二年二月條亦同。紀及《通鑑》所載時間更確，故此“元年”當爲“二年”。大業，隋煬帝楊廣年號（605—618）。

[3]煬帝：楊廣的諡號。紀見本書卷三、四，《北史》卷一二。

吏部尚書：官名。尚書省下轄六部之一吏部的長官。掌全國文職官員銓選、考課等政令。置一員，正三品。　牛弘：人名。傳見本書卷四九、《北史》卷七二。　工部尚書：官名。隋文帝開皇二年始置，掌全國百工、屯田、山澤之政令，統工部、屯田、虞部、水部四曹。正三品。按，本書《煬帝紀上》此條載宇文愷官職“大將軍”。檢《通鑑》卷一八〇《隋紀》大業二年正月載：“東京成，進將作大匠宇文愷位開府儀同三司。”不載其任工部尚書。又本書《煬帝紀上》載大業四年三月宇文愷始由將作大匠升任工部尚書。故此言大業二年二月宇文愷所任官職爲工部尚書，誤，當爲將作大匠。　宇文愷：人名。傳見本書卷六八，《北史》卷六〇有附傳。

内史侍郎：官名。隋内史省副長官，佐宰相之職的本省長官内史監、令處理政務。初設四員，大業三年減爲二員。正四品。　虞世基：人名。傳見本書卷六七、《北史》卷八三。　給事郎：官名。隋初尚書吏部置給事郎，爲散官番直。隋初品秩不祥，大業三年移於門下省，置四員，從五品。按，本書《煬帝紀上》載“禮部侍郎許善心”，本書《禮儀志五》亦云大業元年（按，當爲大業二年）禮部侍郎許善心參議輿輦制度。《通鑑》卷一八〇《隋紀》大業二年二月條不載許善心參予此事。司馬光《考異》曰：“善心於帝即位之初已左遷。蓋《紀》誤也。”　許善心：人名。傳見本書卷五八、《北史》卷八三。　儀曹郎：官名。隋煬帝大業三年改尚書省禮部曹禮部侍郎爲儀曹郎，掌禮儀、祭祀、宴享等事務。正六品。按，據本書《百官志下》載大業三年煬帝始改尚書省諸曹侍郎爲“郎”。而此時纔大業二年，故袁朗官職爲禮部侍郎更確切。袁朗：人名。歷南朝陳、隋、唐初。傳見《舊唐書》一九〇上、《新唐書》卷二〇一。

［4］胥皁：即胥吏。因其着黑色之服，故名。

　　大裘冕之制，[1]案《周禮》：[2]“大裘之冕，無旒。”《三禮衣服圖》：[3]“大裘而冕，王祀昊天上帝及五帝之服。”[4]至秦，除六冕，[5]唯留玄冕。[6]漢明帝永平中，[7]

方始創制。董巴《志》云：[8]"漢六冕同制，皆闊七寸，長尺二寸，前圓後方。"於是遂依此爲大裘冕制，青表、朱裏，[9]不施旒、纊，[10]不通於下。其大裘之服，案《周官》注"羔裘也"。[11]其制，准《禮圖》，以羔正黑者爲之，取同色繒以爲領、袖。其裳用纁，而無章飾，絳襪，赤舄。祀圓丘、感帝、封禪、五郊、明堂、雩、禘，皆服之。

[1]大裘冕：衣大裘而冠冕，古代天子祭祀冕服之一。《周禮·夏官·節服氏》："郊祀裘冕。"鄭玄注："裘，大裘也。"大裘，黑羔裘。

[2]《周禮》：十三經之一，相傳爲周公所作，實爲戰國時儒家搜集周代官制和戰國時各國制度，比附儒家政治理想彙編而成的一部著作。

[3]《三禮衣服圖》：《三禮圖》中有關服飾圖。《三禮圖》爲東漢鄭玄、阮諶等人所撰的一部圖解"三禮"的著作，已失傳，宋人聶崇義有《三禮圖集注》二十卷傳世。

[4]五帝：上古傳說中的五位帝王。說法不一。

[5]六冕：指周代六種冕服。據《周禮·春官·司服》云："王之吉服，祀昊天上帝，則服大裘而冕，祀五帝亦如之；享先王則衮冕；享先公、饗射則鷩冕；祀四望山川則毳冕；祭社稷五祀則希冕；祭群小祀則玄冕。"

[6]玄冕：古禮服之一。《周禮·春官·司服》："祭群小祀則玄冕。"鄭玄注："玄者，衣無文，裳刺黻而已，是以謂玄焉。"

[7]漢明帝：即東漢皇帝劉莊。紀見《後漢書》卷二。　永平：東漢明帝劉莊年號（58—75）。

[8]董巴：人名。三國時魏國人。本書《經籍志二》載有其撰《大漢輿服志》一卷。事見《三國志》卷二《魏書·文帝紀》。

[9]青表、朱裏：指冕板上面爲青色，下面爲朱色。

[10]旒、纊：中華本此未加頓號。按，旒與纊爲兩種不同裝飾，當加。

[11]《周官》：《周禮》別稱。

衮冕之制，案《禮·玉藻》：[1]"十有二旒"。《大戴禮》云：[2]"冕而加旒，以蔽明也，琇纊塞耳，以蔽聰也。"又《禮含文嘉》：[3]"前後邃延，[4]不視邪也，加以黈纊，不聽讒也。"三王之冕，既不通制，故夫子云："行夏之時，服周之冕。"今以采綖貫珠，爲旒十二。邃延者，出冕前後而下垂之，旒齊於髆，[5]纊齊於耳，組爲纓，玉笄導。其爲服之制，案《釋名》云："衮，卷也"，謂畫龍於上也。是時虞世基奏曰：

[1]《禮·玉藻》：指《禮記》中《玉藻》篇。其原文云："天子玉藻，十有二旒。"

[2]《大戴禮》：即《大戴禮記》，相傳爲西漢時戴德選編。本書《經籍志一》載有《大戴禮記》十三卷，漢信都王太傅戴德撰。此句出《大戴禮記》卷八《子張問入官第六十五》。

[3]《禮含文嘉》：緯書之一。

[4]邃延：下垂延覆。

[5]髆：同"膊"。

後周故事，升日月於旌旗，乃闕三辰，而章無十二。但有山、龍、華蟲作繪，宗彝、藻、火、粉米、黼、黻，乃與三公不異。開皇中，[1]就裏欲生分別，[2]故衣重宗彝，裳重黼、黻，合重二物，[3]以就九章，爲十二等。但每一物，上下重行。袞服用九，鷩服用七，今重此三物，乃非典故。且周氏執謙，不敢負於日月，所以綴此三象，唯施太常，[4]天王袞衣，章乃從九。但天子臂日，德在照臨，辰爲帝位，月主正后，負此三物，合德齊明，自古有之，理應無惑。周執謙道，殊未可依，重用宗彝，又乖法服。

[1]開皇：隋文帝楊堅年號（581—600）。

[2]就裏：内中、個中。

[3]二：各本均同。然十二章之制，黼與黻爲兩章，加衣之宗彝，當爲三章。又後文有“今重此三物”句，與之照應。故此“二”當爲“三”。

[4]太常：天子旌旗畫日、月者。

今准《尚書》：“予欲觀古人之服，日、月、星辰、山、龍、華蟲作會，宗彝、藻、火、粉米、黼、黻絺繡。”[1]具依此，於左右髆上爲日月各一，當後領下而爲星辰，又山、龍九物，各重行十二。又近代故實，依《尚書大傳》：[2]“山龍純青，華蟲純黃，作會；宗彝純黑，藻純白，火純赤。”以此相間，而爲五采。鄭玄議已自非之，云：“五采相錯，非一色也。”今並用織成於繡，五色錯文。准孔安國，[3]衣質以玄，加山、龍、華蟲、火、宗彝等，並織成爲五物，裳質以纁，加藻、粉米、黼、黻之四。衣裳通數，此爲九章，兼上三辰，而備十二也。衣褾、領上各帖升龍，漢、晋以來，率皆如此。既是先王法服，不可乘於夏制，徵而用之，理將爲允。

[1]“予欲觀古人之服”至“黼絺繡”：語出《尚書·益稷篇》。服，原文作“象”。按，中華本將“粉米”分作二章、將“黼黻”視爲一章，中華書局新修訂本已做訂正，然修訂本新在“絺繡”前補入一頓號，則不妥。絺繡指在服飾上刺繡，乃工藝手法，不應與十二章並列。此與前“作會（繪）”，即將“日、月、星辰、山、龍、華蟲”等繪畫於服飾之上同理。故此句“絺繡”與“黼、黻”之間不必點斷。

[2]《尚書大傳》：舊題漢代伏勝撰。本書《經籍志一》有《尚書大傳》三卷，未題撰者，祇言鄭玄注。《四庫全書》收錄該書三卷，補遺一卷，爲清代孫之騄輯佚。

[3]孔安國：人名。西漢經學家，注《古文尚書》。傳見《漢書》卷八八。

墨敕曰：[1]“可。”承以單衣。又案董巴《輿服志》宗廟冕服云：“絳領、袖爲內單衣。”又《車服雜記》曰：[2]“天子釋奠、郊祭而單衣，以絳緣。”今用白紗爲內單，黼領，絳襮，青裾及襈。革帶，玉鈎、䚢，大帶朱裏，紕其外。紐約用組，上加朱韍。[3]又案《說文》：“韠，韍也。所以蔽前。”《禮記》曰：“有虞氏韍，夏后氏山，殷火，周龍章。”[4]鄭玄曰：“冕之韍也，舜始作之，以尊祭服。禹、湯至周，增以文飾。”[5]《禮記》曰：“君朱韠。”[6]鄭曰：“韠象裳色。”[7]今依《白武通》注，[8]以蔽裳前，上闊一尺，象天數也；下闊二尺，象地數也；長三尺，象三才也；加龍章、山、火，[9]以備三代之法也。於是制袞冕之服，玄衣，纁裳，合九章爲十二等。白紗內單，黼領，青褾、襈。革帶，玉鈎、䚢，大帶，韍，鹿盧玉具劍，火珠鏢首，白玉雙佩，玄組，大、小綬。朱襪，赤舄，舄飾以金。宗廟、社稷、籍田、方澤、朝日、夕月、遣將授律、征還飲至、加元服、納后、正冬受朝、臨軒拜爵，[10]皆服之。

[1]墨敕：由皇帝親筆書寫，不經外廷蓋印而直接下達的命令。

[2]《車服雜記》：該書已亡佚，記載不詳。據《太平御覽》卷三四○《兵部·旗》引周遷《車服雜記》記載知此書爲周遷所撰。本書《經籍志二》載有《古今輿服雜事》二十卷，題爲梁代周遷撰，恐爲一書。

[3]韍：汲古閣本、殿本、庫本同底本，中華本作“韨”。據後文所釋當用“韍”。

[4]“有虞氏韍”至“周龍章”：語出《禮記·明堂位》。原文“有虞氏”後有一“服”字。

[5]“冕之韍也”至“增以文飾”：原文爲：“韍，冕服之韠也，舜始作之，以尊祭服。禹、湯至周，增以畫文，後王彌飾也。”

[6]君朱韠：語出《禮記·玉藻》。原文爲：“韠，君朱。”

[7]韠象裳色：原文爲：“凡韠，以韋爲之，必象裳色。”

[8]《白武通》：即《白虎通》，亦稱《白虎通義》，避唐諱改。東漢章帝建初四年（79），召集各經文大家，於白虎觀講義五經異同，漢章帝親自裁決其經義奏議，會議結果由班固整理成《白虎通義》一書。

[9]龍章、山、火：中華本中間未加標點。按，據十二章之制當用頓號。

[10]正冬：冬至日。按，隋文帝袞冕應用場合有“正月受朝”。

通天冠之制，案董巴《志》：“冠高九寸，形正豎，頂少邪却，後乃下直爲鐵卷梁，[1] 前有高山。” 故《禮圖》或謂之高山冠也。[2]《晋起居注》，[3] 成帝咸和五年，[4] 制詔殿内曰：“平天、通天冠，並不能佳，可更修理之。” 雖在《禮》無文，故知天子所冠，其來久矣。又徐氏《輿服注》曰：[5]“通天冠，高九寸，黑介幘，金博山。” 徐爰亦曰：[6]“博山附蟬，謂之金顏。” 今制依此，不通於下，獨天子元會臨軒服之。其服，絳紗袍，深衣制，白紗内單，皁領、襈、裾、襈，絳紗蔽膝，白假帶，方心曲領。其劍、佩、綬、舃、革帶，皆與上同。元冬饗會、諸祭還，則服之。四時視朔，[7] 則内單領、襈，[8] 各隨其方色。[9] 唯秋方色白，以綠代之。

[1] 下直：中華本作“直下”。按，董巴《志》所載爲漢代形制，檢《續漢書·輿服志下》、《通典》卷五七《禮·通天冠》、《玉海》卷八一《車服·漢通天冠》均爲“直下”。中華本是，當從改。

[2]《禮圖》：《三禮圖》的簡稱。

[3]《晋起居注》：書名。本書《經籍志二》載有《晋起居注》三百一十七卷，（南朝）宋北徐州主簿劉道會撰。又有《晋咸和起居注》十六卷，李軌撰。

[4] 成帝：東晋成帝司馬衍。紀見《晋書》卷七。　咸和：東晋成帝司馬衍年號（326—334）。

[5] 徐氏《輿服注》：《太平御覽》卷六八五載通天冠之制，引晋徐廣《輿服雜注》，及《後漢書》卷七九上《儒林傳序》言“天子始冠通天”，李賢注亦引徐廣《輿服雜注》。知此“徐氏”即“徐廣”，《輿服注》當爲《輿服雜注》。又本書《經籍志二》載有徐廣撰《車服雜注》一卷，二者當爲一書。

[6]徐爰：人名。南朝劉宋時人，通曉朝章，屢撰儀注。傳見《宋書》卷九四、《南史》卷七七。

[7]四時視朔：指皇帝於每年四季第一月初一日，祭告祖廟後於太廟聽政。

[8]内單領、襈：中華本此標點作“内單、領、襈”，有誤。按，隋代服制内單通常爲白紗所製，不隨四時方色改變，如本卷前文載皇帝冕服，“絳紗袍，深衣制，白紗内單，皁領、襟、襈、裾”，皇太子冕服，“白紗内單，黼領，青襟、襈、裾”。隨四時方色所改者乃内單之領、襟、裾、襈等服飾緣邊裝飾部分。又本段前文亦云：“通天冠之制。……今制依此，不通於下，獨天子元會臨軒服之。其服，絳紗袍，深衣制，白紗内單，皁領、襟、裾、襈……元冬饗會、諸祭還，則服之。”故此條“領、襈”實爲内單之邊飾，“内單”二字之後不應有頓號。正因爲内單爲白紗製，而秋季方色用白，致使無法區分，故後文云“以綠代之”。

[9]方色：五行家將東、南、西、北、中與青、赤、白、玄、黃相配，一方一色，簡稱“方色”。春、夏、秋、冬四時，亦比四方，春用青、夏用赤、秋用白、冬用玄。故下句言“秋方色白”，惟以綠代白。

遠游冠之制，案《漢雜事》曰：[1]“太子諸王服之。”故《淮南子》曰：“楚莊王冠通梁，組纓。”[2]注云：“通梁，遠游也。”晋令：“皇太子、諸王，給遠游冠。”[3]徐氏《雜注》曰：[4]“天子雜服，遠游五梁。太子、諸王三梁。”董巴《志》曰：“制如通天，有展筩，橫之幘上。”今制依此，天子加金博山，九首，施珠翠，黑介幘，金緣，以承之。翠緌纓，犀簪、導。太子、親王加金附蟬，宗室王去附蟬，並不通於庶姓。其乘輿遠游冠服，白紗單衣，承以裙襦，烏皮履。拜山陵則服之。

[1]《漢雜事》：該書不詳。

[2]楚莊王冠通梁，組纓：此句今二十一卷殘本《淮南子》不載，《玉海》卷八一《車服·遠游冠》引《淮南子》與此同。

[3]皇太子、諸王，給遠游冠：此句據《晉書·輿服志》載："皇太子及王者後、帝之兄弟、帝之子封郡王者服之。諸王加官者自服其官之冠服，惟太子及王者後常冠焉。"

[4]《雜注》：徐廣《輿服雜注》省稱。

武弁之制，案徐爰《宋志》，[1]謂籠冠是也。《禮圖》曰："武士服之。"董巴《輿服志》云："諸常侍、內常侍，加黃金附蟬、耳尾，[2]謂之惠文冠。"[3]今制，天子金博山，三公已上玉冠枝，[4]四品已上金枝。侍臣加附蟬，耳豊貂，[5]文官七品已上耳白筆，八品已下及武官，皆不耳筆。其乘輿武弁之服，衣、裳、綬如通天之服。講武、出征、四時蒐狩、大射、禡、類、宜社、賞祖、罰社、纂嚴，皆服之。

[1]《宋志》：該書不詳。本書《經籍志二》錄有"宋中散大夫徐爰撰《宋書》六十五卷"，此《宋志》或爲該書中之志。

[2]耳（ěr）：以鳥羽或獸毛製成的裝飾物，飾以冠或頭盔。

[3]惠文冠：官名。相傳爲趙惠文王所創，故稱。漢謂之武弁大冠，參《續漢書·輿服志下》。

[4]冠枝：其制不詳。從此段看，亦爲冠上飾物，有玉、金之別，玉等級高於金。

［5］豐貂：指珍貴貂尾，爲天子進侍之臣冠飾。

弁之制，案《五經通義》：[1]“高五寸，前後玉飾。”《詩》云：“璜弁如星。”[2]董巴曰：“以鹿皮爲之。”《尚書·顧命》：“四人綦弁，[3]執戈。”故知自天子至于執戈，通貴賤矣。《魏臺訪議》曰：[4]“天子以五采玉珠十二飾之。”今參准此，[5]通用烏漆紗而爲之。天子十二琪，[6]皇太子及一品九琪，二品八琪，三品七琪，四品六琪，五品五琪，六品已下無琪。唯文官服之，不通武職。案《禮圖》，有結纓而無笄導。少府少監何稠，[7]請施象牙簪、導。詔許之。弁加簪、導，自兹始也。乘輿鹿皮弁服，緋大襦，白羅裙，金烏皮履，革帶，小綬長二尺六寸，色同大綬，而首半之，間施三玉環，白玉佩一雙。視朝、聽訟則服之。凡弁服，自天子已下，内外九品已上，弁皆以烏爲質，並衣袴褶。五品已上以紫，六品已下以絳。宿衛及在仗内，加兩襠，縢蛇絳褲衣，連裳。典謁贊引，[8]流外冗吏，通服之，以縵。[9]後制鹿皮弁，以賜近臣。

［1］《五經通義》：西漢經學家劉向所撰寫的一部解析五經的著作。

［2］璜弁如星：語出《詩·衛風·淇奥》。原文爲：“會弁如星。”會，通“璜”，謂弁縫中的玉飾。

［3］綦弁：一種青黑色鹿皮冠。

［4］《魏臺訪議》：書名，不詳。《太平御覽》卷三三《時序部·臘》引有高堂隆《魏臺訪議》。高堂隆爲三國時魏人，《三國

志》卷二五有傳。檢本書《經籍志二》收録高堂隆《魏臺雜訪議》三卷，不載《魏臺訪議》。《玉海》卷六一《藝文》及《新唐書·藝文志》同時收録《魏臺訪議》與高堂隆《魏臺雜訪議》兩書，各爲三卷，《魏臺訪議》未載撰者。則《魏臺訪議》很可能不是高堂隆所撰。

[5]今：底本原作“命”，中華本作“今”。據文意從中華本改。

[6]琪：美玉。

[7]少府少監：官名。大業三年，分太府寺爲少府監，置監及少監各一人，統左尚、右尚、内尚、司織、司染、鎧甲、弓弩、掌冶等署。從四品。按，據本書《百官志下》載，大業三年分太府寺爲少府監，置監及少監各一人。檢本書卷六八、《北史》卷九〇《何稠傳》，何稠不曾擔任少府少監。本書《何稠傳》載：“大業初，煬帝將幸揚州，謂稠曰：‘今天下大定，朕承洪業，服章文物，闕略猶多。卿可討閲圖籍，營造輿服羽儀，送至江都也。’其日，拜太府少卿。……魏晋以來，皮弁有纓而無笄導。稠曰：‘此古田獵之服也。今服以入朝，宜變其制。’故弁施象牙簪導，自稠始也。……以稠守太府卿。後三歲，兼領少府監。”又本書卷三《煬帝紀上》亦載：大業二年三月，“太府少卿何稠、太府丞雲定興盛修儀仗”。則何稠變革弁之制時所任官職爲“太府少卿”，後所兼領者乃“少府監”非“少府少監”。

[8]典謁贊引：皇帝朝會時引導官。

[9]縵：無文彩之帛。

帽，古野人之服也。董巴云：“上古穴居野處，衣毛帽皮。”以此而言，不施衣冠明矣。案宋、齊之間，[1]天子宴私，著白高帽，[2]士庶以烏，其制不定。或有卷荷，或有下裙，或有紗高屋，或有烏紗長耳。後周之時，[3]咸著突騎帽，[4]如今胡帽，垂裙覆帶，蓋索髮之遺象也。又文帝項有瘤疾，不欲人見，每常著焉。相魏之時，著而謁帝，故後周一代，將爲雅服，小朝公宴，咸許戴之。開皇初，高祖常著烏紗帽，自朝貴已下，至于冗吏，通著入朝。今復制白紗高屋帽，其服，練裙襦，烏皮履。宴接賓客則服之。

[1]宋：即南朝宋（420—479），都建康（今江蘇南京市）。齊：即南朝齊（479—502），或稱蕭齊，都建康（今江蘇南京市）。

[2]白高帽：亦稱白紗帽，白紗製高頂帽。以烏紗爲之，稱爲烏紗帽。

[3]後周：《太平御覽》卷六八七《服章部四·帽》引《隋書》記載同，《通典》卷五七《禮·帽》、《玉海》卷八一《冕服》作"後魏"。

[4]突騎帽：北方鮮卑族所戴之帽，特點爲後垂披覆。

白帢，案《傅子》：[1]"魏太祖以天下凶荒，資財乏匱，擬古皮弁，裁縑帛以爲之。"[2]蓋自魏始也。《梁令》，[3]天子爲朝臣等舉哀則服之。今亦准此。其服，白紗單衣，承以裙襦，烏皮履。舉哀臨喪則服之。

[1]《傅子》：西晉人傅玄所撰，論經國九流及三史故事，並評斷得失之書，參《晉書》卷四七《傅玄傳》。

[2]"魏太祖以天下凶荒"至"裁縑帛以爲之"：此句《三國志》卷一《魏書·武帝紀》裴松之注引《傅子》記載同。魏太祖，即曹操。紀見《三國志》卷一。

[3]《梁令》：本書《經籍志二》收有《梁令》三十卷，錄一

卷，未載作者。

　　幘，案董巴云："起於秦人，施於武將，初爲絳袙，[1]以表貴賤焉。至漢孝文時，[2]乃加以高顏。"[3]孝元帝額有壯髮，[4]不欲人見，乃始進幘。又董偃召見，[5]綠幘傅韝。[6]《東觀記》云：[7]"詔賜段熲赤幘大冠一具。"[8]故知自上已下，至于皁隷，及將帥等，皆通服之。今天子畋獵御戎，文官出游田里，武官自一品已下，至于九品，并流外吏色，皆同烏。厨人以綠，卒及馭人以赤，[9]舉輦人以黃。[10]駕五輅人，[11]逐其車色。承遠游、進賢者，施以掌導，謂之介幘。承武弁者，施以笄導，謂之平巾。其乘輿黑介幘之服，紫羅褶，南布袴，玉梁帶，紫絲鞋，長勒靴。[12]畋獵豫游則服之。

　　[1]袙：通"帕"，巾也。宋高承《事物紀原》卷三《幘》引本書《禮儀志》作"帕"。

　　[2]漢孝文：即漢文帝劉恒。紀見《史記》卷一〇、《漢書》卷四。

　　[3]高顏：漢初巾幘無頂，庶民不戴冠，以之束髮。文帝時將巾幘額前部分加高，即爲高顏。顏，額也，指巾幘額前部分。

　　[4]孝元帝：即漢元帝劉奭。紀見《漢書》卷九。　壯髮：額前叢生突下之髮。

　　[5]董偃：人名。漢武帝時館陶公主男寵，事見《漢書》卷六五《東方朔傳》。

　　[6]韝（gōu）：臂衣、臂套，猶今之套袖。

　　[7]《東觀記》：即《東觀漢記》。記載東漢光武帝至靈帝之間歷史的紀傳體史書。

[8]段熲：人名。東漢名將。傳見《後漢書》卷六五。

[9]馭人：駕車之人。

[10]舉輦人：爲皇帝抬輿輦的宦官。

[11]五輅：皇帝所乘的五種輅車，玉輅、金輅、象輅、革輅、木輅，車色分別爲青、赤、黃、白、黑。

[12]勒（yào）：靴、襪之筒。

皇太子服六等，[1]袞冕九旒，朱組纓，青纊珫耳，犀簪、導。紺衣，纁裳，去日、月、星辰爲九章。[2]白紗內單，黼、黻領，青褾、襈、裾。革帶，金鈎、鰈、大帶，韍二章，玉具劍。侍從祭祀，及謁廟、加元服、納妃，則服之。據晋咸寧四年故事，[3]衣色用玄，改用紺。舊章用織成，降以繡。玉具劍，故事以火珠鏢首，改以白珠。開皇中，皇太子冕同天子，貫白珠。及仁壽元年，[4]煬帝爲太子，以白珠太逼，表請從青珠。於是太子袞冕與三公、王等，皆青珠九旒。旒短不及髆，降天子二寸。

[1]六等：指後文介紹的皇太子六種服飾：袞冕、遠游冠、遠游三梁冠、鹿皮弁、平巾幘、白帢。

[2]去日、月、星辰爲九章：中華本"日、月、星辰"中未加頓號，據十二章之制補。

[3]咸寧：西晋武帝司馬炎年號（275—280）。 故事：此指司馬炎於咸寧四年改冕服之制，衣色去玄用紺。

[4]仁壽：隋文帝楊堅年號（601—604）。

遠游冠，金附蟬，加寶飾珠翠，九首，珠纓翠緌，犀簪、導。絳紗袍，白紗內單，皁領、襈、襈、裾。白假帶，方心曲領，絳紗蔽膝。襪，舄，革帶，劍，佩，綬同袞冕。未冠則雙童髻，空頂黑介幘，雙玉導，加寶飾珠翠，二首。謁廟還、元日、朔旦入朝、釋奠，[1]則服之。

[1]朔旦：朔日，農曆每月初一。

始後周采用《周禮》，皇太子朝駕，皆袞冕九章服。開皇初，自非助祭，皆冠遠游冠。至此，牛弘奏云：“皇太子冬正大朝，[1]請服袞冕。”帝問給事郎許善心曰：[2]“太子朝謁，著遠游冠，有何典故？”對曰：“晉令：皇太子給五時朝服、遠游冠。至宋泰始六年，[3]更議儀注，儀曹郎丘仲起議：[4]‘案《周禮》，公自袞冕已下，至卿大夫之玄冕，皆其朝聘之服也。[5]伏尋古之公侯，尚得服袞，以入朝見，況皇太子儲副之尊，謂宜式遵盛典，服袞朝賀。’兼左丞陸澄議：[6]‘服冕以朝，實著經典，自秦除六冕之制，後漢始備古章。魏、晉以來，非祀宗廟，不欲令臣下服於袞冕，位爲公者，必加侍官，故太子入朝，因亦不著。但承天作副，禮絕群后，宜遵前王之令典，革近代之陋制，皇太子朝，請服冕。’自宋以下，始定此儀。至梁簡文之爲太子，[7]嫌於上逼，還冠遠游，下及於陳，皆依此法。後周之時，亦言服袞入朝。至于開皇，復遵魏、晉故事。臣謂袞冕之服，章玉雖差，一日而觀，頗欲相類。臣子之道，義無上逼。故晉武帝太始三年，詔太宰安平王孚著侍內之服，[8]四年，又賜趙、燕、樂安王等散騎常侍之服。[9]自斯以後，台鼎貴臣，並加貂瑯武弁，故皇太子遂著遠游，謙不逼尊，於理爲允。"帝曰："善。"竟用開皇舊式。

[1]冬正：正冬，指冬至日。

[2]給事郎：按此處官職有誤，考證見本卷前文。

[3]泰始：南朝宋明帝劉彧年號（465—471）。

[4]丘仲起：人名。宋元徽中爲太子領軍長史，官至廷尉卒。事見《南齊書》卷五三《沈憲傳》。

[5]"案《周禮》"至"皆其朝聘之服也"：此句《宋書·禮志五》原文爲："案《周禮》，公自袞冕以下。鄭注：'袞冕以至卿大夫之玄冕，皆其朝聘天子之服也。'"

[6]左丞：官名。尚書左丞，爲尚書省佐官，位次尚書，與右丞掌尚書省庶務，率諸都令史監察稽核諸尚書曹、郎曹政務，督録近道文書章奏，監察糾彈尚書令、僕射、尚書等文武百官，號稱"監司"，分管宗廟祠祀、朝儀禮制、選授官吏等文書奏事。南朝宋第六品。　陸澄：人名。南朝宋泰始六年官通直郎兼左丞。傳見《南齊書》卷三九。

[7]梁簡文：南朝梁簡文帝蕭綱。紀見《梁書》卷四、《南史》卷八。

[8]太宰：官名。西晉置太師、太傅、太保三上公，因避司馬師諱，改太師爲太宰，居上公之首。常與太傅、太保並掌朝政，爲宰相之任。　安平王孚：即司馬孚，宣帝司馬懿之弟。傳見《晉書》卷三七。　侍内：官名。即侍中，隋避"忠"諱改。門下侍中省長官，員四人，常侍衛皇帝左右，管理門下眾事，侍奉生活起居，出行則護駕；與門下其他官員同掌顧問應對，拾遺補缺，諫靜糾察，償相威儀，平議尚書奏事，有異議得駁奏。或加予宰相、尚

書等高級官員，令其出入殿省，入宫議政。

[9]趙：即西晋趙王司馬倫，字子彝，宣帝第九子也。傳見《晋書》卷五九。　燕：即西晋文帝之子燕王司馬機。事見《晋書》卷三八《清惠亭侯京傳》。　樂安：即西晋樂安平王司馬鑒。傳見《晋書》卷三八。　散騎常侍：官名。西晋散騎省長官，置四人，位比侍中，爲門下重職。三品秩比二千石。

遠游三梁冠，從省服，絳紗單衣，革帶，金鈎、艓，假帶，方心，佩一隻，紛長六尺四寸，闊二寸四分，色同於綬。金縷鞶囊，白襪，烏皮履，金飾。五日常朝則服之。

鹿皮弁，九琪，服絳羅襦，白羅裙，革帶，履，襪，佩，紛，如從省服。在宫聽政則服之。

平巾，黑幘，玉冠枝，金花飾，犀簪、導，紫羅褶，南布袴，玉梁帶，長靿靴。侍從、田狩則服之。

白帢，素單衣，烏皮履。爲宫臣舉哀弔喪則服之。

諸王、三公已下，爲服之制，衮冕九章服。[1]三公攝祭及諸王初受册、執贄、入朝、助祭、親迎，[2]則服之。綬各依其色。

[1]衮冕九章服：指十二章中去日、月、星辰三章的衮冕服。
[2]攝祭：佐理祭祀禮儀。　執：底本原無，今據它本補入。

鷩冕，案《禮圖》："王祭先公及卿之服。"天子九旒，用玉二百一十六。侯、伯服以助祭，七旒，用玉八十。[1]新制依此。服七章。三品及公、侯助祭則服之。

[1]八十：此侯、伯服七旒用玉"八十"，恐爲"九十八"之訛。"旒"亦作"瑬"或"斿"，《説文·玉部》："瑬，垂玉，冕飾。"冕旒之旒數及垂玉《禮記》《周禮》有詳細規定，《禮記·禮器》云："天子之冕，朱綠藻，十有二旒，諸侯九，上大夫七，下大夫五，士三。"《周禮·夏官·弁師》亦云："弁師掌王之五冕。……五采繅，十有二就，皆五采玉十有二。"東漢鄭玄注："繅，雜文之名也。合五采絲爲之繩，垂於延之前後，各十二，所謂邃延也。就，成也。繩之每一匝而貫五采玉，十二旒則十二玉也。"則天子之冕前後垂旒，每旒十二就，即每旒用玉十二顆。因此，鄭玄此條進一步解釋説："衮衣之冕十二旒，則用玉二百八十八。鷩衣之冕繅九斿，用玉二百一十六。毳衣之冕七斿，用玉百六十八。希衣之冕五斿，用玉百二十。玄衣之冕三斿，用玉七十二。"衮冕、鷩冕、毳冕、希冕、玄冕均爲每旒用玉十二顆。《周禮·夏官·弁師》又云："諸侯（按，此爲'公'之誤）之繅斿九就。……諸侯及孤卿大夫之冕、韋弁、皮弁、弁絰，各以其等爲之。"鄭玄注："每繅九成，則九旒也。公之冕用玉百六十二。……侯伯繅七就，用玉九十八。子男繅五就，用玉五十，繅玉皆三采。"説明諸公之冕前後各九旒，每旒垂玉九顆；侯伯冕前後各七旒，每旒垂玉七顆；子男冕前後各五旒，每旒垂玉五顆。據此，此條隋代"鷩冕"云"天子九旒，用玉二百一十六"，與《周禮》相符。而侯、伯"七旒，用玉八十"，據《周禮》及鄭玄注每旒用玉七顆，應當爲九十八顆。另一方面，冕均爲前後垂旒，隋制云侯伯冕爲七旒，前後垂則爲十四旒，八十無法爲十四旒均分，此亦表明"八十"記載有誤。

毳冕，案《禮圖》："王祀四望山川之服。"[1]天子七旒，用玉百六十八。子、男服以助祭，五旒，用玉五十。新制依此。服五章。四品及伯助祭則服之。

[1]四望：指所祭之四方山川及神靈。

　　絺冕，案《禮圖》：“王者祭社稷、五祀之服。”[1]天子五旒，用玉百二十。孤卿服以助祭，四旒，用玉三十二。新制依此。服三章。五品及子、男助祭則服之。

　　[1]社稷、五祀：中華本中間未加標點，今據《周禮》補入。五祀，指所祭五種神祇。《周禮·春官·大宗伯》：“以血祭祭社稷、五祀、五嶽。”鄭玄注：“此五祀者，五官之神。”

　　玄冕，案《禮圖》：“王祭群小祀及視朝服。”天子四旒，用玉三十二。諸侯服以祭其宗廟，三旒，用玉十八。新制依此。服三章。通給庶姓。[1]一品已下，五品已上，自製于家，祭其私廟。三品省衣粉米，加三重；裳黼、黻，加二重。四品減黼一重，五品減黻一重。禮自玄冕以上，加旒一等，天子祭祀，節級服之。

　　[1]庶姓：此指非帝王宗室封侯者。

　　開皇以來，天子唯用袞冕，自鷩之下，不施於尊，具依前式。而六等之冕，皆有黈纊，黃綿爲之，其大如橘。自皇太子以下，三犀導，青綬爵弁。案董巴《志》：“同於爵形，一名冕，有收持笄，所謂夏收、殷冔者也。”[1]祠天地、五郊、明堂，《雲翹》舞人服之。[2]《禮》云：“朱干玉戚，冕而舞《大夏》。”[3]此之謂也。

《禮圖》云："士助君祭服之，色如爵頭，無旒有繢。"新制依此。角爲簪、導，衣青，裳纁，[4]並縵無章。六品已下，皆通服之。

　　[1]夏收、殷冔（xǔ）：指夏與商代祭祀之冠。《儀禮·士冠禮》："周弁、殷冔、夏收。"鄭玄注："收，言所以斂髮也。"賈公彥疏："云冔，名出於幠，幠，覆也。言所以自覆飾也。"

　　[2]《雲翹》：祭祀時樂舞之一。

　　[3]朱干玉戚，冕而舞《大夏》：語出《禮記·明堂位》。原文爲："朱干玉戚，冕而舞《大武》。皮弁素積，裼而舞《大夏》。"然《續漢書·輿服志下》、《玉海》卷八一《漢爵弁》均爲"朱干玉戚，冕而舞《大夏》"。朱干玉戚，古代武舞所持赤盾與玉飾之斧。

　　[4]纁（quán）：淺紅色。

　　遠游冠服，王所服也。衣裳内單。如皇太子，佩山玄玉，金章龜鈕。[1]宋孝建故事亦謂之璽，[2]今文曰印。又並歸於官府，身不自佩，例以銅易之。大綬四采，小綬同色，施二玉環，玉具劍，烏皮舄，舄加金飾。唯帝子、宗室、封國王者服之。

　　[1]金章龜鈕：金質印章，印鼻雕成龜形。古代以不同質地之印分別官員等級，如金、銀、銅質。印不同鈕（印鼻）亦不同，有瓦鈕、環鈕、龜鈕、虎鈕、獅鈕等。下文印章之制同此，不再出注。

　　[2]孝建：南朝宋孝武帝劉駿年號（454—456）。

　　進賢冠，案《漢官》云：[1]“平帝元始五年，[2]令公卿列侯冠三梁，二千石兩梁，千石以下一梁。”梁別貴賤，自漢始也。董巴釋曰：“如緇布冠，文儒之服也。”前高七寸而却，後高三寸而立。王莽之時，以幘承之。新制依此。内外文官通服之。三品已上三梁，五品已上兩梁，九品已上一梁，用明尊卑之等也。其朝服，亦名具服。絳紗單衣，白紗内單，玄領、裾、襈、袖，革帶，金鈎、䚢，假帶，曲領方心，絳紗蔽膝，白襪，烏皮舄。雙佩、綬，如遠游之色。自一品已下，五品已上，衣服盡同，而綬依其品。陪祭、朝饗、拜表，凡大事皆服之。六品、七品，去劍、佩、綬。八品、九品，去白筆、内單，而用履代舄。其五品已上，一品已下，又有公服，亦名從省服。並烏皮履，去曲領、内單、白筆、蔽膝。開皇故事，亦去鞶囊、佩、綬。何稠請去大綬，而偏垂一小綬，綴於獸頭鞶囊，獨一隻佩，正當於後。詔從之。一品已下，五品已上，同。

　　[1]《漢官》：東漢應劭所撰，介紹漢代禮儀、典章制度的書。本書《經籍志二》載有應劭所撰《漢官》五卷，《漢官儀》十卷。
　　[2]平帝：即漢平帝劉衎。紀見《漢書》卷一二。　元始：漢平帝劉衎年號（1—5）。

　　高山冠，案董巴《志》云：“一曰側注，謁者、僕射之所服也。”[1]胡伯始以爲齊王冠，[2]秦滅齊，以賜謁者。《傅子》曰：“魏明帝以高山冠似通天，[3]乃毀變其形，除去卷筩，令如介幘。幘上加物，以象山峰，行人使者，通皆服之。"新制參用其事，形如進賢，於冠前加三峰，以象魏制。謁者大夫已下服之。[4]梁依其品。

[1]謁者、僕射：中華本此未標點，據西漢官制及《續漢書·輿服志下》加。

[2]胡伯始：人名。東漢著名學者胡廣，字伯始。漢靈帝時位至三公。傳見《後漢書》卷四四。

[3]魏明帝：三國魏明帝曹叡。紀見《三國志》卷三。

[4]謁者大夫：官名。煬帝大業三年始置謁者臺，與御史臺、司隸臺合稱三臺。謁者大夫爲謁者臺長官，掌執詔勞問、出使慰撫，受理冤枉而申奏之。從四品。

獬豸冠，案《禮圖》曰："法冠也，一曰柱後惠文。"如淳注《漢官》曰：[1]"惠，蟬也，細如蟬翼。"今御史服之。《禮圖》又曰：獬豸冠，高五寸，秦制也。法官服之。"董巴《志》曰："獬豸，神羊也。"蔡邕云：[2]"如麟，一角。"應劭曰：[3]"古有此獸，主觸不直，故執憲者，[4]爲冠以象之。秦滅楚，以其冠賜御史。"此即是也。開皇中，御史戴却非冠，而無此色。新制又以此而代却非。御史大夫以金，[5]治書侍御史以犀，[6]侍御史已下，[7]用羚羊角，獨御史、司隸服之。

[1]如淳：人名。三國曹魏人，曾任陳郡丞，爲《漢書》做注。

[2]蔡邕：人名。東漢著名文學家、書法家。師從胡廣，撰有《獨斷》一書，萬餘字，記述漢代，兼述漢以前有關禮制、車服、帝系等内容。傳見《後漢書》卷六〇下。

[3]應劭：人名。東漢學者，著有《風俗通義》。傳見《後漢書》卷四八。

[4]執憲：司法、執法者。

[5]御史大夫：官名。御史臺長官，職掌國家刑憲典章之政令，司彈劾糾察百官等。置一員。其品級，隋大業五年（按，此據本書《百官志下》，而《唐六典》卷一三《御史臺》爲“大業八年”）前是從三品，此年降爲正四品。

[6]治書侍御史：官名。隋御史臺副長官，佐御史大夫掌彈劾百官。從五品。

[7]侍御史：官名。隋御史臺設侍御史八人，掌糾彈百僚，推按獄訟。從七品。

巾，案《方言》云：[1]“巾，趙、魏間通謂之承露。”《郭林宗傳》曰：“林宗嘗行遇雨，巾沾角折。”[2]又袁紹戰敗，[3]幅巾渡河。此則野人及軍旅服也。制有二等。今高人道士所著，是林宗折角；庶人農夫常服，是袁紹幅巾。故事，用全幅皁而向後襆髮，俗人謂之襆頭。[4]自周武帝裁爲四脚，[5]今通於貴賤矣。

[1]《方言》：書名。西漢揚雄撰。

[2]林宗嘗行遇雨，巾沾角折：典出《後漢書》卷六八《郭太傳》。郭太，字林宗。

[3]袁紹：人名。漢末群雄之一。傳見《後漢書》卷七四上、《三國志》卷六。

[4]襆（fú）頭：古代包頭軟巾，有四帶，二帶繫腦後垂之，二帶反繫頭上，令曲折附頂。也稱四脚、折上巾。

[5]周武帝：北周武帝宇文邕。紀見《周書》卷五、六，《北史》卷一〇。

　　簪、導，案《釋名》云：[1]“簪，建也，所以建冠於髮也。一曰笄。笄，係也，所以拘冠使不墜也。導所以導擽鬢髮，使入巾幘之裏也。”今依《周禮》，天子以玉笄，而導亦如之。又《史記》曰：“平原君誇楚，爲玳瑁簪。”[2]班固《與弟書》云：[3]“今遺仲升以黑犀簪。”[4]《士爕集》云：[5]“遣功曹史貢皇太子通天犀導。”故知天子獨得用玉，降此通用玳瑁及犀。今並准是，唯弁用白牙笄導焉。

　　[1]《釋名》：書名。東漢劉熙撰，爲探求事物名源的專書。
　　[2]平原君誇楚，爲玳瑁簪：語出《史記》卷七八《春申君列傳》。
　　[3]班固：人名。東漢史官，著有《漢書》。傳見《後漢書》卷四〇，另事見《漢書》卷一〇〇《叙傳》。　《與弟書》：《太平御覽》卷六八八《服章部五·簪導》及《北堂書鈔》卷一二七《衣冠部一·簪六》均云“《與弟超書》”。此“弟”指班超。
　　[4]今遺仲升以黑犀簪：此句《太平御覽》卷六八八《服章部五·簪導》及《北堂書鈔》卷一二七《衣冠部一·簪六》均載爲“令遺仲叔玳瑁黑犀簪”。
　　[5]《士爕集》：爲三國時人士爕所撰。《舊唐書·經籍志下》《新唐書·藝文志四》均載《士爕集》五卷。士爕傳見《三國志》卷四九。

　　貂蟬，案《漢官》：“侍内金蟬左貂，[1]金取剛固，蟬取高潔也。”董巴《志》曰：“内常侍，右貂金璫，銀附蟬，内書令亦同此。”今宦者去貂，内史令金蟬右貂，[2]納言金蟬左貂。[3]開皇時，加散騎常侍在門下者，[4]皆有貂蟬，至是罷之。唯加常侍聘外國者，特給貂蟬，還則輸納於内省。

[1]侍内：官名。即侍中。隋避"忠"諱改。　金蟬左貂：指貂尾和附蟬，爲侍中、常侍等天子近臣之冠飾。侍臣班位在左者插冠左邊，班位在右者插冠右邊。

[2]内史令：官名。内史省長官，掌皇帝詔令出納宣行，居宰相之職。隋初内史省置監、令各一人，尋廢監，置令二人。正三品。

[3]納言：官名。門下省長官，掌侍從規諫，拾遺補缺，總判省事。正三品。

[4]散騎常侍：官名。爲門下省屬官，置四員，掌陪從朝值，獻納得失，實則爲閑散虛職，多用作加官。從三品。煬帝大業三年罷廢。

白筆，案徐氏《雜注》云："古者貴賤皆執笏，[1]有事則書之，故常簪筆。今之白筆，是遺象也。"《魏略》曰：[2]"明帝時大會而史簪筆。"今文官七品已上，通耗之。武職雖貴，皆不耗也。

[1]笏：古時朝臣覲見時所執狹長板子，材質有玉、象牙、竹木等。亦曰手板。後世唯品官執之。其制亦可參本卷後文"笏"條。

[2]《魏略》：三國時魏郎中魚豢所撰，記魏國史事，原書已佚。《新唐書·藝文志二》載："《魏略》五十卷。"

纓，案《儀禮》曰："天子朱纓，諸侯丹組纓。"今冕，天子已下皆朱纓。又《尉繚子》曰：[1]"天子玄纓，諸侯素纓。"別尊卑也。今不用素，並從冠色焉。

[1]《尉繚子》：相傳爲戰國時雜家尉繚所撰。

佩，案《禮》，天子佩白玉。董巴、司馬彪云：[1]"君臣佩玉，尊卑有序，所以章德也。"今參用杜夔之法，[2]天子白玉，太子瑜玉，王山玄玉。自公已下，皆水蒼玉。

[1]司馬彪：人名。西晉史家，著有《續漢書》，其中有《輿服志》，今《後漢書》中的《輿服志》即取其文。傳見《晉書》卷八二。

[2]杜夔：漢末三國曹魏時人。擅長音律，魏文帝時爲太樂令、協律都尉。傳見《三國志》卷二九。

綬，案《禮》："天子玄組綬，侯伯朱組綬，大夫純組綬，世子綦組綬。"[1]《漢官》云："蕭何爲相國，[2]佩綠綬，公侯紫，卿二千石青，令長千石黑。"今大抵准此。天子以雙綬，六采，玄、黃、赤、白、縹、綠，純玄質，長二丈四尺，五百首，闊一尺；雙小綬，長二尺六寸，色同大綬，而首半之，間施四玉環。開皇用三，今加一。皇太子，朱雙綬，四采，赤、白、縹、紺，純朱質，長一丈八尺，三百二十首，闊九寸；雙小綬，長一尺六寸，色同大綬，而首半之，間施三玉環。

開皇用二，今加一。三公，綠綟綬，四采，綠、黃、縹、紫，純綠質，黃文織之，長一丈八尺，二百四十首，闊九寸，與親王綬，俱施二玉環。諸王，纁朱綬，四采，赤、黃、縹、紺，純朱質，纁文織之，長一丈八尺，二百四十首，闊九寸。公，玄朱綬，四采，赤、縹、玄、紺，純朱質，玄文織之，長一丈八尺，二百四十首，闊九寸。侯、伯，青朱綬，四采，青、赤、白、縹，純朱質，青文織，長一丈六尺，百八十首，闊八寸。子、男，素朱綬，三采，青、赤、白，純朱質，素文織之，長一丈四尺，百四十首，闊七寸。二品已上，纁紫綬，四采，纁、紫、赤、黃，純紫質，纁文織之，長一丈四尺，百四十首，闊八寸。[3]三品，紺紫綬，四采，紫、紺、黃、縹，純紫質，紺文織之，長一丈六尺，百八十首，闊八寸。四品，青綬，三采，青、白、紅，純青質，長一丈四尺，百四十首，闊七寸。五品，墨綬，二采，青、紺，純紺質，長一丈二尺，百二十首，闊六寸。自王公已下，皆有小綬二枚，色同大綬，而首半之。正、從一品，施二玉環。凡有綬者，皆有紛，並長六尺四寸，闊二寸四分，隨於綬色。

[1]"天子玄組綬"至"世子綦組綬"：語出《禮記·玉藻》。原文爲："天子佩白玉而玄組綬，公侯佩山玄玉而朱組綬，大夫佩水蒼玉而純組綬，世子佩瑜玉而綦組綬，士佩瓀玟而縕組綬。"綦，蒼白色或青黑色。

[2]蕭何：人名。西漢開國功臣。傳見《史記》卷五三、《漢書》卷三九。　相國：官名。初爲春秋戰國時期對輔政大臣的尊

稱。後漸成爲官稱，爲百官之長，與丞相略同而位稍尊。秦不置。漢魏晉南北朝不常置，位尊於丞相，職權品秩略同，非尋常人臣之位。

[3]長一丈四尺，百四十首：按，本條大業綬制“二品已上”綬長及首數低於“三品”，記載有誤。中華本未出注，中華書局新修訂本校勘記亦指出：“‘二品已上’綬長及首數，均低於下文‘三品’，疑有誤。”惜未做進一步考證。檢本卷前文隋初定令綬制：“正、從一品……長一丈八尺，二百四十首，廣九寸。從三品已上……長一丈六尺，百八十首，廣八寸”，且“正、從一品”綬長及首數與“公”同，“從三品已上”綬長及首數與“侯、伯”同。而本條前文亦載大業綬制：“公……長一丈八尺，二百四十首，廣九寸。侯、伯……長一丈六尺，百八十首，闊八寸”。疑本條“二品已上”綬長及首數恐爲“長一丈八尺，二百四十首，廣九寸”之誤。又唐沿隋制，《舊唐書·輿服志》載百官綬制：“一品……長一丈八尺，二百四十首，廣九寸。”“二品、三品……長一丈六尺，百八十首，廣八寸。”亦可資參考。

鞶囊，案《禮》：“男鞶革，女鞶絲。”[1]《東觀書》：[2]“詔賜鄧遵獸頭鞶囊一枚。”[3]班固《與弟書》：“遺仲升獸頭旁囊，金錯鉤也。”[4]古佩印皆貯懸之，故有囊稱。或帶於旁，故班氏謂爲旁囊，綬印鈕也。今雖不佩印，猶存古制，有佩綬者，通得佩之。無佩則不。今採梁、陳、東齊制，品極尊者，以金織成，二品以上服之。次以銀織成，三品已上服之。下以綖織成，[5]五品已上服之。分爲三等。

[1]男鞶革，女鞶絲：語出《禮記·內則》。

〔2〕《東觀書》：書名。即《東觀漢記》。

〔3〕鄧遵：人名。東漢將領。事見《後漢書》卷五《孝安帝紀》及卷八七《西羌傳》。

〔4〕金錯：古代金屬工藝之一。用黃金在器物上塗飾或鑲嵌文字或花紋。

〔5〕緩：通"綖"。按，隋文帝時五品鞶囊以"彩緩"。

革帶，案《禮》"博二寸"。《禮圖》曰："璲綴於革帶。"阮諶以爲有章印則於革帶佩之。[1]《東觀記》："楊賜拜太常，[2]詔賜自所著革帶。"故知形制尊卑不別。今博三寸半，加金縷鰈，螳蜋鈎，以相拘帶。自大裘至于小朝服，皆用之。

〔1〕阮諶：人名。東漢時人。造《三禮圖》傳於世。事略見《三國志》卷一六《魏書‧杜恕傳》。

〔2〕楊賜：人名。東漢熹平四年（175）拜太常，漢靈帝賜御府衣一襲，自所服冠幘綬，玉壺革帶，金錯鈎佩。傳見《後漢書》卷五四。　太常：官名。即九卿之一的太常卿。

劍，案漢自天子至于百官，無不佩刀。蔡謨議云：[1]"大臣優禮，皆劍履上殿。非侍臣，解之。"蓋防刃也。近代以木，未詳所起。東齊著令，謂爲象劍，[2]言象於劍。周武帝時，百官燕會，並帶刀升座。至開皇初，因襲舊式，朝服登殿，亦不解焉。十二年，因蔡徵上事，[3]始制凡朝會應登殿坐者，劍履俱脫。其不坐者，敕召奏事及須升殿，亦就席解劍乃登。納言、黃門、內史令、侍郎、舍人，既夾侍之官，則不脫。其劍皆真刃，非假。既合舊典，弘制依定。又准晉咸康元年定令故事，[4]自天子已下，皆衣冠帶劍。今天子則玉具火珠鏢首，餘皆玉鏢首。唯侍臣帶劍上殿，自王公已下，非殊禮引升殿，皆就席解而後升。六品以下，無佩綬者，皆不帶。

[1]蔡謨：人名。晉成帝司馬衍時拜太傅、太尉、司空等職。傳見《晉書》卷七七。

[2]象劍：木劍。

[3]蔡徵：人名。南朝陳後主時官任中領軍。傳見《陳書》卷二九，《南史》卷六八有附傳。

[4]咸康：東晉成帝司馬衍年號（335—342）。

曲領，案《釋名》，在單衣內襟領上，橫以雍頸。七品已上有內單者則服之，從省服及八品已下皆無。

珽，[1]案《禮》："天子搢珽，方正於天下也。"[2]又《五經異義》：[3]"天子笏曰珽，珽直無所屈也。"今制准此，長尺二寸，方而不折。以球玉爲之。

[1]珽：帝王所持的玉笏。

[2]天子搢珽，方正於天下也：語出《禮記·玉藻》。

[3]《五經異義》：書名。東漢許慎撰，述今文與古文經學異同，已亡佚。本書《經籍志一》載有："《五經異義》十卷，後漢太尉祭酒許慎撰。"

笏，案《禮》："諸侯以象，大夫魚須文竹，士以竹，本象可也。"[1]凡有指畫於君前，受命書於笏，笏畢用也。《五經要義》曰：[2]"所以記事，防忽忘。"《禮圖》云："度二尺有六寸，中博二寸，[3]其殺六分去一。"[4]晋、宋以來，謂之手板，此乃不經，今還謂之笏，以法古名。自西魏以降，五品已上，通用象牙，六品已下，兼用竹木。

[1]"諸侯以象"至"本象可也"：語出《禮記·玉藻》。魚須文竹，竹飾以鯊魚鬚紋，一說鯊魚皮紋。

[2]《五經要義》：本書《經籍志一》載有："《五經要義》五卷，梁十七卷，雷氏撰。"

[3]二寸：《禮記·玉藻》載爲"三寸"，故《禮圖》恐非古制。

[4]殺：猶"杼"，削薄、削尖。《周禮·考工記·玉人》賈公彦疏云："謂於三尺圭上除六寸之下兩畔殺去之，使已上爲椎頭。"

履、舄，案《圖》云："複下曰舄，[1]單下曰履。夏葛冬皮。"近代或以重皮，而不加木，失於乾腊之義。今取乾腊之理，[2]以木重底。冕服者色赤，冕衣者色烏，履同烏色。諸非侍臣，皆脱而升殿。凡舄，唯冕服及具服著之，履則諸服皆用。唯褶服以靴。靴，胡履也，取便於事，施於戎服。

[1]複下：鞋重底。

[2]乾腊之理：指不畏泥濕。晋人崔豹《古今注·輿服》："舄，以木置履下，乾腊不畏泥濕也。"

諸建華、鷄翹、鶡冠、委貌、長冠、樊噲、却敵、巧士、術氏、却非等，[1]前代所有，皆不採用。

[1]建華、鶡（jùn）𪄳（yí）、鷸冠、委貌、長冠、樊噲、却敵、巧士、術氏、却非：冠名。以上均爲東漢明帝永平二年恢復興服制度以來，所立之冠制，隋未采用，故不出注。其具體形制參《續漢書·興服志》。

皇后服四等，有褘衣、鞠衣、青服、朱服。

褘衣，深青質，織成領袖，文以翬翟，五采重行，十二等。首飾，花十二鈿，[1]小花耗十二樹，并兩博鬢。素紗内單，黼領，羅縠褾、襈，色皆以朱。蔽膝隨裳色，以緅爲緣，用翟三章。大帶隨衣裳，飾以朱緑之錦，青緣。革帶，青襪、舄，舄以金飾。白玉佩，玄組，綬，章采尺寸同於乘輿。祭及朝會，凡大事皆服之。

[1]鈿：以金翠珠寶製成花形首飾。

鞠衣，黃羅爲質，織成領袖，小花十二樹。蔽膝，革帶及舄，隨衣色。餘准褘衣，親蠶服也。

青服，去花、大帶及佩綬，金飾履。禮見天子則服之。

朱服，制如青服。宴見賓客則服之。

有金璽，盤螭鈕，文曰“皇后之璽”。冬正大朝，則并黃琮，各以笥貯，進於座隅。

皇太后服，同於后服。而貴妃以下，並亦給印。

貴妃、德妃、淑妃，是爲三妃。[1]服褕翟之衣，首飾花九鈿，并二博鬢。金章龜鈕，文從其職。紫綬，一百二十首，長一丈七尺，金縷織成，獸頭鞶囊，佩于闐玉。

[1]三妃：此爲隋煬帝後宮嬪妃，亦稱三夫人。正一品。參本書卷三六《后妃傳》。

順儀、順容、順華、修儀、修容、修華、充儀、充容、充華，是爲九嬪。[1]服鞠翟之衣，首飾花八鈿，并二博鬢。金章龜鈕，文從其職。紫綬，一百首，長一丈七尺，金縷織成，獸頭鞶囊，佩采璊玉。

[1]九嬪：此爲隋煬帝後宮嬪妃。正二品。參本書卷三六《后妃傳》。

婕妤，[1]銀縷織成，獸頭鞶囊，首飾花七鈿。他如嬪服。

[1]婕妤：隋煬帝後宮嬪妃，設十三人。正三品。參本書卷三六《后妃傳》。

美人、才人，[1]服鞠衣，首飾花六鈿，并二博鬢。銀印珪鈕，文從其職。青綬，八十首，長一丈六尺。綵縷織成，獸爪鞶囊，佩水蒼玉。

[1]美人、才人：隋煬帝後宮嬪妃，各設十五人，是爲世婦。正四品。參本書卷三六《后妃傳》。

寶林，[1]服展衣，[2]首飾花五鈿，并二博鬢。銀印環鈕，文如其職。艾綬，[3]八十首，長一丈六尺。鞶囊，佩玉，同於婕妤。

[1]寶林：隋煬帝後宮嬪妃，設二十四人。正五品。參本書卷三六《后妃傳》。

[2]展衣：古王后六服之一，後亦爲世婦及卿大夫妻之命服。色白。展，通“襢”。《周禮·天官·內司服》：“掌王后之六服：褘衣、揄狄、闕狄、鞠衣、展衣、緣衣。素沙。”鄭玄注引鄭司農云：“展衣，白衣也。”一説展衣色赤。

[3]艾綬：綠色絲帶，顏色似艾草。

承衣刀人、采女，[1]皆服褖衣，[2]無印綬。參准宋泰始四年及梁、陳故事，增損用之。

[1]承衣刀人：隋煬帝後宮嬪妃，趨侍左右，員數不定。視六品以下。參本書卷三六《后妃傳》。　采女：隋煬帝後宮嬪妃，是爲女御，設三十七人。正七品。參本書《后妃傳》。

[2]褖（tuàn）衣：爲古王后燕居或進御時所穿之服，後亦爲世婦及卿大夫妻之命服。按，《周禮·天官·內司服》作“緣衣”，東漢鄭玄注：“此緣衣者，實作褖衣也。褖衣，御于王之服，亦以燕居。”阮元校勘記：“唐石經諸本同。《釋文》：‘緣衣，或作褖，同。’”又《儀禮·士喪禮》“褖衣”條鄭玄注：“黑衣裳赤緣謂之褖，褖之言緣也，所以表袍者也。”

皇太子妃，服褕翟之衣，青質，五采織成爲搖翟，以備九章。首飾花九鈿，并二博鬢。金璽龜鈕，文如其職。素紗内單，黼領，羅褾、襈，色皆用朱，蔽膝二章。大帶，同褘衣，青綠革帶，朱襪，青舄，舄加金飾。佩瑜玉，纁朱綬，一百六十首，長二丈，獸頭鞶囊，凡大禮見皆服之。唯侍親桑，則用鞠衣之服，花鈿佩綬，與褕衣同。准宋孝建二年故事而增損之。

良娣，鞠衣之服，銀印珪鈕，文如其職。佩采瓄玉，青綬，八十首，長一丈六尺，獸爪鞶囊。餘同世婦。

保林、八子，展衣之服，銅印環鈕，文如其職。佩水蒼玉，艾綬，八十首，長一丈六尺，獸爪鞶囊。自良娣等，准宋大明六年故事而損益之。[1]

[1]大明：南朝宋孝武帝劉駿年號（457—464）。

諸王太妃、妃、長公主、公主、三公夫人、一品命婦，褕翟之服，繡爲九章。首飾花九鈿，佩山玄玉，獸頭鞶囊。綬同夫色。

公夫人，縣主、二品命婦，亦服褕翟，繡爲八章。首飾八鈿。侍從親桑，同用鞠衣。自此之下，佩皆水蒼玉。

侯、伯夫人、三品命婦，亦服褕翟，繡爲七章。首飾七鈿。

子夫人、四品命婦，服闕翟之衣，刻赤繒爲翟，綴於服上，以爲六章。首飾六鈿。

男夫人、五品命婦，亦服闕翟之衣，刻繒爲翟，綴於服上，以爲五章。首飾五鈿。若當從侍親桑，皆同鞠衣。

議既定，帝幸修文殿覽之，[1]乃令何稠、起部郎閻毗等造樣上呈。[2]二年總了，始班行焉，軒冕之盛，貫古今矣。

[1]修文殿：隋宮殿名。舊址不詳。據《通鑑》卷一八二《隋紀》大業十一年春正月條記東都有修文殿。

[2]起部郎：官名。隋煬帝改尚書工部侍郎爲起部郎，掌貳尚書之職。正六品。　閻毗：人名。傳見本書卷六八，《北史》卷六一有附傳。

三年正月朔旦，大陳文物。時突厥染干朝見，慕之，請襲冠冕。帝不許。明日，率左光禄大夫、褥但特勤阿史那職御，左光禄大夫、特勤阿史那伊順，右光禄大夫、意利發史蜀胡悉等，並拜表，固請衣冠。帝大悦，謂弘等曰：“昔漢制初成，方知天子之貴。今衣冠大備，足致單于解辮，此乃卿等功也。”弘、愷、善心、世基、何稠、閻毗等賜帛各有差，並事出優厚。

是後師旅務殷，車駕多行幸。百官行從，唯服袴褶，而軍旅間不便。至六年後，詔從駕涉遠者，文武官等皆戎衣。貴賤異等，雜用五色。五品已上，通著紫袍，六品已下，兼用緋緑，胥吏以青，庶人以白，屠商以皂，士卒以黄。

卓彼上天，宮室混成，玄戈居其左，[1]上將居其

右,[2]弧矢揚威,[3]羽林置陳。[4]《易》曰:"天垂象,聖
人則之。"[5]昔軒轅氏之有天下也,[6]以師兵爲營衞,[7]
降至三代,其儀大備。西漢武帝,[8]每上甘泉,[9]則列鹵
簿,車千乘,騎萬匹。其居前殿,則植戟懸楯,以戒不
虞。其所由來者尚矣。

[1]玄戈:古星名。亦稱玄弋,傳其位於天帝左邊。

[2]上將:古星名。傳其位於天帝右邊。

[3]弧矢:古星名。又名天弓,屬井宿,簡稱弧。共九星,在
天狼星東南,八星如弓形,外一星象矢,分屬於大犬、南船兩
星座。

[4]羽林:古星名。《史記·天官書》:"北宮玄武,虛、危……
其南有衆星,曰羽林天軍。"

[5]天垂象,聖人則之:語出《易·繫辭上》。垂象,顯示
徵兆。

[6]軒轅氏:即黄帝,號軒轅氏。詳見《史記》卷一《五帝本
紀》。

[7]師兵:指軍隊。

[8]西漢武帝:即漢武帝劉徹。紀見《漢書》卷六。

[9]甘泉:宮名。甘泉宮。故址在今陝西淳化縣西北甘泉山。
本秦宮。漢武帝增築擴建,在此朝諸侯王,饗外國客;夏日亦作避
暑之處。

梁武受禪于齊,[1]侍衞多循其制。正殿便殿閣及諸
門上下,各以直閤將軍等直領。[2]又置刀鈒、御刀、御
楯之屬,[3]直御左右。兼有御仗、鋌矟、赤氅、角抵、
勇士、青氅、衞仗、長刀、刀劍、細仗、羽林等左右二

百七十六人，以分直諸門。行則儀衛左右。又有左右夾轂、蜀客、楯劍、格獸羽林、八從游蕩、十二不從游蕩、直從細射、廉察、刀戟、腰弩、大弩等隊，凡四十九隊，亦分直諸門上下。行則量為儀衛。東西掖、端、大司馬、東西華、承明、大通等門，[4]又各二隊，及防殿三隊，雖行幸不從。又有八馬游蕩、馬左右夾轂、左右馬百騎等各二隊，及騎官、閱武馬容、雜伎馬容及左右馬騎直隊，行則侍衛左右，分為警衛。車駕晨夜出入及涉險，皆作函。[5]鹵簿應宿衛軍騎，皆執兵持滿，[6]各當其所保護方面。天明及度險，乃奏解函，撾鼓而依常列。

[1]梁武：指南朝梁武帝蕭衍。紀見《梁書》卷一至三，《南史》卷六、七。

[2]直閤將軍：官名。亦稱朱衣直閤將軍，簡稱朱衣直閤。掌宮內侍衛，屬中領軍（領軍將軍），為皇帝親信。南朝梁位十班。

[3]刀鈝：本指一種長柄大鐮刀，此指執此刀的衛士。本卷儀仗之制大體同此，以武器裝備名代指相應的衛士或衛隊。　御楯：儀仗中的盾牌，此指執盾衛士。

[4]東西掖：宮闕南門東、西兩側旁門。　端：端門，宮殿正南門。　大司馬：天子宮門。　東西華：此指東華門與西華門，宮城東西門。　承明：古代天子左右路寢，亦稱正寢或正廳，因承接明堂之後，故稱。　大通：宮殿南門之一。

[5]函：指密布周圍，形成保衛圈。

[6]持滿：指箭上弦。

乘輿行則有大駕、法駕、小駕。[1]大駕以郊饗上天，臨馭九伐。法駕以祭方澤，祀明堂，奉宗廟，藉千畝。小駕以敬園陵，親蒐狩。大駕則公卿奉引，大將軍驂乘，[2]太僕馭。[3]法駕、小駕，皆侍中驂乘，奉車郎馭，[4]公卿不引。其餘行幸，送往勞旋，則槊仗。近宴則隊仗。三駕法天，二仗法地，其動也參天而兩地也。陳氏承梁，亦無改革。

[1]大駕：天子出行儀仗隊的一種。天子出行的車駕以第分大駕、法駕、小駕三種，其儀衛繁簡各有不同，規模最大者爲大駕。漢蔡邕《獨斷》："大駕則公卿奉引，大將軍參乘，太僕御，屬車八十一乘，備千乘萬騎。"　法駕：天子出行儀仗隊的一種。地位次於大駕。漢蔡邕《獨斷》云："法駕上所乘，曰金根車，駕六馬，有五時副車，皆駕四馬，河南尹、執金吾、洛陽令奉引，侍中參乘，奉車郎御，屬車三十六乘。"後歷代多參襲漢制。　小駕：古時帝王車駕之一。地位次於法駕，較大駕、法駕減損部分車馬儀仗。多在祠宗廟或行凶禮時用之。

[2]大將軍：官名。爲將軍最高稱號。南朝梁十八班。　驂乘：亦稱參乘，陪乘。古代乘車，尊者在左，御者在中，一人在右陪坐，稱"參乘"或"車右"。

[3]太僕：官名。太僕卿，爲十二卿之一，掌皇帝專用車馬。南朝梁位十班。

[4]奉車郎：官名。奉車郎之名乃沿用古稱，南朝梁置奉車都尉，掌御乘輿車，以宗室、外戚任之，爲三都尉之一。

齊文宣受禪之後，[1]警衛多循後魏之儀。及河清中定令，[2]宮衛之制：[3]左右各有羽林郎十二隊。[4]又有持鈒隊、鋋槊隊、長刀隊、細仗隊，楯鎩隊、雄戟隊、格獸隊、赤鼇隊、角抵隊、羽林隊、步游蕩隊、馬游蕩隊。又左右各武賁十隊：[5] 左右翊各四隊，又步游蕩、馬游蕩，左右各三隊，是爲武賁。又有直從武賁，左右各六隊，在左者爲前驅隊，在右者爲後拒隊。又有募員武賁隊、強弩隊，左右各一隊。[6] 在左者皆左衛將軍總之，在右者皆右衛將軍總之，以備警衛。其領軍、中領將軍，[7] 侍從出入，則著兩襠甲，手執檉杖。左右衛將軍、將軍則兩襠甲，[8] 手執檀杖。侍從左右，則有千牛備身、左右備身、刀劍備身之屬，[9] 兼有武威、熊渠、鷹揚等備身三隊，皆領左右將軍主之，宿衛左右，而戎服執仗。兵有斧、鉞、弓、箭、刀、矟，旌旗皆囊首，[10] 五色節文，旆悉赭黃。天子御正殿，唯大臣夾侍，兵仗悉在殿下。郊祭鹵簿，則督將平巾幘，緋衫甲，大口袴。

[1] 齊文宣：北齊文宣帝高洋。紀見《北齊書》卷四、《北史》卷七。

[2] 河清：北齊武成帝高湛年號（562—565）。

[3] 宮衛之制：此句後中華本標點爲逗號。張金龍認爲應用冒號。其推論云：從上下文記事看，"宮衛之制"是指下文大量的有關事項，即從"左右各有羽林郎十二隊"至段末。中華本標點顯然容易造成北齊宮衛之制僅指左右各有羽林郎十二隊的誤會（參見張金龍《魏晉南北朝禁衛武官制度研究》，中華書局 2004 年版，第819 頁）。所言是，今從改。

[4] 羽林郎：禁衛軍名。漢武帝初設，歷代均設。

[5] 又左右各武賁十隊：此句後中華本標點爲逗號。張金龍認爲應用冒號。其推論云：其下"左右翊各四隊，又步游蕩、馬游

蕩，左右各三隊，是爲武賁”顯然是指又左右各武賁十隊，否則左、右翊無所指，“是爲武賁”又與前面“又左右各武賁十隊”重複。中華本標點使得此條中多出二十隊衛隊（左右各十隊）（參見張金龍《魏晉南北朝禁衛武官制度研究》，第819頁）。所言是，今從改。武賁，即虎賁，避唐諱改。勇士之稱。

[6]左右各一隊：此句後中華本標點作逗號，亦左、右衛將軍所總僅指“募員武賁隊、强弩隊，左右各一隊”，張金龍認爲當用句號。後句所言“在左者皆左衛將軍總之，在右者皆右衛將軍總之”，所指乃從“左右各有羽林郎十二隊”至“募員武賁隊、强弩隊，左右各一隊”所有宮廷衛隊皆有左、右將軍統領。因此，後文左、右衛將軍後各有“皆”字修飾（參見張金龍《魏晉南北朝禁衛武官制度研究》，第820頁）。今從改。

[7]領軍：官名。即領軍將軍。北齊領軍府，將軍一人，掌禁衛宮掖。朱華閤外，凡禁衛官，皆主之。輿駕出入，督攝仗衛。從二品。　中領將軍：官名。職掌與領軍將軍同。正三品。

[8]左右衛將軍、將軍：張金龍認爲此處恐有脱漏，似應爲“左右衛將軍、武衛將軍”。其推論爲：“北齊禁衛武官制度中，左、右衛將軍之下有武衛將軍，本段令文中獨無武衛將軍，極不合理，而在‘左、右衛將軍’之後又出現一‘將軍’無從歸屬，故極有可能爲武衛將軍。”（參見張金龍《魏晉南北朝禁衛武官制度研究》，第819頁）左右衛將軍，官名。北齊左、右衛府各設將軍一人，掌宮掖禁禦，督攝杖衛。正三品。武衛將軍，官名。佐左、右衛將軍掌宮掖禁禦。從三品。

[9]刀劍備身之屬：此句中華本標點作“……刀劍備身之屬。兼有武威……”。張金龍認爲：如此使得後文“皆領左右將軍主之”，僅指“武威、熊渠、鷹揚等備身三隊”，而不包括“千牛備身、左右備身、刀劍備身之屬”，使得領左右將軍的主要部屬與其脱離關係。當用逗號（參見張金龍《魏晉南北朝禁衛武官制度研究》，第820頁）。今從改。

[10]囊首：指旌旗上端罩以布袋。

後周警衛之制，置左右宮伯，[1]掌侍衛之禁，各更直於內。小宮伯貳之。[2]臨朝則分在前侍之首，並金甲，各執龍環金飾長刀。行則夾路車。[3]左右中侍，[4]掌御寢之禁，皆金甲，左執龍環，右執獸環長刀，並飾以金。次左右侍，[5]陪中侍之後，並銀甲，左執鳳環，右執麟環長刀。次左右前侍，[6]掌御寢南門之左右，並銀甲，左執師子環，右執象環長刀。次左右後侍，[7]掌御寢北門之左右，並銀甲，左執犀環，右執兕環長刀。左右騎侍，[8]立於寢之東、西階，並銀甲，左執羆環，右執熊環長刀，十二人兼執師子彤楯，[9]列左右侍之外。自左右侍以下，刀並以銀飾。左右宗侍，[10]陪左右前侍之後，夜則衛於寢庭之中，皆服金塗甲，左執豹環，右執貔環長刀，並金塗飾，十二人兼執師子彤楯，列於左右騎侍之外。自左右中侍已下，皆行則兼帶黃弓矢，巡田則常服，帶短刀，如其長刀之飾。左右庶侍，[11]掌非皇帝所御門閣之禁，並服金塗甲，左執獬豸環，右執獜環長劍，並金飾，十二人兼執師子彤楯，列於左右宗侍之外。行則兼帶皓弓矢。左右勳侍，[12]掌陪左右庶侍而守出入，則服金塗甲，左執吉良環，右執狰環長劍，十二人，兼執師子彤楯，列於左右庶侍之外。行則兼帶盧弓矢，巡田則與左右庶侍俱常服，佩短劍，如其長劍之飾。諸侍官，大駕則俱侍，中駕及露寢半之，[13]小駕三分之一。

[1]左右宮伯：官名。即左、右宮伯中大夫，各一人，掌侍衛之禁。北周正五命。

[2]小宮伯：官名。即左、右小宮伯下大夫。北周正四命。

[3]行則夾路車：此句中華本標點作"行則夾路車左右。中侍"。張金龍認爲：中侍前之"左右"，是指中侍分左、右，而非路車之左右，這從其下文載"左執龍環，右執獸環長刀"可得證實。又其長官宮伯分左右，其後諸"侍"（左、右侍，左、右前侍，左、右後侍，左、右騎侍，左、右宗侍，左、右庶侍，左、右勳侍）皆分左、右，則中侍必定亦分左、右。所言是。又檢王仲犖《北周六典》卷二《天官府第七》亦有"左右中侍上士"（參見張金龍《魏晉南北朝禁衛武官制度研究》，第943頁）。今從改。

[4]左右中侍：官名。北周置左、右中侍上士，掌御寢之禁，皇帝出巡及臨朝，亦隨從護衛。正三命。

[5]左右侍：官名。即左、右侍上士。北周正三命。

[6]左右前侍：官名。即左、右前侍中士。北周正二命。

[7]左右後侍：官名。即左、右後侍中士。北周正二命。

[8]左右騎侍：官名。即左、右騎侍下士。北周正一命。

[9]十二人兼執師子彤楯：此句中華本標點作"十二人，兼執師子彤楯"。（以下左右宗侍、左右庶侍、左右勳侍，考證同此條，不再出注。）張金龍認爲應作"十二人兼執師子彤楯"，考證如下：如以中華本標點，"十二人"主要修飾前面文字，左右騎侍員額爲十二人，且他們皆"兼執師子彤楯"。張金龍認爲這樣理解大概是有問題的：首先左右之前諸職（左右侍、中侍、前侍、後侍）均爲載員額，體例不合；其次，如十二人確爲左右騎侍編制，則"執師子彤楯"可不用"兼"字（參見張金龍《魏晉南北朝禁衛武官制度研究》，第943頁）。所言是，今從改。

[10]左右宗侍：官名。即左、右宗侍下士。北周正一命。

[11]左右庶侍：官名。即左、右庶侍下士。北周正一命。

[12]左右勳侍：官名。即左、右勳侍下士。北周正一命。

[13]露寢：當爲路寢，天子正寢。

左右武伯，[1]掌内外衛之禁令，兼六率之士。[2]皇帝臨軒，則備三仗於庭，服金甲，執金釦杖，立於殿上東、西階之側。行則列兵於帝之左右，從則服金甲，被繡袍。左右小武伯各二人，[3]貳之，服執同於武伯，分立於大武伯下及露門之左右塾。[4]行幸則加錦袍。左右武賁率，掌武賁之士，[5]其隊器服皆玄，以四色飾之，各總左右持鈒之隊。皇帝臨露寢，則立於左右三仗第一行之南北。出則分在隊之先後。其副率貳之。左右旅賁率，[6]掌旅賁士，其隊器服皆青，以朱爲飾，立於三仗第二行之南北。其副率貳之。左右射聲率，[7]掌射聲之士，[8]其器服皆朱，以黄爲飾，立於三仗第三行之南北。其副率貳之。左右驍騎率，[9]掌驍騎之士，器服皆黄，以皓爲飾，立於三仗第四行之南北。其副率貳之。左右羽林率，[10]掌羽林之士，其隊器服皆皓，以玄爲飾，立於三仗第五行之南北。其副率貳之。左右游擊率，[11]掌游擊之士，其器服皆玄，以青爲飾。其副率貳之。武賁已下六率，通服金甲師子文袍，執銀釦檀杖。副率通服金甲獸文袍。各有倅長、帥長，[12]相次陪列。行則引前。倅長通服銀甲豹文袍，帥長通服銀甲鶡文袍。自副率已下，通執獸環銀飾長刀。凡大駕則盡行，中駕及露寢則半之，小駕半中駕。常行軍旅，則衣色尚烏。

[1]左右武伯：官名。即左、右武伯中大夫。各一人，掌内外衛之禁令。北周正五命。

　　〔2〕六率：即本段後文所云：左右武賁率、左右旅賁率、左右射聲率、左右驍騎率、左右羽林率、左右游擊率。

　　〔3〕左右小武伯：官名。即左、右小武伯下大夫。北周正四命。

　　〔4〕露門：亦作路門，天子五門之一，宮室最内之正門。

　　〔5〕左右武賁率，掌武賁之士：此句中華本標點作"左右武賁，率掌武賁之士"。（以下左右旅賁率、左右射聲率、左右驍騎率、左右羽林率、左右游擊率，考證同此條，不再出注）據上文"兼六率之士"，及下文"武賁已下六率，通服金甲師子文袍"，知此應爲"左右武賁率"（參見張金龍《魏晋南北朝禁衛武官制度研究》，第944頁）。左右武賁率，官名。左、右武賁率上士，武賁即虎賁，避唐諱改。北周正三命。

　　〔6〕左右旅賁率：官名。即左、右旅賁率上士。北周正三命。

　　〔7〕左右射聲率：官名。即左、右射聲率上士。北周正三命。

　　〔8〕射聲：指射技精良之士。

　　〔9〕左右驍騎率：官名。即左、右驍騎率上士。北周正三命。

　　〔10〕左右羽林率：官名。即左、右羽林率上士。北周正三命。

　　〔11〕左右游擊率：官名。即左、右游擊率上士。北周正三命。

　　〔12〕倅長：官名。即倅長中士，六率均設。北周正二命。　帥長：官名。即帥長下士，六率均設。北周正二命。

　　高祖受命，因周、齊宮衛，微有變革。戎服臨朝大仗，則領左右大將軍二人，〔1〕分在左右厢。左右直寢、左右直齋、左右直後、千牛備身、左右備身等，〔2〕夾侍供奉於左右及坐後。左右衛大將軍、左右直閤將軍、以次左右衛將軍，〔3〕各領儀刀，爲十二行。内四行親衛，〔4〕行別以大都督領。〔5〕次外四行勳衛，〔6〕以帥都督領。〔7〕次外四行翊衛，〔8〕以都督領。〔9〕行各二人執金花師子、楯、猨刀。一百四十人，分左右，帶橫刀。後監門直長十二人，[10]左青龍旗，右白獸旗。左右武衛開府，[11]各領三仗六行，在大仗内，行別六十人，大都督一人領之，帥都督一人後之。大駕則執黃麾仗。其次戟二十四，左青龍幢，右白獸幢，畢各一，鈒金二十四，金節十二道，蓋獸，又絳引幡，朱幢，爲持鈒前隊，應蹕，大都督二人領之，在御前横街南。左右武衛大將軍，[12]領大仗左右厢，各六行，行別三百六十人，大都督一人領之。

[1]左右大將軍：官名。隋初中央十二衛有左右領左右府，各置大將軍一人，左領左右大將軍與右領左右大將軍。掌領侍衛皇帝左右的親信禁軍，供御兵仗。正三品。

[2]左右直寢：官名。左右衛直寢。隋初於左右衛各置十二員，掌宿衛侍從。從五品上。　左右直齋：官名。左右衛直齋。隋初於左右衛各置十五員，掌宿衛侍從。從五品下。　左右直後：官名。左右衛直後。隋初於左右衛各置直閤將軍十五員爲屬官，掌宿衛侍從。從六品下。　千牛備身：官名。隋初於左右領左右府各置千牛備身十二人，掌執千牛刀宿衛皇帝。正六品下。　左右備身：官名。亦稱備身左右，隋初於左右領左右府各置備身左右十二人，掌供御弓箭。正六品下。

[3]左右衛大將軍：官名。隋初中央十二衛有左右衛，各置大將軍一人，掌宮掖禁禦，督攝仗衛。正三品。　左右直閤將軍：官名。隋初左右衛各置直閤將軍六人爲屬官，掌宿衛侍從。從四品。　左右衛將軍：官名。隋初左、右衛各置左、右衛將軍二員爲副長官。從三品。

[4]親衛：此指左右衛下屬之親衛所領皇帝親信侍從。

[5]大都督：官名。隋爲散實官。隋文帝沿改北周之制形成十一等散實官，大都督位第九等。正六品上。煬帝大業三年罷。

[6]勳衛：此指左右衛下屬之勳衛所領皇帝親信侍從。

　　[7]帥都督：官名。隋爲散實官。隋文帝沿改北周之制形成十一等散實官，帥都督位第十等。從六品上。煬帝大業三年罷。

　　[8]翊衛：此指左右衛下屬之翊衛所領皇帝親信侍從。

　　[9]都督：官名。隋爲散實官。隋文帝沿改北周之制形成十一等散實官，都督位第十一等。正七品下。

　　[10]左右監門府直長：官名。左右監門府直長。隋於左右監門府置三十員爲屬官，在長官統領下掌宮殿門禁及守衛事。正七品下。

　　[11]左右武衛開府：官名。隋初設左右武衛府，掌領外軍宿衛宮禁。其開府同左右衛開府。

　　[12]左右武衛大將軍：官名。隋初設左右武衛府，各置大將軍一員爲長官，總府事，掌領外軍宿衛宮禁。正三品。

　　及大業四年，煬帝北巡出塞，行宮設六合城。[1]方一百二十步，高四丈二尺。[2]六合，以木爲之，方六尺，[3]外面一方有板，離合爲之，塗以青色。疊六板爲城，高三丈六尺，上加女墻，板高六尺。[4]開南北門。又於城四角起樓敵二，[5]門觀、門樓檻皆丹青綺畫。又造六合殿、千人帳，載以槍車，車載六合三板。其車軨解合交叉，即爲馬槍。每車上張幕，幕下張平一弩，傅矢，五人更守。兩車之間，[6]施車軨馬槍，皆外其轅，以爲外圍。次內布鐵菱，次內施蟄鞬。[7]每一蟄鞬，中施弩床，長六尺，闊三尺。床桃陛插鋼錐，皆長五寸，謂之蝦鬚。皆施機關，張則錐皆外向。其床上施旋機弩，以繩連弩機，人從外來，觸繩則弩機旋轉，向觸所而發。其外又以矰周圍行宮，[8]二丈一鈴一柱，柱舉矰，去地二尺五寸。當行宮南北門，施槌磬，連矰，以機發之。有人觸矰，則衆鈴發響，[9]槌擊兩磬，以知所警，名爲擊警。

[1]六合城：一種行軍所用的活動木城。

[2]方一百二十步，高四丈二尺：《通鑑》卷一八一《隋紀》大業四年三月乙丑條載司馬光《考異》引《雜記》云："帝幸啓民帳時造行城，周二千步，高二十餘丈。"

[3]六尺：《通鑑》卷一八一《隋紀》大業四年三月乙丑條胡三省注作"一尺"。

[4]上加女墻，板高六尺：此句中華本標點作"上加女墻板，高六尺"。按，女墻，指城上開有射孔的小墻，此以木板爲之。故將頓號斷在"女墻"後，更妥。

[5]樓敵：城上瞭望敵情的高樓。

[6]間：底本作"門"，據中華本改。

[7]蟄鞬：暗藏的盛弓矢器具。

[8]矰：短箭。

[9]響：底本、汲古閣本原作"饗"，殿本、庫本、中華本作"響"，據文意當是後者，今據改。

八年征遼，又造鈎陳，[1]以木板連如帳子。張之則綺文，卷之則直焉。帝御營與賊城相對，夜中設六合城，周迴八里。城及女垣合高十仞，[2]上布甲士，立仗建旗。又四隅有闕，面別一觀，觀下開三門。其中施行殿，[3]殿上容侍臣及三衛仗，[4]合六百人。一宿而畢，望之若真，高麗旦忽見，謂之爲神焉。

[1]鈎陳：一種用以防衛的儀仗。

[2]女垣：即女墻，城墻上砌有射擊小孔的小墻。

[3]行殿：可移動的宮殿。

[4]三衛：官署名合稱。隋初左、右衛各統親衛、勳衛、翊衛，合簡稱“三衛”。煬帝大業三年改左右衛爲左、右翊衛，並改原左右衛所統的三衛爲親侍、勳侍、翊侍，合簡稱“三侍”。按，此爲大業八年事，“三衛”當爲“三侍”。

隋書　卷一三

志第八

音樂上

　　夫音本乎太始，[1]而生於人心，隨物感動，[2]播於形氣。[3]形氣既著，協於律吕，[4]宮商克諧，[5]名之爲樂。樂者，樂也。[6]聖人因百姓樂己之德，正之以六律，文之以五聲，[7]詠之以九歌，[8]舞之以八佾。[9]實升平之冠帶，王化之源本。[10]《記》曰：[11]"感於物而動，故形於聲。"夫人者，兩儀之播氣，[12]而性情之所起也，恣其流湎，[13]往而不歸。是以五帝作樂，三王制禮，摽舉人倫，[14]削平淫放。其用之也，動天地，感鬼神，格祖考，[15]諧邦國。樹風成化，象德昭功，啓萬物之情，通天下之志。若夫升降有則，宮商垂範。禮踰其制，則尊卑乖，樂失其序，則親疏亂。禮定其象，樂平其心，外敬内和，合情飾貌，猶陰陽以成化，若日月以爲明也。

　　[1]太始：天爲萬物之始，故曰太始。《史記·樂書》："樂著太

始。”《正義》：“著，猶處也。天爲萬物之始，故曰太始。”

[2]生於心，隨物感動：《史記·樂書》：“凡音之起，由人心生也；人心之動，物使之然也。感於物而動，故形於聲。”《正義》：“物者，外境也。外有善惡來觸於心，則應觸而動，故云物使之然也。”

[3]播於形氣：人之精神、靈感的活動。播，有揚之意，又與“簸”通，故，《説文通訓定聲》：“播，叚借爲簸”，簸有顛動之意，也與揚義相近。形氣，即人的精神和靈感。《樂記》有“在地成形”，鄭氏注：“形，體貌也”；《漢書·藝文志》：“形與氣相首尾。”形體爲表像，氣乃活力之源。故《禮記·祭義》有“氣也者，神之盛也”。

[4]律呂：十二律呂，古稱律名，今作音名，即：黃鐘、大呂、太簇、夾鐘、姑洗、仲呂、蕤賓、林鐘、夷則、南呂、無射、應鐘。

[5]宮商克諧：宮商，即宮、商、角、徵、羽。爲音階名、調名、調式名，也作五聲。克諧，和諧。克，作能解。《尚書·舜典》有“八音克諧，無相奪倫”，音階的流動形成曲調。

[6]樂者，樂也：不同人群對音樂有不同的理解和喜好。引自《樂記》。樂者之樂字即音樂一詞；樂也之樂作喜好解，《論語·雍也》有“知者樂山，仁者樂水”。

[7]正之以六律，文之以五聲：以六律（十二律呂）爲基礎，以五聲音階寫成曲調。六律、六呂或十二律呂有時簡稱六律。

[8]九歌：多段體的組歌。九，非限九段，數始於一而終於九，言其多數之義。九歌是古老的樂曲曲式，屈原《天問》有“啓棘賓商，《九辯》《九歌》。”王逸注：“《九辯》《九歌》，啓所作樂也。”屈原有《九歌》，十一段，爲楚地祀神的樂舞。

[9]八佾：天子舞隊八行八列，共爲六十四人，故稱八佾。佾，舞隊的行列。

[10]升平：謂太平。《漢書》卷六七《梅福傳》有：“升平可

致。"張晏注:"民有三年之儲曰升平。" 冠帶:本爲士人的服飾,謂頂冠和束帶。因士人之彬彬風貌,後以民習禮教之俗的國度喻爲冠帶之國。 王化:天子之教化。《晋書》卷九二《文苑傳》謂"移風俗於王化,崇孝敬於人倫"。

[11]《記》:指《樂記》。《樂記》一文見於秦漢,著者其説不一,在本志下節中沈約對梁武帝奏答説,爲漢武帝時河間獻王劉德所作;另説爲公孫尼子,其人爲孔子再傳弟子,戰國時人。今存《樂記》一見於《禮記》,又在《史記·樂書》中。但《樂書》非司馬遷著,而是後人補入。

[12]兩儀:天地。《易·繫辭上》:"易有太極,是生兩儀。"《正義》:"不言天地,而言兩儀者,指其物體,下與四象相對,故曰兩儀,謂兩體容儀也。"

[13]流湎:放縱。

[14]摽(biāo)舉:顯示,標明。摽,通"標"。 人倫:君臣、父子、兄弟、朋友、夫妻間的關係謂之人倫。《漢書·禮樂志》:"象天地而制禮樂,所以通神明,立人倫,正情性,節萬事者也。"

[15]格:感恩。 祖考:即祖先。

《記》曰:"大夫無故不撤懸,[1]士無故不撤琴瑟。"聖人造樂,導迎和氣,惡情屏退,善心興起。伊耆有葦籥之音,[2]伏犧有網罟之詠,[3]葛天八闋,[4]神農五弦,[5]事與功偕,其來已尚。黄帝樂曰《咸池》,[6]帝嚳曰《六英》,[7]帝顓頊曰《五莖》,[8]帝堯曰《大章》,[9]帝舜曰《簫韶》,[10]禹曰《大夏》,[11]殷湯曰《護》,[12]武王曰《武》,[13]周公曰《勺》。[14]教之以風賦,弘之以孝友,大禮與天地同節,大樂與天地同和,禮意風猷,樂情膏潤。傳曰："如有王者，必世而後仁。"成、康化致升平，刑厝而不用也。古者天子聽政，公卿獻詩，秦人有作，罕聞斯道。

[1]懸：即樂懸，亦作"樂縣"。周代始有關宮廷鐘磬樂隊的設置規定稱樂懸。《周禮·春官·小胥》："正樂縣之位：王宮縣、諸侯軒縣、卿大夫判縣、士特縣。"陳暘《樂書》卷四五説："宮縣，四面象宮室；軒縣，闕其南；判縣，東、西之象；特縣，則一肆而已。"

[2]伊耆有葦籥之音：伊耆，一説爲官名。《周禮·秋官·伊耆氏》有："伊耆氏掌國之大祭祀，共其杖咸。"另説爲古帝王號，即神農氏或帝堯。《周禮·秋官司寇》伊耆氏鄭氏注："伊耆，古王者號，始爲蜡，以息老物。"蜡爲祀神的樂舞，《禮記·郊特牲》記載甚詳，有："伊耆氏始爲蜡，蜡也者索也，歲十二月合聚萬物而索饗之也……曰'土反其宅，水歸其壑，昆蟲毋作，草木歸其澤'。"是歲末祭祀司農之神的樂舞，以祈求來年豐收。《禮記·明堂位》稱伊耆氏的音樂爲："土鼓、蕢桴、葦籥，伊耆氏之樂也。"葦，爲管。籥，編管樂器。

[3]伏犧有網罟之詠：伏犧，傳爲古代部落酋長，即太昊或太暤。又作包犧或庖犧、宓犧。關於伏犧的傳説頗多，《古三墳》有："因風而生，故風姓……因鳳來而作樂。"他始作八卦，教民畋漁，故有網罟之歌。《史記》唐司馬貞補《三皇本紀》載："太暤庖犧氏結網罟以教佃漁，作二十五弦之瑟。"《琴操》云："伏犧作琴，所以禦邪僻，防心淫。"傳伏犧之樂還有《扶來》《立基》《立本》等，唯存曲名而已。

[4]葛天八闋：葛天氏，傳爲古代部落酋長。八闋爲八首歌，《呂氏春秋·古樂》有："昔葛天氏之樂，三人操牛尾，投足以歌八闋：一曰《載民》，二曰《玄鳥》，三曰《遂草木》，四曰《奮五

穀》，五曰《敬天常》，六曰《建帝功》，七曰《依地德》，八曰《總禽獸之極》。"

[5]神農五弦：《史記》唐司馬貞補《三皇本紀》有"炎帝神農氏作五弦之瑟"之説。

[6]《咸池》：傳爲黃帝時代樂舞，又名《雲門大卷》。一説爲堯帝樂舞。爲周存六代樂舞之一，用以祭祀天神。《周禮·春官·大司樂》有："奏黃鐘歌大吕舞雲門以祀天神"，鄭氏注："天神，謂五帝及日月星辰。"

[7]帝嚳：傳爲古代部落酋長，爲黃帝曾孫。　《六英》：帝嚳高辛氏時代的樂舞。《六英》的記載《吕氏春秋》甚詳："帝嚳命咸黑作爲聲，歌《九招》《六列》《六英》，有倕作爲鼙鼓、鐘磬、吹苓管、壎、篪、鞉、椎鍾。帝嚳乃令人抃，或鼓鼙，擊鐘磬，吹苓，展管，篪。因令鳳鳥、天翟舞之。帝嚳大喜，乃以康帝德。"

[8]顓頊：古帝王名，五帝之一，傳爲黃帝之孫，號高陽氏。《五莖》：顓頊時代的樂舞。顓頊之樂，一作五莖、一爲六莖或承雲。《吕氏春秋·古樂》記載甚詳："帝顓頊生自若水，實處空桑，乃登爲帝。惟天之合，正風乃行。其音若熙熙凄凄鏘鏘。帝顓頊好其音，乃令飛籠作效八風之音，命之曰《承雲》，以祭上帝。"

[9]《大章》：《史記·樂書》曰："大章，章之也。"《集解》曰："鄭玄曰：'堯樂名，言堯德章明。'"《正義》曰："《大章》，堯樂也。章，明也。民樂堯德大明，故名樂曰《大章》。"《吕氏春秋·古樂》有："帝堯立，乃命質爲樂，質乃效山林谿谷之音以歌，乃以麋鞈置缶而鼓之，乃拊石擊石，以象上帝玉磬之音，以致舞百獸。瞽叟乃拌五弦之瑟，作以爲十五弦之瑟。命之曰《大章》，以祭上帝。"

[10]帝舜曰《簫韶》：舜，古五帝之一，實爲部族首領，虞姓，又稱有虞氏，虞舜。傳他作《韶》，《竹書紀年》説，帝舜有虞氏元年己未帝即位作《九韶》之樂。《韶》，又稱《簫韶》《箾韶》《九招》。"招"與"韶"通，音亦同。據傳《韶》樂極美，

《尚書‧益稷》説："夔曰：'戛擊鳴球，搏拊琴瑟以詠。'祖考來格，虞賓在位，群后德讓。下管鼗鼓，合止柷敔，笙鏞以間，鳥獸蹌蹌，簫韶九成，鳳凰來儀。"《論語‧述而》亦贊嘆曰："子在齊聞韶，三月不知肉味，曰：'不圖爲樂之至于斯也。'"

[11]禹曰《大夏》：禹，夏代開國君主，顓頊孫，姓姒，號禹，又稱夏后氏。治水有功，受舜禪爲天子。《大夏》，或曰《夏籥》，爲歌頌禹治水有功的樂舞。《吕氏春秋‧古樂》説："禹立，勤勞天下，日夜不懈，通大川，決壅塞，鑿龍門，降通漻水以導河，疏三江五湖，注之東海，以利黔首。於是命皋陶作爲《夏籥》九成，以昭其功。"《禮記‧明堂位》記周代之表演，説："皮弁，素積，裼而舞大夏。"

[12]《護》：亦作濩。《吕氏春秋‧古樂》記載："夏爲無道，暴虐萬民，侵削諸侯。不用軌度，天下患之。湯於是率六州以討桀罪。功名大成，黔首安寧。湯乃命伊尹作《大護》，歌《晨露》，修《九招》《六列》，以見其善。"

[13]《武》：歌頌周武王伐紂的樂舞。傳爲周公作。《吕氏春秋‧古樂》載："武王即位，以六師伐殷，六師未至，以鋭兵克之於牧野。歸，乃薦俘馘于京太室，乃命周公爲作《大武》。"《樂記‧賓牟賈》叙述《武》的表演過程甚詳。《詩‧周頌》中的《武》《酌》《昊天有成命》《桓》《賚》《般》等六篇應即《武》的歌辭。《武》秦代猶存，但更名爲《五行》。

[14]《勺》：《漢書‧禮樂志》："周公作《勺》。《勺》，言能勺先祖之道也。"師古曰："勺，讀曰酌，酌，取也。"勺與酌通。《周頌》有《酌》，爲《武》之一樂章，疑即周公之《勺》。《詩‧周頌‧酌》集傳説："酌，即勺也。内則十三舞勺，即以此詩爲節而舞也。"《儀禮‧燕禮記》也謂"若舞則勺"，鄭玄注："勺，頌篇，告成《大舞》之樂歌也。"

漢高祖時，叔孫通爰定篇章，[1]用祀宗廟。唐山夫人能楚聲，[2]又造房中之樂。[3]武帝裁音律之響，定郊丘之祭，頗雜謳謠，[4]非全雅什。漢明帝時，樂有四品：一曰《大予樂》，[5]郊廟上陵之所用焉。則《易》所謂"先王作樂崇德，殷薦之上帝，以配祖考"者也。二曰雅頌樂，辟雍饗射之所用焉。則《孝經》所謂"移風易俗，莫善於樂"者也。三曰黃門鼓吹樂，[6]天子宴群臣之所用焉。則詩所謂"坎坎鼓我，蹲蹲儛我"者也。其四曰短簫鐃歌樂，[7]軍中之所用焉。黃帝時，岐伯所造，以建武揚德，風敵勵兵，則《周官》所謂"王師大捷，則令凱歌"者也。又採百官詩頌，以為登歌，[8]十月吉辰，始用蒸祭。[9]董卓之亂，正聲咸蕩。漢雅樂郎杜夔，[10]能曉樂事，八音七始，靡不兼該。魏武平荊州，得夔，使其刊定雅律。魏有先代古樂，自夔始也。自此迄晉，用相因循，永嘉之寇，盡淪胡、羯。於是樂人南奔，穆皇羅鍾磬，苻堅北敗，孝武獲登歌。晉氏不綱，魏圖將霸，道武克中山，太武平統萬，或得其宮懸，或收其古樂，于時經營是迫，雅器斯寢。孝文頗為詩歌，以勗在位，謠俗流傳，布諸音律。大臣馳騁漢、魏，旁羅宋、齊，功成奮豫，代有制作。莫不各揚廟舞，自造郊歌，宣暢功德，輝光當世，而移風易俗，浸以陵夷。

[1]叔孫通：人名。漢薛（今山東棗莊市西）人。初仕秦，後降漢，拜博士，號薛嗣君。說高祖徵魯諸生定朝儀，采古禮與秦儀雜用之。漢之朝廟典禮多由通訂定。後歷太常徙太子太傅。傳見

《史記》卷九九、《漢書》卷四三。

　　[2]唐山夫人：漢代帝王之妾爲夫人。故《漢書‧禮樂志》"高帝唐山夫人"下，服虔注"高帝姬也"。　　楚聲：戰國以至秦漢時楚地的音樂，亦稱楚調或南音。《左傳》成公九年有"使與之琴，操南音"，杜氏注："南音，楚聲。"又《吕氏春秋‧季夏紀》："女乃作歌，歌曰：'候人兮猗。'實始作爲南音。"先秦文獻尚存有屬於楚聲的歌辭，如《論語‧微子》中的《接輿歌》、《孟子‧離婁》中的《滄浪歌》等。詩人屈原的《九歌》等係依據楚地祀神樂舞而作。漢代帝王先後起於楚地，是故《漢書‧禮樂志》説："凡樂，樂其所生，禮不忘本，高祖樂楚聲，故房中樂楚聲也。"漢高祖劉邦的《大風歌》，曲調也屬家鄉的楚聲。楚聲還保存在琴曲中，今見南朝丘明傳譜的《碣石調幽蘭》琴譜，其序有："丘公字明，會稽人也……絶妙楚調，於《幽蘭》一曲尤特精絶。"隨着絲綢之路的交通，西域音樂東漸，且風靡朝野，傳統楚調漸爲淡忘，唯琴曲尚有保存，故《新唐書‧禮樂志》説："周隋管弦雜曲數百，皆西涼樂也，鼓舞曲皆龜兹樂也。唯琴工猶傳楚漢舊聲及《清調》。蔡邕五弄，楚調四弄，謂之九弄。"

　　[3]房中之樂：源於周代宮廷音樂。按《漢書‧禮樂志》載，"周有房中樂，至秦名曰《壽人》"，後仍用房中樂。房中樂的演奏多在室内，遂有此名，以别於祭祀之樂。房中樂有兩種形式：一爲燕樂，宴饗場合所用，見於《儀禮‧燕禮》："若四方之賓燕，有房中之樂"；另爲后夫人之所諷誦以事其君，而不用鐘磬之節，以弦歌《周南》《召南》之詩，曰房中樂。

　　[4]頌雜謳謠：漢武帝時設立樂府，樂府爲宮廷管理音樂的機構，負責采集民間音樂，並整理、改編、創作。官職爲樂府令。據此，武帝開采風之濫觴。《漢書‧禮樂志》載："至武帝定郊祀之禮……乃立樂府，采詩夜誦，有趙、代、秦、楚之謳。"師古注："樂府之名，蓋起於此，哀帝時罷之；采詩，依古遒人徇路，采取百姓謳謠，以知政教得失也。夜誦者，其言辭或秘，不可宣露，故

於夜中歌誦也。"二十世紀七十年代，西安秦始皇陵發現鐘一枚，上錯金銘文"樂府"二字，始知秦時已有樂府之置。可惜，此鐘旋即被盜，追回時發現盜者欲蓋彌彰，將樂府二字剜去，唯留照片可爲依據。

[5]大予：或太予，漢樂名。亦爲管理祭祀音樂的機構，原稱太樂，後改太予，官職太予樂令。據《後漢書》卷二《明帝紀》載："（永平三年）秋八月戊辰，改大樂爲大予樂。"注："《尚書琁璣鈐》曰，'有帝漢出，德洽作樂，名予'，故據《琁璣鈐》改之。"《漢官儀》曰："大予樂令一人，秩六百石。"

[6]黃門鼓吹：爲天子御用，用於宮廷宴享，天子專用之鹵簿，即儀仗等。黃門，官署，此喻天子所居處。鼓吹，最早見於漢代，由打擊樂器和吹管樂器爲主的樂隊組成。

[7]短簫鐃歌：亦鼓吹的一種形式，鼓吹以鼓與箛爲主，短簫鐃歌以簫和鐃爲主。簫即排簫，古稱籥。鐃，打擊樂器，銅製。

[8]登歌：升堂所奏之歌。用作祭祀宴饗，堂上所奏之歌，亦稱升歌。《周禮·春官·大師》有："大祭祀帥瞽登歌，令奏擊拊。"注："登歌，歌者在堂也。"

[9]蒸祭：冬祭。與烝祭同。

[10]杜夔：人名。三國魏河南（今河南洛陽市）人，字公良。漢靈帝時爲雅樂郎，後入魏爲軍謀祭酒，參太樂事，因令創制雅樂。傳見《三國志》卷二九。

梁武帝本自諸生，博通前載，未及下車，意先風雅，爰詔凡百，各陳所聞。帝又自糾摘前違，裁成一代。周太祖發跡關、隴，躬安戎狄，群臣請功成之樂，式遵周舊，依三材而命管，承六典而揮文。而《下武》之聲，豈姬人之唱，登歌之奏，叶鮮卑之音，情動於中，亦人心不能已也。昔仲尼返魯，風雅斯正，[1]所謂有其藝而無其時。高祖受命惟新，八州同貫，制氏全出於胡人，[2]迎神猶帶於邊曲。及顏、何驟請，頗涉雅音，而繼想聞《韶》，去之彌遠。若夫二南斯理，八風揚節，順序旁通，妖淫屏棄，宮徵流唱，翱翔率舞，弘仁義之道，安性命之真，君子益厚，小人無悔，非大樂之懿，其孰能與於此者哉！是以舜詠《南風》而虞帝昌，[3]紂歌北鄙而殷王滅。[4]大樂不紊，則王政在焉。故録其不相因襲，以備于志。《周官·大司樂》一千三百三十九人。漢郊廟及武樂，三百八十人。煬帝矜奢，頗玩淫曲，御史大夫裴蘊，[5]揣知帝情，奏括周、齊、梁、陳樂工子弟，及人間善聲調者，凡三百餘人，並付太樂。倡優獿雜，咸來萃止。其哀管新聲，淫弦巧奏，皆出鄴城之下，高齊之舊曲云。[6]

[1]仲尼返魯，風雅斯正：事出《論語》。《論語·子罕》：“子曰，吾自衛返魯，然後樂正，雅頌各得其所。”鄭注：“反魯，哀公十一年冬是時道衰樂廢，孔子來還乃正之，故雅頌各得其所。”

[2]制氏：漢代音樂世家。《漢書·禮樂志》有“漢興，樂家有制氏，以雅樂聲律世世在大樂官，但能紀其鏗鏘鼓舞，而不能言其義”。此以制氏喻樂人。

[3]舜詠《南風》：《南風》本古詩篇名，傳爲虞舜作。《禮記·樂記》有：“昔者，舜作五弦之琴，以歌《南風》。”《樂府詩集》引《古今樂録》曰：“‘舜彈五弦之琴，歌《南風》之詩’。《史記·樂書》曰：‘舜歌《南風》而天下治。《南風》者，生長之音也。舜樂好之，樂與天地同，意得萬國之歡心，故天下治也。’”傳爲舜作《南風歌》其辭爲“南風之薰兮，可以解吾民之愠兮。南風之時兮，可以阜吾民之財兮”。一説此歌出《尸子》書中。

[4]紂歌北鄙：北鄙，本爲北方邊鄙之地，因北有敗北之義，鄙作鄙陋解，故北鄙之樂視作亡國之樂，後又引申爲靡靡之音。《禮記·樂記》説：“紂爲朝歌，北鄙之音，身死國亡……夫朝歌者，不時也；北者，敗也，鄙者陋也。紂樂好之，與萬國殊心，諸侯不附，百姓不親，天下畔之，故身死國亡。”《淮南子·原道訓》曰：“耳聽朝歌北鄙靡靡之樂。”高誘注：“朝歌，紂都鄙邑。紂使師涓作鄙邑靡靡之樂也。”

[5]裴蘊：人名。傳見本書卷六七、《北史》卷七四。

[6]高齊：即北齊（550—577），都鄴（今河北臨漳縣西南）。

梁氏之初，樂緣齊舊。武帝思弘古樂，天監元年，遂下詔訪百僚曰：“夫聲音之道，與政通矣，所以移風易俗，明貴辨賤。而《韶》《護》之稱空傳，《咸》《英》之實靡託，魏晉以來，陵替滋甚。遂使雅鄭混淆，鍾石斯謬，天人缺九變之節，朝醮失四縣之儀。朕昧旦坐朝，思求厥旨，而舊事匪存，未獲釐正，寤寐有懷，所爲歎息。卿等學術通明，可陳其所見。”於是散騎常侍、尚書僕射沈約奏答曰：[1]“竊以秦代滅學，《樂經》殘亡。至于漢武帝時，河間獻王與毛生等，共採《周官》及諸子言樂事者，以作《樂記》。其内史丞王定，傳授常山王禹。劉向校書，[2]得《樂記》二十三篇，與禹不同。向《別録》，有《樂歌詩》四篇、《趙氏雅琴》七篇、《師氏雅琴》八篇、《龍氏雅琴》百六篇。唯此而已。《晋中經簿》，[3]無復樂書，《別録》所載，已復亡逸。案漢初典章滅絶，諸儒捃拾溝渠墻壁之間，得片簡遺文，與禮事相關者，即編次以爲禮，皆非聖人之言。

《月令》取《呂氏春秋》，[4]《中庸》《表記》《防記》《緇衣》，皆取《子思子》，[5]《樂記》取《公孫尼子》，《檀弓》殘雜，[6]又非方幅典誥之書也。禮既是行己經邦之切，故前儒不得不補綴以備事用。樂書事大而用緩，自非逢欽明之主，制作之君，不見詳議。漢氏以來，主非欽明，樂既非人臣急事，故言者寡。陛下以至聖之德，應樂推之符，實宜作樂崇德，殷薦上帝。而樂書淪亡，尋案無所。宜選諸生，分令尋討經史百家，凡樂事無小大，皆別纂録。乃委一舊學，撰爲樂書，以起千載絶文，以定大梁之樂。使《五英》懷慚，《六莖》興愧。"

[1]沈約：人名。仕南朝宋及齊梁，累官至司徒左長史，武帝受禪爲尚書僕射、遷尚書令。封建昌縣侯。卒謚隱。約於詩主四聲八病，重聲律對仗，人稱永明體。著有《晋書》《宋書》等。又撰《四聲韻譜》，分字爲平上去入四聲。所著多佚，明人輯有《沈隱侯集》。傳見《梁書》卷一三、《南史》卷五七。

[2]劉向：人名。西漢經學家、目録學家。成帝時主持整理國家藏書，其校理之經傳、子、詩賦等類，撰成《別録》一書，開目録學之濫觴。又有《新序》《説苑》《列女傳》等存世。《漢書》卷三六有附傳。

[3]《晋中經簿》：文獻名。西晋國家藏書目，亦稱《中經新簿》。原十六卷，梁時佚二卷。本書《經籍志》著録十四卷。荀勗、張華等整理國家藏書，據三國魏秘書郎鄭默之《中經》重分作甲乙丙丁四部，爲中國書目四分法之濫觴。宋時散佚。

[4]《呂氏春秋》：舊題呂不韋撰，實爲呂氏門客所作。全書分八覽、六論、十二紀，共一百六十篇。其十二紀又以月令分，故

説 "《月令》取《吕氏春秋》"。

[5]《子思子》：孔子之孫孔伋撰，共四十七篇，即《孔叢子》所謂《中庸》四十七篇，《中庸》疑爲《子思子》首篇之篇目。

[6]《檀弓》：《禮記》篇名。亦人名，魯人，其人善於禮，故著姓名以彰之。

是時對樂者七十八家，咸多引流略，浩蕩其詞，皆言樂之宜改，不言改樂之法。帝既素善鍾律，[1]詳悉舊事，遂自制定禮樂。又立爲四器，名之爲通。[2]通受聲廣九寸，宣聲長九尺，臨岳高一寸二分。[3]每通皆施三絃。一曰玄英通：應鍾絃，用一百四十二絲，[4]長四尺七寸四分差强；黄鍾絃，用二百七十絲，長九尺；大吕絃，用二百五十二絲，長八尺四寸三分差弱。二曰青陽通：太簇絃，用二百四十絲，長八尺；夾鍾絃，用二百二十四絲，長七尺五寸弱；姑洗絃，用二百一十四絲，[5]長七尺一寸一分强。三曰朱明通：中吕絃，用一百九十九絲，長六尺六寸六分弱；蕤賓絃，用一百八十九絲，長六尺三寸二分强；林鍾絃，用一百八十絲，長六尺。四曰白藏通：夷則絃，用一百六十八絲，長五尺六寸二分弱；南吕絃，用一百六十絲，長五尺三寸二分大强；無射絃，用一百四十九絲，長四尺九寸九分强。因以通聲，轉推月氣，悉無差違，而還相得中。[6]又制爲十二笛，黄鍾笛長三尺八寸，大吕笛長三尺六寸，太簇笛長三尺四寸，夾鍾笛長三尺二寸，姑洗笛長三尺一寸，中吕笛長二尺九寸，蕤賓笛長二尺八寸，林鍾笛長二尺七寸，夷則笛長二尺六寸，南吕笛長二尺五寸，無射笛長二尺四寸，應鍾笛長二尺三寸。用笛以寫通聲，[7]飲古鍾玉律并周代古鍾，並皆不差。[8]於是被以八音，施以七聲，莫不和韻。[9]

[1]鍾律：鍾調律所制定的音高標準稱爲鍾律。《國語・周語上》有"度律均鍾"，"均鍾"係一種類似弦樂器之物，用以計算標準音高調校鍾律。從現存漢前鍾的測音分析，所依據的律制多以三分損益律爲主，並加入純律的混合六律制。

[2]通：梁武帝設計四通十二笛時的專有名詞，是類似"均鍾"的弦樂器，但它不是樂器，而是計算音律的工具，稱作律準。"通"這種稱謂頗費解，且僅見於此。"通"與調音有關，爲調製笛律而設，擬或四通即四件爲調製笛律而設的律準。稱通的術語有"通越"，瑟爲調音而在兩端設置的孔穴稱作通越，《史記・禮書》有："朱弦而通越，一也。"《索隱》："大瑟而練朱其弦，又通其下孔，使聲濁且遲，上質而貴本，不取其聲文。"濁且遲，音色渾厚且有共鳴。上質而貴本，優美的音質源於樂器的製作，不必聲音之大小。瑟之有通越，與音質有關。"通鼓"，一鼓手領奏，衆鼓應和謂之通鼓。《周禮・地官・鼓人》有："以金鐲通鼓。"賈公彥疏："通鼓者，兩司馬振鐲，軍將已下即擊鼓，故云通鼓也。"孫詒讓《正義》："《説文・辵部》云：'通，達也。'以鼓者非一人，故振鐲，令其一人先鼓，衆人徧應之，通者，傳達周徧之謂。"尚有"通韻"，詩文中韻母相同之字謂之通韻。以上述舉例觀之，"通"非僅作調音的律準解，而是由律準計算出三個律，用以校製三支笛，一通爲一組，四通，共可調出十二個調的笛。故"通"似是源於像"通鼓""通韻"那樣的辭語。

[3]臨岳：弦種樂器兩端的碼，其間爲有效弦長。

[4]絲：用以計算直徑的單位。以蠶絲支數的多少表示徑的粗細。

　　[5]用二百一十四絲：底本誤作“用一百四十二絲”，據中華本改。本段出現的另外三處訛誤徑從中華本改，不再出注説明。

　　[6]因以通聲，轉推月氣，悉無差違，而還相得中：通聲轉推月氣是將律準計算之十二律與十二月令相分配，此説《禮記·月令》篇記述甚詳。其後漢代，月令與律管相應之説見於《續漢書·律曆志上》，“候氣”篇有“候氣之法，爲室三重，户閉，塗釁必周，密布緹縵。室中以木爲案，每律各一，内庳外高，從其方位，加律其上。以葭莩灰抑其内端，案曆而候之……其爲氣所動者，其灰散”。此爲一説。還相，或稱旋相，十二律的每一律均可建立五個或七個不同的調式，古稱旋宫，即今之轉調或變換調式，此説初見於《禮記·禮運》：“五聲六律十二管旋相爲宫。”

　　[7]用笛以寫通聲：通聲爲律準計算所得宫音，其目的是爲校調製笛，笛之開孔長度即依此宫音爲標準求出。梁武帝製的笛，調的宫音不在笛自身求得，而以弦律之通聲爲依據，故説“用笛以寫通聲”。

　　[8]飲古鍾玉律并周代古鍾，並皆不差：玉律即管律，古之定律有用竹管和玉管，皆爲管律。此“古鍾玉律”據梁武帝《鍾律緯》有：“玉律一口，蕭餘定七枚夾鍾，有昔題刻。乃制爲尺，以相參驗。……以新尺制爲四器，名爲通。又依新尺爲笛，以命古鍾。按刻夷則，以笛命飲和韻，夷則定合。”又，《晋書·律曆志》有：“汲郡盗發六國時魏襄王冢，得古周時玉律及鍾、磬，與新律聲韻闇同。于時郡國或得漢時故鍾，吹律命之皆應。”飲，《集韻》曰：“度聲曰飲。”本志卷中有“絃柱相飲爲均”句，亦即此意。

　　[9]“四通十二笛”的設計是“三分損益”律，此種律制爲不平均律，小二度間有大小之分，因此構成每個調的音階的律，則需有所選擇。故以四通，每通三弦，求出三律，共十二律，作爲笛之調的主音，再以“三分損益”法求出笛的開孔位置。而四通十二律又是以玄英通之黄鍾律、二百七十絲、長九尺（九十寸）爲標準，其餘十一律按“三分損益”法依次求出；通之弦長、絲數有異，且

依一定比例，即，各弦之絲數爲該弦長寸數之三倍。

　　是時北中郎司馬何佟之上言：[1]“案《周禮》‘王出入則奏《王夏》，[2]尸出入則奏《肆夏》，[3]牲出入則奏《昭夏》’。今樂府之《夏》，唯變《王夏》爲《皇夏》，蓋緣秦、漢以來稱皇故也。而齊氏仍宋儀注，迎神奏《昭夏》，皇帝出入奏《永至》，牲出入更奏引牲之樂。其爲舛謬，莫斯之甚。請下禮局改正。”周捨議，以爲《禮》“王入奏《王夏》”，大祭祀與朝會，其用樂一也。而漢制，皇帝在廟，奏《永至》樂，朝會之日，別有《皇夏》。二樂有異，於禮爲乖，宜除《永至》，還用《皇夏》。又《禮》“尸出入奏《肆夏》，賓入大門奏《肆夏》”，則所設唯在人神，其與迎牲之樂，不可濫也。宋季失禮，頓虧舊則，神入廟門，遂奏《昭夏》，乃以牲牢之樂，用接祖考之靈。斯皆前代之深疵，當今所宜改也。時議又以爲《周禮》云：“若樂六變，天神皆降。”神居上玄，去還悅忽，降則自至，迎則無所。可改迎爲降，而送依前式。又《周禮》云“若樂八變，則地祇皆出，可得而禮”，地宜依舊爲迎神。並從之。又以明堂設樂，[4]大略與南郊不殊，[5]惟壇堂異名，[6]而無就燎之位。[7]明堂則徧歌五帝，其餘同於郊式焉。

　　[1]何佟之：人名。南朝梁人，字士威。齊建武中，官鎮北記室參軍。是時，國家吉凶之禮皆取決之。入梁爲尚書左丞。傳見《梁書》卷四八、《南史》卷七一。

　　[2]《王夏》：樂章名。其後《肆夏》《昭夏》皆樂章名。

　　[3]尸：古代祭祀時，代死者受祭、象徵死者神靈的人，以臣下或死者之孫爲之。

　　[4]明堂：宣明政教之堂謂之明堂。《周禮·考工記》記載有自夏后氏以來明堂的建築規格。《禮記·明堂位》對明堂中天子、諸侯等位置之排列有嚴格規定，並説："明堂也者，明諸侯的尊卑也。"

　　[5]南郊：祀天地之祭名，即郊祭。冬至祭天於南郊，夏至祭地於北郊。《禮記·郊特牲》有："郊之祭也，迎長日之至也。"長日指冬至或夏至。

　　[6]壇堂：謂祭壇及宮室，與壇宇同。《漢書·禮樂志》有："神之揄，臨壇宇。"顏師古注："壇宇，謂祭祀壇場及宮室。"

　　[7]燎：燎祭，焚柴祭天。焚火祭天之處謂燎壇。

　　初宋、齊代，祀天地，祭宗廟，准漢祠太一后土，[1]盡用宮懸。又太常任昉，[2]亦據王肅議云：[3]"《周官》'以六律、五聲、八音、六舞大合樂，[4]以致鬼神，以和邦國，以諧兆庶，以安賓客，以悦遠人。'是謂六同，[5]一時皆作。今六代舞，獨分用之，不厭人心。"遂依肅議，祀祭郊廟，備六代樂。至是帝曰："《周官》分樂饗祀，《虞書》止鳴兩懸，求之於古，無宮懸之議。何？事人禮縟，事神禮簡也。天子襲袞，而至敬不文，觀天下之物，無可以稱其德者，則以少爲貴矣。大合樂者，是使六律與五聲克諧，八音與萬舞合節耳。[6]豈謂致鬼神祇用六代樂也？其後即言'分樂序之，以祭以享'。此乃曉然可明，肅則失其旨矣。推檢載籍，初無郊禋宗廟遍舞六代之文。唯《明堂位》曰：'禘祀周公於太廟，朱干玉戚，冕而舞《大武》，皮弁素積，袒而舞《大夏》。納夷蠻之樂於太廟，言廣魯於天下也。’夫祭尚於敬，無使樂繁禮黷。是以季氏逮闇而祭，繼之以燭，有司跛倚。其爲不敬大矣。他日祭，子路與焉，質明而始，晏朝而退。孔子聞之，曰：‘誰謂由也不知禮乎？’若依蕭議，郊既有迎送之樂，又有登歌，各頌功德，遍以六代，繼之出入，方待樂終。此則乖於仲尼韙晏朝之意矣。”於是不備宮懸，不遍舞六代，逐所應須。即設懸，則非宮非軒，非判非特，宜以至敬所應施用耳。宗廟省迎送之樂，以其閟宮靈宅也。

［1］太一后土：太一，天神之最尊貴者。《史記·天官書》稱："中宮天極星，其一明者，太一常居也。"《正義》："泰一，天帝之別名也。劉伯莊云：‘泰一，天神之最尊貴者也。’"后土，土神。《周禮·春官·大宗伯》有"王大封，則先告后土"，鄭玄注："后土，土神也。"《漢書·禮樂志》有："至武帝定郊祀之禮，祀太一於甘泉，就乾位也。"顏師古注："言在京師之西北也。"又，"祭后土於汾陰，澤中方丘也。"顏師古注："汾水之旁，土特堆起，是澤中方丘也。祭地，以方象地形。"

［2］任昉：人名。南朝梁文學家，字彥昇。樂安博昌（今山東壽光市）人。仕宋、齊、梁三朝。官至梁御史中丞、秘書監，義興、新安太守等職。有文集三十四卷，《雜傳》《地記》數百卷，久佚，今存明人所輯《任彥昇集》。傳見《梁書》卷一四、《南史》卷五九。

［3］王肅：人名。三國魏經學家、箋注家。字子雍，東海（今山東郯城縣北）人。初爲散騎黃門郎，後以常侍領秘書監，兼崇文館祭酒，官至中領軍，加散騎常侍。曾采會同異，注《詩》《尚書》《三禮》《左傳》《論語》，並撰定其父王朗所著《易傳》，時

所著皆列於官學，世有“王學”之稱。蕭所著多佚，《玉函山房輯佚書》《漢學堂叢書》多有輯錄。《三國志》卷一三有附傳。

[4]六舞：謂六代樂舞，即：黃帝《雲門》、堯帝《咸池》、虞帝《簫韶》、禹帝《大夏》、商湯《大護》、武王《大武》。《周禮·春官·大司樂》云：“凡六樂者，文之以五聲，播之以八音。”

[5]六同：即六呂。十二律亦稱十二律呂，或六律、六呂。律爲陽聲，呂爲陰聲。呂或稱同，《周禮·春官·大司樂》有：“以六律六同，五聲八音，六舞，大合樂，以致鬼神。”

[6]萬舞：早見於商代，《墨子·非樂》有：“啓乃淫溢康樂……萬舞翼翼，章聞于天。”商代甲骨文有万（萬）無（舞）連用。萬舞又名干舞，是用以祭祀宗廟、山川的樂舞。《詩·邶風·簡兮》有：“方將萬舞。”毛傳：“以干羽爲萬舞，用之宗廟山川。”干，即盾。《公羊傳》宣公八年：“萬者何，干舞也”何休注：“干，謂楯也。能爲人扞難而不使害人，故聖王貴之，以爲武樂。”

齊永明中，舞人冠幘並簪筆，帝曰：“筆笏蓋以記事受言，舞不受言，何事簪筆？豈有身服朝衣，而足綦蘸履？”於是去筆。

又晉及宋、齊，懸鍾磬大准相似，皆十六架。黃鍾之宮：北方，北面，編磬起西，其東編鍾，其東衡大於鎛，不知何代所作。其東鎛鍾。太簇之宮：東方，西面，起北。蕤賓之宮：南方，北面，起東。姑洗之宮：西方，東面，起南。所次皆如北面。設建鼓於四隅，懸內四面，各有柷敔。[1]帝曰：“著晉、宋史者，皆言太元、元嘉四年，四廂金石大備。[2]今檢樂府，止有黃鍾、姑洗、蕤賓太簇四格而已。六律不具，何謂四廂？備樂之文，其義焉在？”於是除去衡鍾，[3]設十二鎛鍾，各依辰位，而應其律。每一鑄鍾，則設編鍾磬各一虡，合三十六架。植建鼓於四隅。元正大會備用之。

[1]建鼓：一種以架高懸之大鼓。 柷敔：爲木製的打擊樂器。敔爲刮奏。

[2]四廂：放置樂器的廂房。

[3]衡鍾：即甬鍾。鍾上之柄曰衡。《周禮·考工記·鳧氏》有：“舞上謂之甬，甬上謂之衡。”鄭玄注：“此二名者鍾柄。”鍾之肩部稱舞。

乃定郊禋宗廟及三朝之樂，以武舞爲《大壯舞》，取《易》云“大者壯也”，正大而天地之情可見也。以文舞爲《大觀舞》，取《易》云“大觀在上”，觀天之神道而四時不忒也。國樂以“雅”爲稱，取《詩序》云：“言天下之事，形四方之風，謂之雅。雅者，正也。”止乎十二，則天數也。乃去階步之樂，增撤食之雅焉。衆官出入，宋元徽三年《儀注》奏《肅咸樂》，齊及梁初亦同。至是改爲《俊雅》，取《禮記》：“司徒論選士之秀者而升之學，[1]曰俊士也。”二郊、太廟、明堂，[2]三朝同用焉。皇帝出入，宋孝建二年秋《起居注》奏《永至》，齊及梁初亦同。至是改爲《皇雅》，取《詩》“皇矣上帝，臨下有赫”也。二郊、太廟同用。皇太子出入，奏《胤雅》，取《詩》“君子萬年，永錫爾胤”也。王公出入，奏《寅雅》，取《尚書》《周官》“貳公弘化，[3]寅亮天地”也。上壽酒，奏《介雅》，取《詩》“君子萬年，介爾景福”也。食舉，奏《需雅》，取《易》“雲上於天，需，君子以飲食宴樂”也。撤饌，奏《雍雅》，取《禮記》“大饗客出以《雍》撤”也。並三朝用之。牲出入，宋元徽二年《儀注》奏《引牲》，齊及梁初亦同。至是改爲《滌雅》，取《禮記》“帝牛必在滌三月”也。薦毛血，宋元徽三年《儀注》奏《嘉薦》，齊及梁初亦同。至是改爲《牷雅》，取《春秋左氏傳》“牲牷肥腯”也。北郊明堂、太廟並同用。降神及迎送，宋元徽三年《儀注》奏《昭夏》，齊及梁初亦同。至是改爲《誠雅》，取《尚書》“至誠感神”也。皇帝飲福酒，宋元徽三年《儀注》奏《嘉祚》，至齊不改，梁初，改爲《永祚》。至是改爲《獻雅》，取《禮記·祭統》“尸飲五，[4]君洗玉爵獻卿”。[5]今之福酒，亦古獻之義也。北郊、明堂、太廟同用。就燎位，宋元徽三年《儀注》奏《昭遠》，齊及梁不改。就埋位，齊永明六年《儀注》奏《隸幽》。至是燎埋俱奏《禋雅》，取《周禮·大宗伯》“以禋祀祀昊天上帝”也。其辭並沈約所製。今列其歌詩三十曲云。[6]

[1]秀：底本作“序”。中華本校勘記云：“‘秀’原作‘序’，據《通典》一四二改。按：《禮記·王制》原作‘秀’。”今從改。

[2]二郊：謂南郊、北郊，古代帝王在此祭祀天地。南郊祭天神、北郊祀地祇。《詩·周頌·昊天有成命》《正義》云：“昊天有成命詩者，郊祀天地之樂歌也，謂於南郊祀所感之天神，於北郊祭神州之地祇也。”

[3]貳：底本作“三”。中華本校勘記云：“‘貳’原作‘三’，據《御覽》五六六改。按：僞《古文尚書》《周官》原作‘貳’。”

今從改。

[4]尸飲五：古代祭祀時立尸以代神靈而祭祀，尸以人充當，多以屬下爲之，故説"君洗玉爵獻卿""尸飲五"。《禮記·祭統》注："尸飲五，謂酳尸五獻也。"

[5]君洗玉爵獻卿：底本脱"君"字。中華本校勘記云："原脱'君'字，據《禮記·祭統》補。"今從改。

[6]今列其歌詩三十曲云："三"底本作"二"。中華本校勘記云："'三'原作'二'，據《樂府詩集》三改。按：曲數實計共三十一曲。"今從補。

《俊雅》，歌詩三曲，四言：

設官分職，髦俊攸俟。髦俊伊何？貴德尚齒。唐义咸事，周寧多士。區區衛國，猶賴君子。漢之得人，帝猷乃理。

開我八襲，闢我九重。珩佩流響，縲紱有容。袞衣前邁，列辟雲從。義兼東序，事美西雍。分階等肅，異列齊恭。

重列北上，分庭異陛。百司揚職，九賓相禮。齊、宋舅甥，魯、衛兄弟。思皇藹藹，群龍濟濟。我有嘉賓，實惟愷悌。

《皇雅》，三曲，五言：

帝德實廣運，車書靡不賓。執瑁朝群后，垂旒御百神。八荒重譯至，萬國婉來親。

華蓋拂紫微，勾陳繞太一。容裔被緹組，參差羅罕畢。星回照以爛，天行徐且謐。

清蹕朝萬宇，端冕臨正陽。青絇黃金繶，袞衣文繡裳。既散華蟲采，復流日月光。

《胤雅》，一曲，四言：

自昔殷代，哲王迭有。降及周成，惟器是守。上天乃眷，大梁既受。灼灼重明，仰承元首。體乾作貳，命服斯九。置保置師，居前居後。前星北耀，克隆萬壽。

《寅雅》，一曲，三言：

禮莫違，樂具舉。延藩辟，朝帝所。執桓蒲，列齊、莒。垂裒毳，紛容與。升有儀，降有序。齊簪紱，忘笑語。始矜嚴，終酣醋。

《介雅》，三曲，五言：

百福四象初，萬壽三元始。拜獻惟袞職，同心協卿士。北極永無窮，南山何足擬。

壽隨百禮洽，慶與三朝升。惟皇集繁祉，景福互相仍。申錫永無遺，穰簡必來應。

百味既含馨，六飲莫能尚。玉罍信湛湛，金卮頗搖漾。敬舉發天和，祥祉流嘉貺。

《需雅》，八曲，七言：

實體平心待和味，庶羞百品多爲貴。或鼎或鬲宣九沸，楚桂胡鹽芼芳卉。加籩列俎彫且蔚。

五味九變兼六和，令芳甘旨庶且多。三危之露九期禾，圓案方丈粲星羅。皇舉斯樂同山河。

九州上腴非一族，玄芝碧樹壽華木。終朝采之不盈掬，用拂腥羶和九穀。既甘且飫致遐福。

人欲所大味爲先，興和盡敬咸在旃。碧鱗朱尾獻嘉鮮，紅毛綠翼墜輕翾。臣拜稽首萬斯年。

擊鍾以俟惟大國，況乃御天流至德。侑食斯舉揚盛則，其禮不愆儀不忒。風猷所被深且塞。

膳夫奉職獻芳滋，不麛不夭咸以時。調甘適苦別澠、淄，其德不爽受福釐。於焉逸豫永無期。

備味斯饗惟至聖，咸降人神禮爲盛。或風或雅流歌詠，負鼎言歸啓殷命。悠悠四海同茲慶。

道我六穗羅八珍，洪鼎自爨匪勞薪。荆包海物必來陳，滑甘滫瀡味和神。以斯至德被無垠。

《雍雅》，三曲，四言：

明明在上，其儀有序。終事靡愆，收鉶撤俎。乃升乃降，和樂備舉。天德莫違，人謀是與。敬行禮達，茲焉讌語。

我餕惟阜，我肴孔庶。嘉味既充，食旨斯飫。屬厭無爽，冲和在御。擊壤齊歡，懷生等豫。蒸庶乃粒，實由仁恕。

百司警列，皇在在陛。既飫且醑，卒食成禮。其容穆穆，其儀濟濟。凡百庶僚，莫不愷悌。奄有萬國，抑由天啓。

《滌雅》，一曲，四言：

將修盛禮，其儀孔熾。有腯斯牲，國門是置。不黎不倸，靡愆靡忌。呈肌獻體，永言昭事。俯休皇德，仰綏靈志。百福具膺，嘉祥允洎。駿奔伊在，慶覃遐嗣。

《牷雅》，一曲，四言：

反本興敬，復古昭誠。禮容宿設，祀事孔明。華俎待獻，崇碑麗牲。充哉繭握，肅矣簪纓。其牲既啓，我豆既盈。庖丁游刃，葛盧驗聲。多祉攸集，景福來并。

《誠雅》，一曲，三言：南郊降神用。

懷忽慌，瞻浩蕩。盡誠潔，致虔想。出杳冥，降無象。皇情肅，具僚仰。人禮盛，神途敞。儵明靈，申敬饗。感蒼極，洞玄壤。

《誠雅》，一曲，三言：北郊迎神用。

地德溥，崐丘峻。揚羽翟，鼓應棘。出尊祇，展誠信。招海瀆，羅岳鎮。惟福祉，咸昭晉。

《誠雅》，一曲，四言：南北郊、明堂、太廟送神同用。

我有明德，馨非稷黍。牲玉孔備，嘉薦惟旅。金懸宿設，和樂具舉。禮達幽明，敬行樽俎。鼓鍾云送，遐福是與。

《獻雅》，一曲，四言：

神宮肅肅，天儀穆穆。禮獻既同，膺此釐福。我有馨明，無愧史祝。

《禋雅》，一曲，四言：就燎。

紫宮昭煥，太一微玄。降臨下土，尊高上天。載陳珪璧，式備牲牷。雲孤清引，枸虞高懸。俯昭象物，仰致高煙。肅彼靈祉，咸達皇虔。

《禋雅》，一曲，四言：就埋。

盛樂斯舉，協徵調宮。靈饗慶洽，祉積化融。八變有序，三獻已終。坎牲瘞玉，酬德報功。振垂成呂，投壤生風。道無虛致，事由感通。於皇盛烈，比祚華、嵩。

普通中，[1]薦蔬之後，改諸雅歌，敕蕭子雲製詞。

既無牲牢，遂省《滌雅》《牷雅》云。

今注本二十四史
隋書

[1]普通：南朝梁武帝蕭衍年號（520—527）。

南郊，舞奏黃鍾，取陽始化也。北郊，舞奏林鍾，取陰始化也。明堂宗廟，所尚者敬，薦賓是爲敬之名，復有陰主之義，故同奏焉。其南北郊、明堂、宗廟之禮，加有登歌。今又列其歌詩一十八曲云。

南郊皇帝初獻奏登歌，二曲，三言：

曒既明，禮告成。惟聖祖，主上靈。爵已獻，罍又盈。息羽籥，展歌聲。儼如在，結皇情。

禮容盛，樽俎列。玄酒陳，陶匏設。獻清旨，致虔潔。王既升，樂已闋。降蒼昊，垂芳烈。

北郊皇帝初獻奏登歌，二曲，四言：

方壇既坎，地祇已出。盛典弗愆，群望咸秩。乃升乃獻，敬成禮卒。靈降無兆，神饗載謐。允矣嘉祚，其升如日。

至哉坤元，實惟厚載。躬茲奠饗，誠交顯晦。或升或降，搖珠動佩。德表成物，慶流皇代。純嘏不愆，祺福是賚。

宗廟皇帝初獻奏登歌，七曲，四言：

功高禮洽，道尊樂備。三獻具舉，百司在位。誠敬罔愆，幽明同致。茫茫億兆，無思不遂。蓋之如天，容之如地。

殷兆玉筐，周始邠王。於赫文祖，基我大梁。肇土七十，奄有四方。帝軒百祀，人思未忘。永言聖烈，祚我無疆。

有夏多罪，殷人塗炭。四海倒懸，十室思亂。自天命我，殲凶殄難。既躍乃飛，言登天漢。爰饗爰祀，福祿攸贊。

犧象既飾，罍俎斯具。我鬱載馨，黃流乃注。峨峨卿士，駿奔是務。佩上鳴階，纓還拂樹。悠悠億兆，天臨日煦。

猗與至德，光被黔首。鑄鎔蒼昊，甄陶區有。肅恭三獻，對揚萬壽。比屋可封，含生無咎。匪徒七百，天長地久。

有命自天，於皇后帝。悠悠四海，莫不來祭。繁祉具膺，八神聳衛。福至有兆，慶來無際。播此餘休，于彼荒裔。

祀典昭潔，我禮莫違。八簋充室，六龍解騑。神宮肅肅，靈寢微微。嘉薦既饗，景福攸歸。至德光被，洪祚載輝。

明堂遍歌五帝登歌，五曲，四言：

歌青帝辭：

帝居在震，龍德司春。開元布澤，含和尚仁。群居既散，歲云陽止。飭農分地，人粒惟始。雕梁繡栱，丹楹玉墀。靈威以降，百福來綏。

歌赤帝辭：

炎光在離，火爲威德。執禮昭訓，持衡受則。靡草既凋，溫風以至。嘉薦惟旅，時羞孔備。齊醍在堂，笙鏞在下。匪惟七百，無絶終始。

歌黄帝辭：

鬱彼中壇，含靈闡化。迴環氣象，輪無輟駕。布德焉在，四序將收。音宮數五，飯稷驂騮。宅屏居中，旁臨外宇。升爲帝尊，降爲神主。

歌白帝辭：

神在秋方，帝居西皓。允兹金德，裁成萬寶。鴻來雀化，參見火邪。幕無玄鳥，菊有黄華。載列笙磬，式陳彝俎。靈罔常懷，惟德是與。

歌黑帝辭：

德盛乎水，玄冥紀節。陰降陽騰，氣凝象閉。司智蒞坎，駕鐵衣玄。祁寒坼地，晷度迴天。悠悠四海，駿奔奉職。祚我無疆，永隆人極。

太祖太夫人廟舞歌：

閟宮肅肅，清廟濟濟。於穆夫人，固天攸啓。祚我梁德，膺斯盛禮。文梡達嚮，重檐丹陛。飾我俎彝，潔我粢盛。躬事奠饗，推尊盡敬。悠悠萬國，具承兹慶。大孝追遠，兆庶攸詠。

太祖太夫人廟登歌：

光流者遠，禮貴彌巾。嘉饗云備，盛典必陳。追養自本，立愛惟親。皇情乃慕，帝服來尊。駕齊六轡，旂耀三辰。感兹霜露，事彼冬春。以斯孝德，永被蒸民。

《大壯舞》奏夷則，《大觀舞》奏姑洗，取其月王也。二郊、明堂、太廟，三朝並同用。今亦列其歌詩二曲云。

《大壯舞》歌，一曲，四言：

高高在上，實愛期人。眷求聖德，大拯彝倫。率土方燎，如火在薪。悚悚黔首，暮不及晨。朱光啓耀，兆發穹旻。我皇鬱起，龍躍漢津。言屆牧野，電激雷震。闞罃之甲，彭、濮之人。或貔或武，漂杵浮輪。我邦雖舊，其命惟新。六伐乃止，七德必陳。君臨萬國，遂撫八窾。

《大觀舞》歌，一曲，四言：

皇矣帝烈，大哉興聖。奄有四方，受天明命。居上不怠，臨下唯敬。舉無愆則，動無失正。物從其本，人遂其性。昭播九功，蕭齊八柄。寬以惠下，德以爲政。三趾晨儀，重輪夕映。棧壑忘阻，梯山匪夐。如日有恒，與天無竟。載陳金石，式流舞詠。《咸》《英》《韶》《夏》，於茲比盛。

相和五引：[1]

[1]相和五引：引爲相和歌的一種曲式名詞。相和歌爲起源於漢代的音樂形式，據《宋書·樂志》："相和，漢舊歌也，絲竹更相和，執節者歌"，知其爲有樂隊伴奏的歌曲演唱。元人郭茂倩《樂府詩集》引張永《元嘉正聲技錄》說，相和有六引，其中《箜篌引》闕，故祇有五引。歌詞爲沈約作，見《宋書·樂志》。

角引：

萌生觸發，歲在春。咸池始奏，德尚仁。淰滯以息，和且均。

徵引：

執衡司事，宅離方。滔滔夏日，火德昌。八音備舉，樂無疆。

宮引：

八音資始，君五聲。興此和樂，感百精。優游律呂，被《咸》《英》。

商引：

司秋紀兊，奏西音。激揚鍾石，和瑟琴。風流福被，樂愔愔。

羽引：

玄英紀運，冬冰折。物爲音本，和且悦。窮高測深，長無絶。

普通中，薦蔬以後，[1]敕蕭子雲改諸歌辭爲相和引，[2]則依五音宮商角徵羽爲第次，非隨月次也。

[1]薦蔬：薦，作獻解。蔬，蔬奠，供祭之粗物，即薄奠。《宋書》卷五三《江夷傳》有："薄斂蔬奠，務存儉約。"

[2]蕭子雲：人名。字景喬，蘭陵（今山東蒼山縣蘭陵鎮）人。《梁書》卷三五有附傳。

舊三朝設樂有登歌，以其頌祖宗之功烈，非君臣之所獻也，於是去之。三朝，第一，奏《相和五引》；第二，衆官入，奏《俊雅》；第三，皇帝入閤，奏《皇雅》；第四，皇太子發西中華門，奏《胤雅》；第五，皇帝進，王公發足；第六，王公降殿，同奏《寅雅》；第七，皇帝入儲變服；第八，皇帝變服出儲，同奏《皇雅》；第九，公卿上壽酒，奏《介雅》；第十，太子入預會，奏《胤雅》；十一，皇帝食舉，奏《需雅》；十二，撤食，奏《雍雅》；十三，設《大壯》武舞；十四，設《大觀》文舞；十五，設《雅歌》五曲；十六，設俳伎；十七，設《鼙舞》；十八，設《鐸舞》；十九，設《拂舞》；二十，設《巾舞》并《白紵》；二十一，設舞盤伎；二十二，設舞輪伎；二十三，設刺長追花幢伎；二十四，設受猾伎；二十五，設車輪折脰伎；二十六，設長蹻伎；二十七，設須彌山、黄山、三峽等伎；二十八，設跳鈴伎；二十九，設跳劍伎；三十，設擲倒伎；三十一，設擲倒案伎；三十二，設青絲幢伎；三十三，設一傘花幢伎；三十四，設雷幢伎；三十五，設金輪幢伎；三十六，設白獸幢伎；三十七，設擲蹻伎；三十八，設獼猴幢伎；三十九，設啄木幢伎；四十，設五案幢呪願伎；四十一，設辟邪伎；四十二，設青紫鹿伎；四十三，設白武伎，作訖，將白鹿來迎下；四十四，設寺子導安息孔雀、鳳凰、文鹿胡舞登連《上雲樂》歌舞伎；[1]四十五，設緣高絙伎；四十六，設變黃龍弄龜伎；四十七，皇太子起，奏《胤雅》；四十八，衆官出，奏《俊雅》；四十九，皇帝興，奏《皇雅》。

[1]導：底本作“遵”。中華本校勘記云：“據陳暘《樂書》一八七改。”今從改。

自宋、齊已來，三朝有鳳凰銜書伎。[1]至是乃下詔曰：“朕君臨南面，道風蓋闕，嘉祥時至，爲愧已多。假令巢俸軒閣，集同昌戶，猶當顧循寡德，推而不居。

況於名實頓爽，自欺耳目。一日元會，太樂奏鳳凰銜書
伎，至乃舍人受書，升殿跪奏。誠復興乎前代，率由自
遠，內省懷慚，彌與事篤。可罷之。”

[1]鳳凰銜書伎：鳳凰銜書之說古已有之，以喻天子使者持敕
命之書。《南齊書》有此曲歌辭，並稱“《鳳皇銜書伎歌辭》，蓋魚
龍之流也。元會日，侍中於殿前跪取其書。宋世辭云：‘大宋興隆
膺靈符，鳳鳥感和銜素書，嘉樂之美通玄虛，惟新濟濟邁唐虞，巍
巍蕩蕩道有餘。’齊初詔中書郎江淹改”。梁武帝蕭衍普通時下詔罷
之。《南齊書》所記與此大致相同。

天監四年，掌賓禮賀瑒，[1]請議皇太子元會出入所
奏。帝命別制養德之樂。瑒謂宜名《元雅》，迎送二傅
亦同用之。取《禮》“一有元良，萬國以貞”之義。明
山賓、嚴植之及徐勉等，[2]以爲周有九《夏》，梁有十二
《雅》。此並則天數，爲一代之曲。今加一雅，便成十
三。瑒又疑東宮所奏舞，帝下其議。瑒以爲，天子爲
樂，以賞諸侯之有德者。觀其舞，知其德。況皇儲養德
春宮，式瞻攸屬。謂宜備《大壯》《大觀》二舞，以宣
文武之德。帝從之。於是改皇太子樂爲《元貞》，奏二
舞。是時禮樂制度，粲然有序。其後臺城淪没，簡文帝
受制於侯景。景以簡文女溧陽公主爲妃，請帝及主母范
淑妃宴于西州，奏梁所常用樂。景儀同索超世亦在宴
筵。帝潸然屑涕。景興曰：“陛下何不樂也？”帝強笑
曰：“丞相言索超世聞此以爲何聲？”景曰：“臣且不知，
何獨超世？”自此樂府不修，風雅咸盡矣。及王僧辯破

侯景，諸樂並送荆州。經亂，工器頗闕，元帝詔有司補綴纔備。荆州陷没，周人不知采用，工人有知音者，並入關中，隨例没爲奴婢。

[1]賀瑒：人名。字德璉，會稽山陰（今浙江紹興市）人。傳見《梁書》卷四八。

[2]明山賓：人名。字孝若，平原鬲（今山東平原縣）人。官東宫學士兼國子祭酒。傳見《梁書》卷二七。　嚴植之：人名。字孝源，建平秭歸（今湖北秭歸縣）人。初仕齊，爲廣王國右常侍，尋爲康樂侯相。天監中爲五經博士，後遷中撫軍記室參軍，猶兼博士。傳見《梁書》卷四八。　徐勉：人名。字脩仁，東海郯（今山東郯城縣）人。歷官吏部尚書，累遷至中書令。傳見《梁書》卷二五、《南史》卷六○。

鼓吹，宋、齊並用漢曲，[1]又充庭用十六曲。高祖乃去四曲，留其十二，合四時也。更制新歌，以述功德。其第一，漢曲《朱鷺》改爲《木紀謝》，言齊謝梁升也。第二，漢曲《思悲翁》改爲《賢首山》，言武帝破魏軍於司部，肇王迹也。第三，漢曲《艾如張》改爲《桐柏山》，言武帝牧司，王業彌章也。第四，漢曲《上之回》改爲《道亡》，言東昏喪道，義師起樊鄧也。第五，漢曲《擁離》改爲《忱威》，言破加湖元勳也。第六，漢曲《戰城南》改爲《漢東流》，言義師克魯山城也。第七，漢曲《巫山高》改爲《鶴樓峻》，言平郢城，兵威無敵也。第八，漢曲《上陵》改爲《昏主恣淫慝》，言東昏政亂，武帝起義，平九江、姑熟，大破朱雀，伐罪弔人也。第九，漢曲《將進酒》改爲《石首局》，言義師平京城，仍廢昏，定大事也。第十，漢曲《有所思》改爲《期運集》，言武帝應籙受禪，德盛化遠也。十一，漢曲《芳樹》改爲《於穆》，言大梁闡運，君臣和樂，休祚方遠也。十二，漢曲《上邪》改爲《惟大梁》，言梁德廣運，仁化洽也。

[1]漢曲：漢代鼓吹曲。鼓吹是初見於漢代的樂隊，是以管樂器和打擊樂器爲主的合奏，亦稱短簫鐃歌。元人郭茂倩《樂府詩集》録陳釋智匠之《古今樂録》有漢鼓吹鐃歌十八曲之歌詞。此節漢曲十二曲即選自十八曲中。

天監七年，將有事太廟。詔曰："《禮》云'齋日不樂'，今親奉始出宮，振作鼓吹。外可詳議。"八座丞郎參議，請輿駕始出，鼓吹從而不作，還宮如常儀。帝從之，遂以定制。

初武帝之在雍鎮，有童謠云："襄陽白銅蹄，反縛揚州兒。"識者言，白銅蹄謂馬也。白，金色也。及義師之興，實以鐵騎，揚州之士，皆面縛，果如謠言。故即位之後，更造新聲，帝自爲之詞三曲，又令沈約爲三曲，以被絃管。帝既篤敬佛法，又制《善哉》《大樂》《大歡》《天道》《仙道》《神王》《龍王》《滅過惡》《除愛水》《斷苦輪》等十篇，[1]名爲正樂，皆述佛法。又有法樂童子伎、童子倚歌梵唄，[2]設無遮大會則爲之。[3]

[1]輪：底本作"轉"。中華本校勘記云："據《通典》一四二

改。”今從改。

　　[2]法樂童子伎：法樂是源於東晉至梁代用於佛教法會的音樂。
至梁代形成以清商樂爲主的法樂，隋代稱爲法曲。梁武帝蕭衍倡佛
教，設少年樂伎組織，謂之法樂童子伎。　梵唄：指佛教徒以短偈
形式贊唱佛、菩薩之頌歌。唄，梵文音譯之略，爲贊嘆之意。偈，
源於梵文偈佗音譯之簡，爲佛經中的頌詞，《法苑珠林·唄贊篇》
有：“唄者短偈以流頌。”唱頌佛經時亦可有樂器伴奏。《高僧傳》
卷一三有“天竺方俗，凡是歌詠法言，皆稱爲唄，至於本土，詠經
則稱爲轉讀，歌讚則號爲梵唄，昔諸天讚唄，皆以韻入絃縮”。佛
教的傳入，隨之帶來佛經的唱誦方法，但中國語言的音韻規律與印
度不同，繼而出現了本土化的唱誦佛經的音樂，故《法苑珠林》有
“關內關外，吳、蜀唄辭，各隨所好，唄讚多種。但漢、梵既殊，
音韻不可互用”之説。三國魏陳思王曹植開創以中國語言音韻唱誦
佛經的方法，故《法苑珠林》説：“（陳思王曹植）遂製轉贊七聲，
昇降曲折之響，世之諷誦，咸憲章焉。”

　　[3]無遮大會：無遮，源於梵文，意謂聖賢道俗上下貴賤無遮，
平等行財施和法施的法會。據《大唐西域記》載戒日王“五歲一
設無遮大會，頃竭府庫惠施群有”。中國的無遮大會始於梁武帝，
見《佛祖統記》卷三七。

　　陳初，武帝詔求宋、齊故事。太常卿周弘讓奏
曰：[1]“齊氏承宋，咸用元徽舊式，宗祀朝饗，奏樂俱
同，唯北郊之禮，頗有增益。皇帝入壇門，奏《永至》；
飲福酒，奏《嘉胙》；太尉亞獻，奏《凱容》；埋牲，
奏《隷幽》；帝還便殿，奏《休成》；衆官並出，奏
《肅成》。此乃元徽所闕，永明六年之所加也。唯送神之
樂，宋孝建二年秋《起居注》云‘奏《肆夏》’，永明
中，改奏《昭夏》。”[2]帝遂依之。是時並用梁樂，唯改

七室舞辭，今列之云。

皇祖步兵府君神室奏《凱容舞》辭：

於赫皇祖，宮墻高巋。邁彼厥初，成兹峻極。縵樂簡簡，閟寢翼翼。祼饗若存，惟靈靡測。

皇祖正員府君神室奏《凱容舞》辭：

昭哉上德，浚彼洪源。道光前訓，慶流後昆。神猷緬邈，清廟斯存。以享以祀，惟祖惟尊。

皇祖懷安府君神室奏《凱容舞》辭：

選辰崇饗，飾禮嚴敬。靡愛牲牢，兼馨粢盛。明明列祖，龍光遠映。肇我王風，形斯舞詠。

皇高祖安成府君神室奏《凱容舞》辭：

道遥積慶，德遠昌基。永言祖武，致享從思。九章停列，八舞迴墀。靈其降止，百福來綏。

皇曾祖太常府君神室奏《凱容舞》辭：

肇迹帝基，義標鴻篆。恭惟載德，瓊源方闡。享薦三清，筵陳四璉。增我堂構，式敷帝典。

皇祖景皇帝神室奏《景德凱容舞》辭：

皇祖執德，長發其祥。顯仁藏用，懷道韜光。寧斯閟寢，合此蕭薌。永昭貽厥，還符翦商。

皇考高祖武皇帝神室奏《武德舞》辭：

烝哉聖祖，撫運升離。道周經緯，功格玄祇。方軒邁扈，比舜陵媯。緝熙是詠，欽明在斯。雲雷邁屯，圖南共舉。大定揚、越，震威衡、楚。四奥宅心，九疇還叙。景星出翼，非雲入吕。德暢容辭，慶昭羽綴。於穆清廟，載揚徽烈。嘉玉既陳，豐盛斯潔。是將是享，鴻獻無絶。

[1]周弘讓：人名。陳人，性簡素，始仕不得志，隱於句容之茅山。天嘉初領太常卿。《南史》卷三四有附傳。

[2]《肆夏》《昭夏》：周代祭祀之樂章，《周禮·鍾師》有：“凡樂事以鍾鼓奏《九夏》：《王夏》《肆夏》《昭夏》《納夏》《章夏》《齊夏》《族夏》《祴夏》《驁夏》。”鄭玄注：“以鍾鼓者，先擊鍾，次擊鼓，以奏《九夏》。夏，大也，樂之大歌有九。”

天嘉元年，文帝始定圓丘、明堂及宗廟樂。都官尚書到仲舉權奏：[1]“衆官入出，皆奏《肅成》。牲入出，奏《引犧》。上毛血，奏《嘉薦》。迎送神，奏《昭夏》。皇帝入壇，奏《永至》。皇帝升陛，奏《登歌》。皇帝初獻及太尉亞獻、光禄勳終獻，並奏《宣烈》。皇帝飲福酒，奏《嘉胙》；就燎位，奏《昭遠》；還便殿，奏《休成》。”

[1]到仲舉：人名。字德言，南朝陳人。官至侍中、尚書僕射，封建昌縣公。後以其子到郁有異謀，並下獄賜死。傳見《陳書》卷二〇。

至太建元年，定三朝之樂，[1]采梁故事：第一，奏《相和》五引，各隨王月，則先奏其鍾。唯衆官入，奏《俊雅》，林鍾作，太簇參應之，取其臣道也。鼓吹作。皇帝出閣，奏《皇雅》，黃鍾作，太簇、夾鍾、姑洗、大吕皆應之。鼓吹作。皇太子入至十字陛，奏《胤雅》，太簇作，南吕參應之，取其二月少陽也。皇帝延王公登，奏《寅雅》，夷則作，夾鍾應之，取其月法也。皇帝入宁變服，奏《皇雅》，黃鍾作，林鍾參應之。鼓吹作。皇帝出宁及升座，皆奏《皇雅》，並如變服之作。上壽酒，奏《介雅》，太簇作，南呂參應之，取其陽氣盛長，萬物輻湊也。食舉，奏《需雅》，蕤賓作，大呂參應之，取火主於禮，所謂"食我以禮"也。撤饌，奏《雍雅》，無射作，中呂參應之，取其津潤已竭也。武舞奏《大壯》，夷則作，夾鍾參應之，七月金始王，取其堅斷也。鼓吹引而去來。文舞奏《大觀》，姑洗作，應鍾參應之，三月萬物必榮，取其布惠者也。鼓吹引而去來。眾官出，奏《俊雅》，蕤賓作，林鍾、夷則、南呂、無射、應鍾、太簇參應之。鼓吹作。皇帝起，奏《皇雅》，黃鍾作，林鍾、夷則、南呂、無射參應之。鼓吹作。祠用宋曲，宴准梁樂，蓋取人神不雜也。制曰：[2]"可。"

[1]朝：底本作"廟"。中華本校勘記云："據《通典》一四二改。"今從改。

[2]制：本意爲制度、法式、命令，秦始皇統一六國後定爲皇帝命令文告之一種，又稱制書。漢朝及以後王朝因之。

五年，詔尚書左丞劉平、儀曹郎張崖，[1]定南北郊及明儀注。改天嘉中所用齊樂，盡以"韶"爲名。工就位定，協律校尉舉麾，太樂令跪贊云："奏《戀韶》之樂。"降神，奏《通韶》；牲入出，奏《潔韶》；帝入壇及還便殿，奏《穆韶》。帝初再拜，舞《七德》，工執干楯，曲終復綴。出就懸東，繼舞《九序》，工執羽籥。
獻爵於天神及太祖之座，奏登歌。帝飲福酒，奏《嘉
韶》；就望燎，奏《報韶》。

[1]劉平：人名。史無傳。　張崖：人名。南朝陳晋陵（今江
蘇常州市）人。傳見《陳書》卷三三、《南史》卷七一。"崖"底
本作"崔"。中華本校勘記云："據《陳書》本傳及《通典》一四
二改。"今從改。

至六年十一月，侍中尚書左僕射、建昌侯徐陵，[1]
儀曹郎中沈罕，[2]奏來年元會儀注，稱舍人蔡景歷奉
敕，[3]先會一日，太樂展宮懸、高絙、五案於殿庭。客
入，奏《相和》五引。帝出，黃門侍郎舉麾於殿上，掌
故應之，舉於階下，奏《康韶》之樂。詔延王公登，奏
《變韶》。奉珪璧訖，初引下殿，奏亦如之。帝興，入便
殿，奏《穆韶》。更衣又出，奏亦如之。帝舉酒，奏
《綏韶》。進膳，奏《侑韶》。帝御茶果，太常丞跪請進
舞《七德》，繼之《九序》。其鼓吹雜伎，取晋、宋之
舊，微更附益。舊元會有黃龍變、文鹿、師子之類，太
建初定制，皆除之。至是蔡景歷奏，悉復設焉。其制，
鼓吹一部十六人，則篪十三人，笳二人，鼓一人。東宮
一部，降三人，簫減二人，笳減一人。諸王一部，又降
一人，減簫一。庶姓一部，又降一人，復減簫一。

[1]徐陵：人名。字孝穆。梁時任東宮學士，南歸後入陳，任
尚書左僕射等職。善詩與駢文，多輕靡綺艷之作，與庾信齊名，世

稱徐庾體。傳見《陳書》卷二六。

　　[2]沈罕：人名。史無傳。

　　[3]蔡景歷：人名。字茂世，南朝陳考城（今河南蘭考縣）人。武帝時辟記室參軍，及受禪，遷祕書監，中書通事舍人，掌詔誥，進爵爲侯，累遷度支尚書。傳見《陳書》卷一六、《南史》卷六八。

　　及後主嗣位，耽荒於酒，視朝之外，多在宴筵。尤重聲樂，遣宮女習北方簫鼓，謂之《代北》，酒酣則奏之。[1]又於清樂中造《黄鸝留》及《玉樹後庭花》《金釵兩臂垂》等曲，[2]與幸臣等製其歌詞，綺艷相高，極於輕薄。男女唱和，其音甚哀。

　　[1]北方簫鼓，謂之《代北》：北方簫鼓係南北朝時北方民族的鼓吹樂，一稱代北、北歌或眞人代歌。《舊唐書·音樂志》有："北狄樂其可知者鮮卑、吐谷渾、部落稽三國，皆馬上樂也……後魏樂府始有北歌，即《魏史》所謂《眞人代歌》是也。代都時，命掖庭宮女晨夕歌之。周、隋世，與西涼樂雜奏。"西涼樂，是北魏太武帝時以中原音樂與龜茲音樂融合的音樂，龜茲當今之新疆庫車。西涼樂，本志下卷有詳述。陳後主時將鼓吹樂用於宴會，簫鼓的演奏場景，《樂府詩集》引《古今樂錄》有如下描述："梁、陳時宮懸圖，四隅各有鼓吹樓而無建鼓，鼓吹樓者，昔簫史吹簫於秦，秦人爲之築鳳臺。故鼓吹，陸則樓車，水則樓船。其在庭則以簨簴爲樓也。"簨簴，鐘磬的架，橫杆爲簨，立柱作簴。

　　[2]清樂：始作清商樂。是南北朝時承繼漢、魏以來的相和歌而形成新的音樂形式。"絲竹更相和，執節者歌"的演唱形式，由於時代變遷之故中原音樂流至江南，與當地民間音樂融合，稱作清商樂。《舊唐書·音樂志》說："清樂者，南朝舊樂也。永嘉之亂，

五都淪覆，遺聲舊制，散落江左。宋、梁之間，南朝文物，號爲最盛，人謡國俗，亦世有新聲。後魏孝文、宣武，用師淮、漢，收其所獲南音，謂之《清商樂》。隋平陳，因置清商署，總謂之清樂。"隋代稱清商樂爲清樂。清商樂所包括的樂種有中原舊曲、吳歌、西曲。《魏書·樂志》記載較詳："初，高祖（孝文帝）討淮、漢，世宗（宣武帝）定壽春，收其聲伎。江左所傳中原舊曲……及江南吳歌、荆楚四聲，總稱清商。"吳歌，或吳聲歌曲，流傳於古吳地，長江流域以建業（今江蘇南京市）爲中心的歌曲。《晋書·樂志》説："吳歌雜曲，並出江南，東晋以來稍有增廣。"吳歌的演唱有樂隊伴奏，《古今樂録》有："吳聲歌舊器有篪、箜篌、琵琶，今有笙、箏。"《樂府詩集》收有吳歌歌詞數首。西曲是産生於江、漢地區的歌曲，《樂府詩集》保存有西曲歌詞三十四首。清商樂開隋唐燕樂之濫觴。隋代之九部樂、十部樂均列有清商伎。

隋書　卷一四

志第九

音樂中

　　齊神武霸迹肇創，遷都于鄴，猶曰人臣，故咸遵魏典。及文宣初禪，尚未改舊章。宮懸各設十二鎛鍾，於其辰位，四面並設編鍾磐各一簴，合二十架。設建鼓於四隅。郊廟朝會同用之。其後將有創革，尚藥典御祖珽自言，[1]舊在洛下，曉知舊樂。上書曰："魏氏來自雲、朔，肇有諸華，樂操土風，未移其俗。至道武帝皇始元年，破慕容寶于中山，獲晉樂器，不知采用，皆委棄之。天興初，吏部郎鄧彥海，[2]奏上廟樂，創制宮懸，而鍾管不備。樂章既闕，雜以《簸邏迴歌》。[3]初用八佾，[4]作《皇始》之舞。至太武帝平河西，得沮渠蒙遜之伎，賓嘉大禮，皆雜用焉。此聲所蓋符堅之末，呂光出平西域，得胡戎之樂，因又改變，雜以秦聲，所謂《秦漢樂》也。[5]至永熙中，録尚書長孫承業，[6]共臣先人太常卿瑩等，斟酌繕修，戎華兼采，至於鍾律，[7]煥然大備。自古相襲，損益可知，今之創制，請以爲准。"
珽因采魏安豐王延明及信都芳等所著《樂説》，[8]而定正
聲。始具宮懸之器，仍雜西涼之曲，樂名《廣成》，而
舞不立號，所謂"洛陽舊樂"者也。

[1]尚藥：官署名。即尚藥局。"藥"底本作"樂"。中華本校
勘記云："據《北齊書·祖珽傳》、《通典》卷一四二改。"今從改。
　典御：官職名。　祖珽：人名。北齊范陽（今河北定興縣固城鎮
北伏圖城）人，字孝徵。擅詞藻，諳音律，旁通陰陽、占候、醫藥
之術。傳見《北齊書》卷三九，《北史》卷四七有附傳。

[2]鄧彦海：人名。史無傳。

[3]《簸邏迴歌》：代北的樂曲名，見於《舊唐書·音樂志》。

[4]八佾：天子舞樂八行八列。《論語集解》有："佾，舞列也。
天子八、諸侯六、大夫四、士二。"

[5]《秦漢樂》：西涼樂亦稱秦漢樂。西涼樂因係中原音樂與
西域（主要是龜玆）音樂融合的音樂，故有秦漢樂之稱。

[6]長孫承業：人名。史無傳。

[7]鍾律：鍾或編鍾的定律方法，是以弦律作標準調製鍾的音
高，古代稱均鍾，《國語·周語上》有"度律均鍾"一語。

[8]信都芳：人名。北齊人，字玉琳。精通算術，著有重差勾
股、四術周髀宗等。傳見《北齊書》卷四九、《北史》卷八九。

武成之時，始定四郊、宗廟、三朝之樂。群臣入
出，奏《肆夏》。牲入出，薦毛血，並奏《昭夏》。迎
送神及皇帝初獻、禮五方上帝，並奏《高明》之樂，爲
《覆燾》之舞。皇帝入壇門及升壇飲福酒，就燎位，還
便殿，並奏《皇夏》。以高祖配饗，奏《武德》之樂，

爲《昭烈》之舞。祼地，奏登歌。其四時祭廟及禘祫皇六世祖司空、五世祖吏部尚書、高祖秦州刺史、曾祖太尉武貞公、祖文穆皇帝諸神室，並奏《始基》之樂，爲《恢祚》之舞。高祖神武皇帝神室，奏《武德》之樂，爲《昭烈》之舞。文襄皇帝神室，奏《文德》之樂，爲《宣政》之舞。顯祖文宣皇帝神室，奏《文正》之樂，爲《光大》之舞。肅宗孝昭皇帝神室，奏《文明》之樂，爲《休德》之舞。其入出之儀，同四郊之禮。今列其辭云。

大禘圜丘及北郊歌辭：

夕牲群臣入門，奏《肆夏》樂辭：

肇應靈序，奄字黎人。乃朝萬國，爰徵百神。祇展方望，幽顯咸臻。禮崇聲協，贄列珪陳。翼差鱗次，端笏垂紳。來趨動色，式贊天人。

迎神奏《高明樂》辭：登歌辭同。

惟神監矣，北郊云：“惟祇監矣。”皇靈肅止。圓璧展事，北郊云：“方琮展事。”成文即始。北郊云：“即陰成理。”士備八能，樂合六變。北郊云：“樂合八變。”風湊伊雅，光華襲薦。宸衛騰景，靈駕霏煙。嚴壇生白，綺席凝玄。

牲出入，奏《昭夏》辭：

剛柔設位，惟皇配之。言肅其禮，念暢在茲。飾牲舉獸，載歌且舞。既捨伊脤，致精靈府。物色惟典，齋沐加恭。宗族咸暨，罔不率從。

薦毛血，奏《昭夏》辭：群臣出，奏《肆夏》，進熟，群臣入，奏《肆夏》，辭同初入。

展禮上月，肅事應時。繭栗爲用，交暢有期。弓矢斯發，盆簝將事。圓神致祀，北郊云："方祇致祀。"率由先志。和以鸞刀，臭以血膋。致哉敬矣，厥義孔高。

進熟，皇帝入門，奏《皇夏》辭：

帝敬昭宣，皇誠肅致。玉帛齊軌，屏攝咸次。三垓上列，北郊云："重垓上列。"四陛旁升。北郊云："分陛旁升。"龍陳萬騎，鳳動千乘。神儀天藹，晬容離曜。金根停軫，奉光先導。

皇帝升丘，奏《皇夏》辭：壇上登歌辭同。

紫壇雲暖，北郊云："層壇雲暖。"紺幄霞褰。北郊云："嚴幄霞褰。"我其陟止，載致其虔。百靈竦聽，萬國咸仰。人神咫尺，玄應胮蠁。

皇帝初獻，奏《高明樂》辭：

上下眷，旁午從。爵以質，獻以恭。咸斯暢，樂惟雍。孝敬闡，臨萬邦。

皇帝奠爵訖，奏《高明樂》《覆燾》之舞辭：

自天子之，會昌神道。丘陵肅事，北郊云："方澤祇事。"克光天保。九關洞開，百靈環列。八樽呈備，五聲投節。

皇帝獻太祖配饗神座，奏《武德》之樂、《昭烈》之舞辭：皇帝小退，當昊天上帝神座前，奏皇夏，辭同上《皇夏》。

配神登聖，主極尊靈。敬宣昭燭，咸達窅冥。禮弘化定，樂贊功成。穰穰介福，下被群生。

皇帝飲福酒，奏《皇夏》之樂：皇帝詣東陛，還便坐，又奏《皇夏》，辭同初入門。

皇心緬且感，吉蠲奉至誠。赫哉光盛德，乾〈〈詔百靈。報福歸昌運，承祐播休明。風雲馳九域，龍蛟躍四溟。浮幕呈光氣，儷象燭華精。《護》《武》方知恥，《韶》《夏》僅同聲。

送神，降丘南陛，奏《高明樂》辭；皇帝之望燎位，又奏《皇夏》，辭同上《皇夏》。

獻享畢，懸佾周。神之駕，將上游。北郊云：「將下游。」超斗極，北郊云：「超荒極。」絕河流。北郊云「憩崑丘。」懷萬國，寧九州。欣帝道，心顧留。匝上下，荷皇休。

紫壇既燎，奏《昭夏》樂辭：皇帝自望燎還本位，奏《皇夏》，辭同上《皇夏》。

玄黃覆載，元首照臨。合德致禮，有契其心。敬申事闋，潔誠云報。玉帛載升，北郊云：「牲玉載陳。」棫樸斯燎。寥廓幽曖，播以馨香。皇靈惟監，降福無疆。

皇帝還便殿，奏《皇夏》辭：群臣出，奏《肆夏》，辭同上《肆夏》。祠感帝用圜丘辭。

天大親嚴，匪敬伊孝。永言肆饗，宸明增耀。陽丘既暢，北郊云：「陰澤云暢。」大典逾光。乃安斯息，欽若舊章。天迴地旋，鳴鑾引警。且萬且億，皇曆惟永。

五郊迎氣樂辭：

青帝降神，奏《高明樂》辭：

歲云獻，谷風歸。斗東指，雁北飛。電鞭激，雷車遽。虹旌靡，青龍馭。和氣洽，具物滋。翻降止，應帝期。

赤帝降神，奏《高明樂》辭：

婺女司旦，中呂宣。朱精御節，離景延。根荄俊茂，溫風發。柘火風水，應炎月。執衡長物，德孔昭。赤旂霞曳，會今朝。

黃帝降神，奏《高明樂》辭：

居中匝五運，乘衡畢四時。含養資群物，協德固皇基。嘽緩契王風，持載符君德。良辰動靈駕，承祀昌邦國。

白帝降神，奏《高明樂》辭：

風涼露降，馳景颺寒精。山川搖落，平秩在西成。蓋藏成積，蒸人被嘉祉。從享來儀，鴻休溢千祀。

黑帝降神，奏《高明樂》辭：

虹藏雉化，告寒。冰壯地坼，年殫。日次月紀，方極。九州萬邦，獻力。叶光是紀，葳窮。微陽潛兆，方融。天子赫赫，明聖。享神降福，惟敬。

祠五帝於明堂樂歌辭：

先祀一日，夕牲，群官入自門，奏《肆夏》：

國陽崇祀，嚴恭有聞。荒華胥暨，樂我大君。冕瑞有列，禽帛恭叙。群后師師，威儀容與。執禮辨物，司樂考章。率由靡墜，休有烈光。

太祝令迎神，奏《高明樂》《覆燾舞》辭：

祖德光，國圖昌。祇上帝，禮四方。闢紫宮，洞華闕。龍獸奮，風雲發。飛朱雀，從玄武。攜日月，帶雷雨。耀宇內，溢區中。眷帝道，感皇風。帝道康，皇風扇。粢盛列，椒糈薦。神且寧，會五精。歸福禄，幸閻亭。

太祖配饗，奏《武德樂》《昭烈舞》辭：五方天帝奏《高明》之樂、《覆燾》之舞，辭同迎氣。

我惟我祖，自天之命。道被歸仁，時屯啓聖。運鍾千祀，授手萬姓。夷兇掩虐，匡頹翼正。載經載營，庶士咸寧。九功以洽，七德兼盈。丹書入告，玄玉來呈。露甘泉白，雲郁河清。聲教咸往，舟車畢會。仁加有形，化洽無外。嚴親惟重，陟配惟大。既祐斯歌，率土攸賴。

牲出入，奏《昭夏樂》辭：

孝饗不匱，精潔臨年。滌牢委溢，形色博牷。于以用之，言承歆祀。肅肅威儀，敢不敬止。載飾載省，維牛維羊。明神有察，保茲萬方。

薦血毛，奏《昭夏》辭：群臣出，奏《肆夏》，進熟，群臣入，奏《肆夏》，同上《肆夏》辭。

我將宗祀，虔獻厥誠。鞠躬如在，側聽無聲。薦色斯純，呈氣斯臭。有滌有濯，惟神其祐。五方來格，一人多祉。明德惟馨，於穆不已。

進熟，皇帝入門，奏《皇夏》辭：皇帝升壇，奏《皇夏》，辭同。

象乾上構，儀巛下基。集靈崇祖，永言孝思。室陳籩豆，庭羅懸佾。夙夜畏威，保茲貞吉。舞貴其夜，歌重其升。降斯百祿，惟響惟應。

皇帝初獻，奏《高明樂》《覆燾舞》辭：

度几筵，闢牖戶。禮上帝，感皇祖。酌惟潔，滌以清。薦心款，達神明。

皇帝裸獻，奏《高明樂》《覆燾舞》辭：

帝精來降，應我明德。禮殫義展，流祉邦國。既受多祉，實資孝敬。祀竭其誠，荷天休命。

皇帝飲福酒，奏《皇夏》辭：

恭祀洽，盛禮宣。英猷爛層景，廣澤同深泉。上靈鍾百福，群神歸萬年。月軌咸梯岫，日域盡浮川。瑞鳥飛玄扈，潛鱗躍翠漣。皇家膺寶曆，兩地復參天。

太祝送神，奏《高明樂》《覆燾舞》辭：

青陽奏，發朱明。歌西皓，唱玄冥。大禮罄，廣樂成。神心懌，將遠征。飾龍駕，矯鳳旐。指閶闔，憩層城。出溫谷，邁炎庭。跨西汜，過北溟。忽萬億，耀光精。比電騖，與雷行。嗟皇道，懷萬靈。固王業，震天聲。

皇帝還便殿，奏《皇夏》辭：

文物備矣，聲明有章。登薦唯肅，禮邈前王。邕齊云終，折旋告罄。穆穆旒冕，蘊誠畢敬。屯衛按部，鑾蹕迴途。暫留紫殿，將及清都。

享廟樂辭：

先祀一日，夕牲，群臣入，奏《肆夏》辭：

霜淒雨暢，烝哉帝心。有敬其祀，肅事惟歆。昭昭車服，濟濟衣簪。鞠躬貢酎，磬折奉琛。差以五列，和以八音。式祇王度，如玉如金。

迎神奏《高明》登歌樂辭：

日卜惟吉，辰擇其良。奕奕清廟，黼黻周張。大呂為角，應鍾為羽。路鼗陰竹，德歌昭舞。祀事孔明，百神允穆。神心乃顧，保茲介福。

牲出入，奏《昭夏樂》辭：

大祀云事，獻奠有儀。既歌既展，贊顧迎犠。執從伊竦，努飾惟慄。俟用於庭，將升於室。且握且騂，以致其誠。惠我貽頌，降祉千齡。

薦血毛，奏《昭夏》辭：三公出，奏《肆夏》，進熟，群臣入，奏《肆夏》，辭同。

悃彼遐慨，悠然永思。留連七享，纏綿四時。神升魄沈，靡聞靡見。陰陽載俟，臭聲兼薦。祖考其鑒，言萃王休。降神敷錫，百福是由。

進熟，皇帝入北門。奏《皇夏樂》辭：

齊居嚴殿，鳳駕層闈。車輅垂彩，旒衮騰輝。聳誠載仰，翹心有慕。洞洞自形，斤斤表步。閟宮有邃，神道依俙。孝心緬邈，爰屬爰依。

太祝祼地，奏登歌樂辭：皇帝詣東陛，奏《皇夏》，升殿，又奏《皇夏》，辭同。

太室窅窅，神居宿設。鬱鬯惟芬，珪璋惟潔。彝斝應時，龍蒲代用。藉茅無咎，福祿攸降。端感會事，儼思修禮。齊齊勿勿，俄俄濟濟。

皇帝升殿，殿上作登歌樂辭：

我祠我祖，永惟厥先。炎農肇聖，靈祉蟬聯。霸圖中造，帝業方宣。道昌基構，撫運承天。奄家六合，爰光八埏。尊神致禮，孝思惟纏。寒來暑反，惕薦在年。匪敬伊慕，備物不怠。設簨設業，鞉鼓填填。辟公在位，有容伊虔。登歌啓俗，下管應懸。厥容無爽，幽明肅然。誠匪厚地，和達穹玄。既調風雨，載協山川。周庭有列，湯孫永延。教聲惟被，邁後光前。

皇帝初獻皇祖司空公神室，奏《始基樂》《恢祚舞》辭：

克明克俊，祖武惟昌。業弘營土，聲被海方。有流厥德，終耀其光。明神幽贊，景祚攸長。

皇帝初獻皇祖吏部尚書神室，奏《始基樂》《恢祚舞》辭：

顯允盛德，隆我前構。瑤源彌瀉，瓊根愈秀。誕惟有族，丕緒克茂。大業崇新，洪基增舊。

皇帝初獻皇祖秦州使君神室，奏《始基樂》《恢祚舞》辭：

祖德丕顯，明哲知機。豹變東國，鵲起西歸。禮申官次，命改朝衣。敬思孝享，多福無違。

皇帝獻太祖太尉武貞公神室，奏《始基樂》《恢祚舞》辭：

兆靈有業，潛德無聲。韜光戢耀，貫幽洞冥。道弘舒卷，施博藏行。緬追歲事，夜遽不寧。

皇帝獻皇祖文穆皇帝神室，奏《始基樂》《恢祚舞》辭：

皇皇祖德，穆穆其風。語默自已，明叡在躬。荷天之錫，聖表克隆。高山作矣，寶祚其崇。離光旦旦，載煥載融。感薦惟永，神保無窮。

皇帝獻高祖神武皇帝神室，奏《武德樂》《昭烈舞》辭：

天造草昧，時難糾紛。拯拯斯溺，靡救其焚。大人利見，緯武經文。顧指惟極，吐吸風雲。開天闢地，峻岳夷海。冥工掩迹，上德不宰。神心有應，龍化無待。義征九服，仁兵告凱。上平下成，靡或不寧。匪王伊帝，偶極崇靈。享親則孝，潔祀惟誠。禮備樂序，肅贊神明。

皇帝獻文襄皇帝神室，奏《文德樂》《宣政舞》辭：

聖武丕基，叡文顯統。眇哉神啓，鬱矣天縱。道則人弘，德云邁種。昭冥咸叙，崇深畢綜。自中徂外，經朝庇野。政反淪風，威還缺雅。旁作穆穆，格于上下。維享維宗，來鑒來假。

皇帝獻顯祖文宣皇帝，奏《文正樂》《光大舞》辭：

玄曆已謝，蒼靈告期。圖璽有屬，揖讓惟時。龍升獸變，弘我帝基。對揚穹昊，實啓雍熙。欽若皇猷，永懷王度。欣賞斯穆，威刑允措。軌物俱宣，憲章咸布。俗無邪指，下歸正路。茫茫九域，振以乾綱。混通華裔，配括天壤。作禮視德，列樂傳響。薦祀惟虔，衣冠載仰。

皇帝還東壁，飲福酒，奏《皇夏》樂辭：

孝心翼翼，率禮兢兢。時洗時薦，或降或升。在堂在户，載湛載凝。多品斯奠，備物攸膺。蘭芬敬挹，玉俎恭承。受祭之祜，知彼岡陵。

送神，奏《高明樂》辭：

仰檟梀，慕衣冠。禮云馨，祀將闌。神之駕，紛弈弈。乘白雲，無不適。窮昭域，極幽塗。歸帝祉，眷皇都。

　　皇帝詣便殿，奏《皇夏》樂辭：群官出，奏《肆夏》，辭同。

　　禮行斯畢，樂奏以終。受釐先退，載暢其衷。鑾軒循轍，麾旌復路。光景徘徊，絃歌顧慕。靈之相矣，有錫無疆。國圖日鏡，家曆天長。

　　元會大饗，協律不得升陛，黃門舉麾於殿上。今列其歌辭云。

　　賓入門，四箱奏《肆夏》辭：

　　昊蒼眷命，興王統天。業高帝始，道邈皇先。禮成化穆，樂合風宣。賓朝荒夏，揚對穹玄。

　　皇帝出閤，奏《皇夏樂》辭：

　　夏正肇旦，周物充庭。具僚在位，俛伏無聲。大君穆穆，宸儀動晬。日煦天迴，萬靈胥萃。

　　皇帝當宸，群臣奉賀，奏《皇夏》辭：

　　天子南面，乾覆離明。三千咸列，萬國填并。猶從禹會，如次湯庭。奉兹一德，上下和平。

　　皇帝入宁變服，黃鍾、太簇二箱奏《皇夏》辭：

　　我應天曆，四海爲家。協同內外，混一戎華。鶴蓋龍馬，風乘雲車。夏章夷服，其會如麻。九賓有儀，八音有節。蕭蕭於位，飲和在列。四序氤氳，三光昭晰。君哉大矣，軒、唐比轍。

　　皇帝變服，移幄坐於西箱，帝出升御坐，姑洗奏《皇夏》辭：

　　皇運應籙，廓定區宇。受終以文，構業以武。堯昔命舜，舜亦命禹。大人馭歷，重規沓矩。欽明在上，昭納入黃。從靈體極，誕聖窮神。化生群品，陶育蒸人。
展禮肆樂，協此元春。

王公奠璧，奏《肆夏》辭：

萬方咸暨，三揖以申。垂旒馮玉，五瑞交陳。拜稽
有章，升降有節。聖皇負扆，虞、唐比烈。

上壽，黃鍾箱奏上壽曲辭：

仰三光，奏萬壽。人皇御六氣，天地同長久。

皇太子入，至坐位，酒至御，殿上奏登歌辭：

大齊統曆，道化光明。馬圖呈寶，龜籙告靈。百蠻
非眾，八荒非逖。同作堯人，俱包禹迹。其一。

天覆地載，成以四時。惟皇是則，比大於茲。群星
拱極，眾川赴海。萬宇駿奔，一朝咸在。其二。

齊之以禮，相趨帝庭。應規蹈矩，玉色金聲。動之
以樂，和風四布。龍申鳳舞，鸞歌麟步。其三。

食至御前，奏食舉樂辭：[1]

[1]食舉樂：天子用膳時所奏之樂曲稱食舉樂。《樂府詩集·
燕射歌辭》有：“《王制》曰：‘天子食，舉以樂。’《大司樂》：‘王
大食，三宥，皆令奏鐘鼓。’漢鮑業曰：‘古者天子食飲，必順四時
五味，故有食舉之樂，所以順天地、養神明、求福應也。’此食舉
之有樂也。……漢有殿中御飯食舉七曲，太樂食舉十三曲。”

三端正啓，萬方觀禮。具物充庭，二儀合體。百華
照曉，千門洞晨。或華或裔，奉贊惟新。悠悠亘六合，
員首莫不臣。仰施如雨，晞和猶春。風化表笙鏞，歌謳
被琴瑟。誰言文軌異，今朝混爲一。其一。

彤庭爛景，丹陛流光。懷黃綰白，鵷鷺成行。文贊百揆，武鎮四方。折衝鼓雷電，獻替協陰陽。大矣哉，道邁上皇。陋五帝，狹三王。窮禮物，該樂章。序冠帶，垂衣裳。其二。

天壤和，家國穆。悠悠萬類，咸孕育。契冥化，侔大造。靈效珍，神歸寶。興雲氣，飛龍蒼。麟一角，鳳五光。朱雀降，黃玉表。九尾馴，三足擾。化之定，至矣哉。瑞感德，四方來。其三。

囹圄空，水火菽粟。求賢振滯，棄珠玉。衣不靡，宮以卑。當陽端默，垂拱無爲。云云萬有，其樂不訾。其四。

嗟此舉時，逢至道。肖形咸自持，賦命無傷夭。行氣進皇輿，游龍服帝皁。聖主寧區宇，乾坤永相保。其五。

牧野征，鳴條戰。大齊家萬國，拱揖應終禪。奧主廓清都，大君臨赤縣。高居深視，當宸正殿。旦暮之期，今一見。其六。

兩儀分，牧以君。陶有象，化無垠。大齊德，邈誰群。超鳳火，冠龍雲。露以潔，風以薰。榮光至，氣氤氳。其七。

神化遠，人靈協。寒暑調，風雨燮。披泥檢，受圖諜。圖諜啓，期運昌。分四序，綴三光。延寶祚，眇無疆。其八。

惟皇道，升平日。河水清，海不溢。雲干呂，風入律。驅黔首，入仁壽。與天高，並地厚。其九。

刑以厝，頌聲揚。皇情邈，眷汾、襄。岱山高，配林壯。亭亭聳，云云望。旆葳蕤，駕騤騤。刊金闕，奠玉龜。其十。

文舞將作，先設階步辭：

我后降德，肇峻皇基。搖鈴大號，振鐸命期。雲行雨洽，天臨地持。茫茫區宇，萬代一時。文來武肅，成定於茲。象容則舞，歌德言詩。鏘鏘金石，列列匏絲。鳳儀龍至，樂我雍熙。

文舞辭：

皇天有命，歸我大齊。受茲華玉，爰錫玄珪。奄家環海，實子蒸黎。圖開寶匣，檢封芝泥。無思不順，自東徂西。教南暨朔，罔敢或攜。比日之明，如天之大。神化斯洽，率土無外。眇眇舟車，華戎畢會。祠我春秋，服我冠帶。儀協震象，樂均天籟。蹈武在庭，其容藹藹。

武舞將作，先設階步辭：

大齊統曆，天鑒孔昭。金人降汎，火鳳來巢。眇均虞德，干戚降苗。夙沙攻主，歸我軒朝。禮符揖讓，樂契《咸》《韶》。蹈揚惟序，律度時調。

武舞辭：

天眷橫流，宅心玄聖。祖功宗德，重光襲映。我皇恭己，誕膺靈命。宇外斯燭，域中咸鏡。悠悠率土，時惟保定。微微動植，莫違其性。仁豐庶物，施洽群生。海寧洛變，契此休明。雅宣茂烈，頌紀英聲。鏗鍠鍾鼓，掩抑簫笙。歌之不足，舞以禮成。鑠矣王度，緬邁千齡。

皇帝入，鍾鼓奏《皇夏》辭：

禮終三爵，樂奏九成。允也天子，穹壤和平。載色載笑，反寢宴息。一人有祉，百神奉職。

鼓吹二十曲，皆改古名，以叙功德。第一，漢《朱鷺》改名《水德謝》，言魏謝齊興也。第二，漢《思悲翁》改名《出山東》，言神武帝戰廣阿，創大業，破尒朱兆也。第三，漢《艾如張》改名《戰韓陵》，言神武滅四胡，定京洛，遠近賓服也。第四，漢《上之回》改名《殄關隴》，言神武遣侯莫陳悦誅賀拔岳，定關、隴，平河外，漢北款，秦中附也。第五，漢《擁離》改名《滅山胡》，言神武屠劉蠡升，高車懷殊俗，蠕蠕來向化也。第六，漢《戰城南》改名《立武定》，言神武立魏主，天下既安，而能遷於鄴也。第七，漢《巫山高》改名《戰芒山》，言神武斬周十萬之衆，其軍將脱身走免也。第八，漢《上陵》改名《禽蕭明》，言梁遣兄子貞陽侯來寇彭、宋，文襄帝遣太尉、清河王岳，一戰擒殄，俘馘萬計也。第九，漢《將進酒》改名《破侯景》，言文襄遣清河王岳，摧殄侯景，克復河南也。第十，漢《君馬黃》改名《定汝潁》，言文襄遣清河王岳，禽周大將軍王思政於長葛，汝、潁悉平也。第十一，漢《芳樹》改名《克淮南》。言文襄遣清河王岳，南翦梁國，獲其司徒陸法和，克壽春、合肥、鍾離、淮陰，盡取江北之地也。第十二，漢《有所思》改名《嗣丕基》，言文宣帝統纘大業也。第十三，漢《稚子班》改名《聖道洽》，言文宣克隆堂構，無思不服也。

第十四，漢《聖人出》改名《受魏禪》，言文宣應天順人也。第十五，漢《上邪》改名《平瀚海》，言蠕蠕盡部落入寇武州之塞，而文宣命將出征，平殄北荒，滅其國也。第十六，漢《臨高臺》改名《服江南》，言文宣道洽無外，梁主蕭繹來附化也。第十七，漢《遠如期》改名《刑罰中》，言孝昭帝舉直措枉，獄訟無怨也。第十八，漢《石留行》改名《遠夷至》，言時主化霑海外，西夷諸國，遣使朝貢也。第十九，漢《務成》改名《嘉瑞臻》，言時主應期，河清龍見，符瑞總至也。第二十，漢《玄雲》改名《成禮樂》，言時主功成化洽，制禮作樂也。古又有《黃雀》《釣竿》二曲，略而不用。並議定其名，被於鼓吹。諸州鎮戍，各給鼓吹樂，多少各以大小等級爲差。諸王爲州，皆給赤鼓、赤角，皇子則增給吳鼓、長鳴角，上州刺史皆給青鼓、青角，中州已下及諸鎮戍，皆給黑鼓、黑角。樂器皆有衣，並同鼓色。

雜樂有西凉鼙舞、清樂、龜兹等。然吹笛、彈琵琶、五絃及歌舞之伎，自文襄以來，皆所愛好。至河清以後，傳習尤盛。後主唯賞胡戎樂，耽愛無已。於是繁手淫聲，爭新哀怨。故曹妙達、安未弱、安馬駒之徒，[1]至有封王開府者，遂服簪纓而爲伶人之事。後主亦自能度曲，親執樂器，悅玩無惓，倚絃而歌。別採新聲，爲《無愁曲》，音韻窈窕，極於哀思，使胡兒閹官之輩，齊唱和之，曲終樂闋，莫不殞涕。雖行幸道路，或時馬上奏之，樂往哀來，竟以亡國。

[1]曹妙達：人名。北朝至隋的宫廷音樂家，曹國（西域古國）人。妙達出自樂人世家，其音樂活動見本志卷下。　安未弱、安馬駒：均人名。皆爲北齊樂人，生平無考。

周太祖迎魏武入關，樂聲皆闋。恭帝元年，平荆州，大獲梁氏樂器，以屬有司。及建六官，乃詔曰："六樂尚矣，其聲歌之節，舞蹈之容，寂寥已絶，不可得而詳也。但方行古人之事，可不本於兹乎？自宜依准，制其歌舞，祀五帝日月星辰。"於是有司詳定：郊廟祀五帝日月星辰，用黄帝樂，歌大吕，舞《雲門》。祭九州、社稷、水旱雩禜，用唐堯樂，歌應鍾，舞《大咸》。祀四望，饗諸侯，用虞舜樂，歌南吕，舞《大韶》。祀四類，幸辟雍，用夏禹樂，歌函鍾，舞《大夏》。祭山川，用殷湯樂，歌小吕，舞《大護》。享宗廟，用周武王樂，歌夾鍾，舞《大武》。皇帝出入，奏《皇夏》。賓出入，奏《肆夏》。牲出入，奏《昭夏》。蕃國客出入，奏《納夏》。有功臣出入，奏《章夏》。皇后進羞，奏《深夏》。宗室會聚，奏《族夏》。上酒宴樂，奏《陔夏》。諸侯相見，奏《騖夏》。皇帝大射，歌《騶虞》，諸侯歌《狸首》，大夫歌《采蘋》，士歌《采繁》。雖著其文，竟未之行也。

及閔帝受禪，居位日淺。明帝踐阼，雖革魏氏之樂，而未臻雅正。天和元年，武帝初造《山雲舞》，以備六代。南北郊、雩壇、太廟、禘祫，俱用六舞。南郊則《大夏》降神，《大護》獻熟，次作《大武》《正德》《武德》《山雲之舞》。北郊則《大護》降神，《大夏》獻熟，次作《大武》《正德》《武德》《山雲之舞》。雩壇以《大武》降神，《正德》獻熟，次作《大夏》《大護》《武德》《山雲之舞》。太廟祫禘，則《大武》降神，《山雲》獻熟，次作《正德》《大夏》《大護》《武德之舞》。時享太廟，以《山雲》降神，《大夏》獻熟，次作《武德之舞》。拜社，以《大護》降神，《大武》獻熟，次作《正德之舞》。五郊朝日，以《大夏》降神，《大護》獻熟。神州、夕月、籍田，以《正德》降神，《大護》獻熟。

建德二年十月甲辰，六代樂成，奏於崇信殿。群臣咸觀。其宮懸，依梁三十六架。朝會則皇帝出入，奏《皇夏》。皇太子出入，奏《肆夏》。王公出入，奏《驁夏》。五等諸侯正日獻玉帛，奏《納夏》。宴族人，奏《族夏》。大會至尊執爵，奏登歌十八曲。食舉，奏《深夏》，舞六代《大夏》《大護》《大武》《正德》《武德》《山雲》之舞。於是正定雅音，爲郊廟樂。創造鍾律，頗得其宜。宣帝嗣位，郊廟皆循用之，無所改作。今採其辭云。

員丘歌辭：

降神，奏《昭夏》：

重陽禋祀，大報天。丙午封壇，肅且圜。孤竹之管，雲和弦。神光未下，風肅然。王城七里，通天臺。紫微斜照，影徘徊。連珠合璧，重光來。天策暫轉，鉤陳開。

皇帝將入門，奏《皇夏》：

旌迴外壝，蹕静郊門。千乘按轡，萬騎雲屯。藉茅無咎，掃地惟尊。揖讓展禮，衡璜節步。星漢就列，風雲相顧。取法於天，降其永祚。

俎入，奏《昭夏》：

日至大禮，豐犧上辰。牲牢脩牧，繭栗毛純。俎豆斯立，陶匏以陳。大報反命，居陽兆日。六變鼓鐘，三和琴瑟。俎奇豆偶，惟誠惟質。

奠玉帛，奏《昭夏》：

員玉已奠，蒼幣斯陳。瑞形成象，璧氣含春。禮從天數，智總員神。爲祈爲祀，至敬咸遵。

皇帝升壇，奏《皇夏》：

七星是仰，八陛有憑。就陽之位，如日之升。思虔肅肅，施敬繩繩。祝史陳信，玄象斯格。惟類之典，惟靈之澤。幽顯對揚，人神咫尺。

皇帝初獻，作《雲門》之舞：

獻以誠，鬱以清。山罍舉，沈齊傾。惟尚饗，洽皇情。降景福，通神明。

皇帝初獻配帝，作《雲門》之舞：

長丘遠歷，大電遙源。弓藏高隴，鼎沒寒門。人生于祖，物本於天。尊神配德，迄用康年。

皇帝初獻及獻配帝畢，奏登歌：

歲之祥，國之陽。蒼靈敬，翠雲長。象爲飾，龍爲章。乘長日，坯蟄戶。列雲漢，迎風雨。大呂歌，[1]《雲門舞》。省滌濯，奠牲牷。鬱金酒，鳳凰樽。迴天眷，顧中原。

[1]大：底本作“六”。中華本校勘記云：“《周禮·大司樂》：‘乃奏黃鐘，歌大呂，無《雲門》，以祀天神。’今據改。”今從改。

皇帝飲福酒，奏《皇夏》：

國命在禮，君命在天。陳誠惟肅，飲福惟虔。洽斯百禮，福以千年。鈎陳掩映，天駟徘徊。彤禾飾罍，翠羽承罍。受斯茂祉，從天之來。

撤奠奏《雍樂》：

禮將畢，樂將闌。迴日彎，動天關。翠鳳搖，和鑾響。五雲飛，三步上。風爲馭，雷爲車。無轍迹，有煙霞。暢皇情，休靈命。雨留甘，雲餘慶。

帝就望燎位，奏《皇夏》：

六典聯事，九司咸則。率由舊章，於焉允塞。掌禮移次，燔柴在焉。煙升玉帛，氣斂牲牷。休氣馨香，脅芳昭晰。翼翼虔心，明明上徹。

帝還便座，奏《皇夏》：

玉帛禮畢，人神事分。嚴承乃眷，瞻仰迴雲。輦路千門，王城九軌。式道移候，司方迴指。得一惟清，於萬斯寧。受茲景命，于天告成。

方澤歌辭：

降神，奏《昭夏》：

報功陰澤，展禮玄郊。平琮鎮瑞，方鼎升庖。調歌絲竹，縮酒江茅。聲舒鍾鼓，器質陶匏。列耀秀華，凝芳都荔。川澤茂祉，丘陵容衛。雲飾山罍，蘭浮汎齊。日至之禮，歆茲大祭。

奠玉，奏《昭夏》：

曰若厚載，欽明方澤。敢以敬恭，陳之玉帛。德包含養，功藏靈迹。斯箱既千，子孫則百。

初獻，奏登歌辭：舞詞同員丘。

質明孝敬，求陰順陽。壇有四陛，琮爲八方。牲牷蕩滌，蕭合馨香。和鑾戻止，振鷺來翔。威儀簡簡，鍾鼓喤喤。聲和孤竹，韻入空桑。封中雲氣，坎上神光。下元之主，功深蓋藏。

望坎位，奏《皇夏》：

司筵撤席，掌禮移次。迴顧封壇，恭臨坎位。瘞玉埋俎，藏芬斂氣。是曰就幽，成斯地意。

祀五帝歌辭：

奠玉帛，奏《皇夏》辭：

嘉玉惟芳，嘉幣惟量。成形依禮，禀色隨方。神班有次，歲禮惟常。威儀抑抑，率由舊章。

初獻，奏《皇夏》：

惟令之月，惟嘉之辰。司壇蓿設，掌史誠陳。敢用明禮，言功上神。鈎陳旦闢，閶闔朝分。旒垂象冕，樂奏《山雲》。將迴霆策，暫轉天文。五運周環，四時代序。鱗次玉帛，循迴樽俎。神其降之，介福斯許。

皇帝初獻青帝，奏《雲門舞》：

甲在日，鳥中星。禮東后，奠蒼靈。樹春旗，命青史。候雁還，東風起。歌木德，舞震宮。泗濱石，龍門桐。孟之月，陽之天。億斯慶，兆斯年。

皇帝初獻配帝，奏舞：

帝出于震，蒼德於神。其明在日，其位居春。勞以定國，功以施人。言從配祀，近取諸身。

皇帝初獻赤帝，奏《雲門舞》：

招搖指午，對南宮。日月相會，實沈中。離光布政，動溫風。純陽之月，樂炎精。赤雀丹書，飛送迎。朱絃絳鼓，馨虔誠。萬物含養，各長生。

皇帝獻配帝，奏舞：

以炎爲政，以火爲官。位司南陸，享配離壇。三和實俎，百味浮蘭。神其茂豫，天步艱難。

皇帝初獻黃帝，奏《雲門舞》：

三光儀表正，四氣風雲同。戊己行初曆，黃鍾始變宮。平琮禮內鎮，陰管奏司中。齋壇芝曄曄，清野桂馮馮。夕牢芬六鼎，安歌韻八風。神光乃超忽，佳氣恒蔥蔥。

皇帝初獻配帝，奏舞：[1]

[1]奏舞：底本原脫“奏”字，據文意補。

四時咸一德，五氣或同論。猶吹鳳凰管，尚對梧桐園。器圜居土厚，位總配神尊。始知今奏樂，還用我《雲門》。

皇帝初獻白帝，奏《雲門舞》：

肅靈兌景，承配秋壇。雲高火落，露白蟬寒。帝律登年，金精行令。瑞獸霜輝，祥禽雪映。司藏肅殺，萬保咸宜。厥田上上，收功在斯。

皇帝初獻配帝，奏舞：

金行秋令，白帝朱宣。司正五雉，歌庸九川。執文之德，對越彼天。介以福祉，君子萬年。

皇帝初獻黑帝，奏《雲門舞》：

北辰爲政玄壇，北陸之祀員官。宿設玄圭浴蘭，坎德陰風御寒。次律將迴窮紀，微陽欲動細泉。管猶調於陰竹，聲未入於春弦。待歸餘於送曆，方履慶於斯年。

皇帝初獻配帝，奏舞：

地始坼，虹始藏。服玄玉，居玄堂。沐蕙氣，浴蘭湯。匏器潔，水泉香。陟配彼，福無彊。君欣欣，此樂康。

宗廟歌辭

皇帝入廟門，奏《皇夏》：

肅肅清廟，巖巖寢門。欹器防滿，金人戒言。應棟懸鼓，崇牙樹羽。階變升歌，庭紛象舞。閑安象設，緝熙清奠。春鮪初登，新萍先薦。僾然入室，儼乎其位。悽愴履之，非寒之謂。

降神奏《昭夏》：

永惟祖武，潛慶靈長。龍圖革命，鳳曆歸昌。功移上墋，德耀中陽。清廟肅肅，猛虡煌煌。曲高大夏，聲和盛唐。牲牷蕩滌，蕭合馨香。和鑾戾止，振鷺來翔。永敷萬國，是則四方。

俎入，皇帝升階，奏《皇夏》：

年祥辯日，上協龜言。奏酌承列，來庭駿奔。彤禾飾斝，翠羽承樽。敬殫如此，恭惟執燔。

皇帝獻皇高祖，奏《皇夏》。

慶緒千重秀，鴻源萬里長。無時猶戢翼，有道故韜光。盛德必有後，仁義終克昌。明星初肇慶，大電久呈祥。

皇帝獻皇曾祖德皇帝，奏《皇夏》：

克昌光上烈，基聖穆西藩。崇仁高涉渭，積德被居原。帝圖張往迹，王業茂前尊。重芬德陽廟，疊慶壽陵園。百靈光祖武，千年福孝孫。

皇帝獻皇祖太祖文皇帝，奏《皇夏》：

雄圖屬天造，宏略遇群飛。風雲猶聽命，龍躍遂乘機。百二當天險，三分拒樂推。函谷風塵散，河陽氛霧晞。濟弱淪風起，扶危頹運歸。地紐崩還正，天樞落更追。原祠乇超忽，畢隴或綿微。終封三尺劍，長卷一戎衣。

皇帝獻文宣皇太后，奏《皇夏》：

月靈興慶，沙祥發源。功參禹迹，德贊堯門。言容典禮，褕狄徽章。儀形溫德，令問昭陽。日月不居，歲時晼晚。瑞雲纏心，閟宮惟遠。

皇帝獻閔皇帝，奏《皇夏》：

龍圖基代德，天步屬艱難。謳歌還受瑞，揖讓乃登壇。升輿芒刺重，入位據關寒。卷舒雲汎濫，游揚日浸微。出鄭終無反，居桐竟不歸。祀夏今惟舊，尊靈謚更追。

皇帝獻明皇帝，奏《皇夏》：

若水逢降君，窮桑屬惟政。丕哉馭帝籙，鬱矣當天命。方定五雲官，先齊八風令。文昌氣似珠，太史河如鏡。南宮學已開，東觀書還聚。文辭金石韻，毫翰風飆豎。清室桂馮馮，齋房芝翙翙。寧思玉管笛，空見靈衣舞。

皇帝獻高祖武皇帝，奏《皇夏》：

南河吐雲氣，北斗降星神。百靈咸仰德，千年一聖人。書成紫微動，律定鳳凰馴。六軍命西土，甲子陳東隣。戎衣此一定，萬里更無塵。煙雲同五色，日月並重輪。流沙既西靜，盤木又東臣。凱樂聞朱雁，鐃歌見白麟。今爲六代祀，還得九疑賓。

皇帝還東壁，飲福酒，奏《皇夏》：

禮殫祼獻，樂極休成。長離前掞，宗祀文明。縮酌浮蘭，澄罍合鬯。磬折禮容，旋回靈覒。受釐徹俎，飲福移樽。惟光惟烈，文子文孫。

皇帝還便坐，奏《皇夏》：

庭闈四始，筵終三薦。顧步階墀，徘徊餘奠。六龍矯首，七萃警途。鼓移行漏，風轉相烏。翼翼從事，綿綿四時。惟神降皞，永言保之。

太祖輔魏之時，高昌款附，乃得其伎，教習以備饗宴之禮。及天和六年，武帝罷掖庭四夷樂。其後帝娉皇后於北狄，得其所獲康國、龜茲等樂，更雜以高昌之舊，並於大司樂習焉。採用其聲，被於鍾石，取《周官》制以陳之。

明帝武成二年正月朔旦，會群臣於紫極殿，始用百戲。武帝保定元年，詔罷之。及宣帝即位，而廣召雜伎，增修百戲。魚龍漫衍之伎，常陳殿前，累日繼夜，不知休息。好令城市少年有容貌者，婦人服而歌舞相隨，引入後庭，與宮人觀聽。戲樂過度，游幸無節焉。

武帝以梁鼓吹熊羆十二案，[1]每元正大會，列於懸間，與正樂合奏。宣帝時，革前代鼓吹，制爲十五曲。第一，改漢《朱鷺》爲《玄精季》，言魏道陵遲，太祖肇開王業也。第二，改漢《思悲翁》爲《征隴西》，言太祖起兵，誅侯莫陳悦，掃清隴右也。第三，改漢《艾如張》爲《迎魏帝》，言武帝西幸，太祖奉迎，宅關中也。第四，改漢《上之回》爲《平竇泰》，言太祖擁兵討泰，悉禽斬也。第五，改漢《擁離》爲《復恒農》，言太祖攻復陝城，關東震肅也。第六，改漢《戰城南》爲《克沙苑》，言太祖俘斬齊十萬衆於沙苑，神武脱身至河，單舟走免也。第七，改漢《巫山高》爲《戰河陰》，言太祖破神武於河上，斬其將高敖曹、莫多婁貸文也。第八，改漢《上陵》爲《平漢東》，言太祖命將平隨郡安陸，俘馘萬計也。第九，改漢《將進酒》爲《取巴蜀》，言太祖遣軍平定蜀地也。第十，改漢《有所思》爲《拔江陵》，言太祖命將禽蕭繹，平南土也。第十一，改漢《芳樹》爲《受魏禪》，言閔帝受終於魏，君臨萬國也。第十二，改漢《上邪》爲《宣重光》，言明帝入承大統，載隆皇道也。第十三，改漢《君馬黃》爲《哲皇出》，言高祖以聖德繼天，天下向風也。第十四，改漢《稚子班》爲《平東夏》，言高祖親率六師破齊，禽齊主於青州，一舉而定山東也。第十五，改古《聖人出》爲《禽明徹》，言陳將吳明徹，侵軼徐部，高祖遣將，盡俘其衆也。宣帝晨出夜還，恒陳鼓吹。嘗幸同州，自應門至赤岸，數十里間，鼓樂俱作。祈雨仲山還，令京城士女，於衢巷奏樂以迎之。公私頓弊，以至於亡。

[1]鼓吹熊羆十二案：起源於南朝宮廷的鼓吹樂。《樂府詩集》有："梁又有鼓吹熊羆十二案，其樂器有龍頭大棡鼓、中鼓、獨揭小鼓，亦隨品秩給賜焉。周武帝每元正大會，以梁案架列於懸間，與正樂合奏。隋又於案下設熊羆貙豹，騰倚承之，以象百獸之舞。唐因之。"鼓吹熊羆十二案應是摹仿動物的樂舞，用鼓吹樂作伴奏。至宋代尚有此遺風。

高祖既受命，定令，宮懸四面各二虡，通十二鎛鍾，爲二十虡。虡各一人。建鼓四人，柷敔各一人。歌、琴、瑟、簫、筑、箏、搊箏、臥箜篌、小琵琶，四面各十人，在編磬下。笙、竽、長笛、橫笛、簫、篳篥、笛、塤，四面各八人，在編鍾下。舞各八佾。宮懸簨虡，金五博山，飾以流蘇樹羽。其樂器應漆者，天地之神皆朱，宗廟加五色漆畫。天神懸內加雷鼓，地祇加靈鼓，宗廟加路鼓。登歌，鍾一虡，磬一虡，各一人；歌四人，兼琴瑟；簫、笙、竽、橫笛、笛、塤各一人。其漆畫及博山流蘇樹羽，與宮懸同。登歌人介幘、朱連裳、烏皮履。宮懸及下管人，平巾幘，朱連裳。凱樂人，武弁，朱褠衣，履韈。文舞，[1]進賢冠，絳紗連裳，帛內單，皁領袖襈，烏皮鞾，左執籥，右執翟。二人執纛，引前，在舞人數外，衣冠同舞人。武弁，朱褠衣，烏皮履。三十二人，執戈，龍楯。三十二人執戚，龜。二人執旌，居前。二人執鼗，二人執鐸，二人執鐃，二人執錞。四人執弓矢，四人執殳，四人執戟，四人執矛。自旌已下夾引，並在舞人數外，衣冠同舞人。

[1]文舞："舞"底本作"隣"。中華本校勘記云："據《册府》五六八改。"今從改。

皇帝宮懸及登歌，與前同。應漆者皆五色漆畫。懸內不設鼓。

皇太子軒懸，去南面，設三鎛鍾於辰丑申。三建鼓亦如之。其登歌，去兼歌者，減二人。其簨虡金三博山。樂器漆者，皆朱漆之。其餘與宮懸同。

大鼓、小鼓、大駕鼓吹，並朱漆畫。大鼓加金鐲，凱樂及節鼓，飾以羽葆。其長鳴、中鳴、橫吹，皆五采衣幡，緋掌，畫交龍，五采脚。大角幡亦如之。大鼓、長鳴工人，皁地苣文；金鉦、棡鼓、小鼓、中鳴、吳橫吹工人，青地苣文；凱樂工人，武弁，朱褠衣；橫吹，緋地苣文。並爲帽、袴褶。大角工人，平巾幘、緋衫，白布大口袴。內宮鼓樂服色，皆准此。

皇太子，鐃及節鼓，朱漆畫，飾以羽葆。餘鼓吹並朱漆。大鼓、小鼓無金鐲。長鳴、中鳴、橫吹，五采衣幡、緋掌，畫蹲獸，五采脚。大角幡亦如之。大鼓、長鳴、橫吹工人，紫帽，緋袴褶。金鉦，棡鼓、小鼓、中鳴工人，青帽，青袴褶。鐃吹工人，武弁，朱褠衣。大角工人，平巾幘，緋衫，白布大口袴。

正一品，鐃及節鼓，朱漆畫，飾以羽葆。餘鼓吹並朱漆。長鳴、中鳴、橫吹，五采衣幡，緋掌，畫蹲獸，五采腳。大角幡亦如之。大鼓、長鳴、橫吹工人，紫帽，赤布袴褶。金鉦、棡鼓、小鼓、中鳴工人，青帽，青布袴褶。鐃吹工人，武弁，朱褠衣。大角工人，平巾幘，緋衫，白布大口袴。三品以上，朱漆鐃，飾以五采。驫、哄工人，武弁，朱褠衣。餘同正一品。四品，鐃及工人衣服同三品。餘鼓皆綠沈。金鉦、棡鼓、大鼓工人，青帽，青布袴褶。

開皇二年，齊黃門侍郎顏之推上言：[1]“禮崩樂壞，其來自久。今太常雅樂，並用胡聲，請馮梁國舊事，考尋古典。”高祖不從，曰：“梁樂亡國之音，奈何遣我用邪？”是時尚因周樂，命工人齊樹提檢校樂府，[2]改換聲律，益不能通。俄而柱國、沛公鄭譯奏上，[3]請更修正。於是詔太常卿牛弘、國子祭酒辛彥之、國子博士何妥等議正樂。[4]然淪謬既久，音律多乖，積年議不定。高祖大怒曰：“我受天命七年，樂府猶歌前代功德邪？”命治書侍御史李諤，[5]引弘等下，將罪之。諤奏：“武王克殷，至周公相成王，始制禮樂。斯事體大，不可速成。”高祖意稍解。

[1]顏之推：人名。字介，北朝人。傳見《北齊書》卷四五、《北史》卷八三。

[2]齊樹提：人名。具體事迹不詳。

[3]鄭譯：人名。傳見本書卷三八。

[4]牛弘：人名。傳見本書卷四九。　辛彥之：人名。傳見本

書卷七五。　何妥：人名。傳見本書卷七五。

　　[5]李謩：人名。傳見本書卷六六。

　　又詔求知音之士，集尚書，參定音樂。譯云："考
尋樂府鍾石律呂，皆有宮、商、角、徵、羽、變宮、變
徵之名。七聲之內，三聲乖應，每恒求訪，終莫能
通。[1]先是周武帝時，有龜兹人曰蘇祇婆，從突厥皇后
入國，善胡琵琶。[2]聽其所奏，一均之中間有七聲。因
而問之，答云：'父在西域，稱爲知音。代相傳習，調
有七種。'以其七調，勘校七聲，冥若合符。一曰'娑
陁力'，華言平聲，即宮聲也。二曰'雞識'，華言長
聲，即商聲也。[3]三曰'沙識'，華言質直聲，即角聲
也。四曰'沙侯加濫'，華言應聲，即變徵聲也。五曰
'沙臘'，華言應和聲，即徵聲也。六曰'般贍'，華言
五聲，即羽聲也。七曰'俟利箑'，華言斛牛聲，即變
宮聲也。"譯因習而彈之，始得七聲之正。然其就此七
調，又有五旦之名，旦作七調。以華言譯之，旦者則謂
"均"也。[4]其聲亦應黃鍾、太簇、林鍾、南呂、姑洗五
均，已外七律，更無調聲。譯遂因其所捻琵琶，絃柱相
飲爲均，[5]推演其聲，更立七均。合成十二，以應十二
律。律有七音，音立一調，故成七調十二律，合八十四
調，[6]旋轉相交，盡皆和合。仍以其聲考校太樂所奏，[7]
林鍾之宮，應用林鍾爲宮，乃用黃鍾爲宮；應用南呂爲
商，乃用太簇爲商；應用應鍾爲角，乃取姑洗爲角。故
林鍾一宮七聲，三聲並戾。其十一宮七十七音，例皆乖
越，莫有通者。又以編懸有八，因作八音之樂。七音之

外，更立一聲，謂之應聲。[8]譯因作書二十餘篇，以明其指。至是譯以其書宣示朝廷，并立議正之。時邳國公世子蘇夔，[9]亦稱明樂，駁譯曰："《韓詩外傳》所載樂聲感人，及《月令》所載五音所中，並皆有五，不言變宮、變徵。又《春秋左氏》所云：'七音六律，以奉五聲。'准此而言，每宮應立五調，不聞更加變宮、變徵二調爲七調。七調之作，所出未詳。"譯答之曰："周有七音之律，《漢書·律曆志》，天地人及四時，謂之七始。黃鍾爲天始，林鍾爲地始，太簇爲人始，是爲三始。姑洗爲春，蕤賓爲夏，南呂爲秋，應鍾爲冬，是爲四時。四時三始，是以爲七。今若不以二變爲調曲，則是冬夏聲闕，四時不備。是故每宮須立七調。"衆從譯議。

[1]七聲之內，三聲乖應：繆天瑞所著《律學》認爲："從律制看來，《隋書·音樂志》的引文中有'三聲乖應'一語，似指蘇祇婆七調中'沙侯加濫'和'俟利箑'，分別與中國的變徵和變宮在高度上根本不同，而與阿拉伯音階中的中立三度和中立六度有類似之處。"中立三度和中立六度係古代阿拉伯人將主音的大小三度音刪去而代之以介於二者中間音高的音，稱作"中立三度"，"中立六度"亦如法炮製。其原因係龜兹音階與中國音階所依據的音律有別，或由不同的聽覺愛好習慣所致。乖應，即背離，不可對應，不能與龜兹七聲音階相對應。

[2]胡琵琶：唐代之前，琵琶有兩種：一爲秦漢以來在鞉鼓的基礎上製作的弦樂器，竪抱以手彈奏，稱弦鞉或秦漢子，又作秦琵琶，即今阮的前身；另一種琵琶爲南北朝時由西域傳來，半梨形音箱，曲項，四弦或五弦，横置胸前以撥或手彈奏，胡琵琶即此。

　　[3]商：底本作"南吕"。中華本校勘記云："據《宋史·律曆志》四改。古樂律'七聲'中，'宫'與'角'之間爲'商'聲。原文'南吕'當是'商'字之訛。參看凌廷堪《燕樂考原》。"今從改。

　　[4]旦者則謂"均"也：旦，表示調高的術語，首見於本志龜兹樂人蘇祇婆之調式理論的叙述。均，表示音高的分組。二者亦有差别。但所述之"然其就此七調，又有五旦之名，旦作七調。以華言譯之，旦者則謂'均'也。其聲亦應黄鐘、太簇、林鐘、南吕、姑洗五均"。據此，旦與均意同。五旦即五種調高，在此調高的基礎上，每旦可建立七種不同的調式，共三十五個不同調式。

　　[5]柱：琵琶上的音柱用以區分音高。　相飲爲均：即彈撥琵琶而推衍出多種宫調及調式。飲，《集韻》曰"度聲曰飲"，度聲猶言揣度聲調，《文選》王褒《洞簫賦》有："徐聽其曲度兮，廉察其賦歌。"

　　[6]八十四調：鄭譯在龜兹之五旦（均）七調的宫調理論啓示下，根據中國音樂的實際，推衍出十二均七種調式的八十四調之宫調理論。同時代的另一位音樂家萬寶常也有八十四調宫調理論之説，但他們的演繹方法不盡相同。八十四調之宫調説豐富了作曲理論，不過，當樂器簡單、平均律未形成之時，不能完全實現。

　　[7]太樂：即太常樂，太常寺下屬的管理音樂機構。太常樂與龜兹樂之調名相當，但調高有别，故産生音階高度的差别，如："林鐘之宫，應用林鐘爲宫，乃用黄鐘爲宫。"林鐘較黄鐘相差五度，餘可類推。

　　[8]"編懸有八"至"謂之應聲"：編懸，或作樂懸，其原意爲鐘磬之類懸挂於簨簴謂之樂懸，又謂樂隊按等級的編制排列。《周禮·春官·小胥》有："正樂縣之位：王宫縣，諸侯軒縣，卿大夫判縣，士特縣。"鄭注："宫縣，四面縣，軒縣，去其一面，判縣，又去一面，特縣，又去其一面。"八音，原謂樂器的八種分類。前二者皆爲比喻，其本意謂"七音之外，更立一聲，謂之應聲"。

"應聲"一詞唯見於此，"應聲"即七聲音階之外的第八音。"應聲"在七聲音階音列中加於何處，據本志卷下大業中煬帝詔修高廟樂一章有"議修一百四曲，其五曲在宮調，黃鍾也；一曲應調大呂也；十五曲商調，太簇也"推測，"應調大呂"之應調即應聲，大呂一律在黃鍾太簇間，故"應"在宮商間，其音階排列爲：宮、應、商、角、變徵、徵、羽、變宮，八聲音階。應聲的出現不僅可多一調式，也爲某些轉調帶來方便。儘管先秦已有"旋相爲宮"的轉調或轉換調式的理論，然而，當平均律出現之前，自由轉調會有諸多困難或不可能。"應聲"的出現是古代音階理論的新學説，對其解釋頗多微詞，考證詳盡者有：日本人林謙三之《隋唐燕樂調研究》（郭沫若譯）、吳南薰之《律學會通》、丘瓊蓀之《燕樂探微》可參考。

〔9〕蘇夔：人名。本書卷四一有附傳。

譯又與夔俱云："案今樂府黃鍾，乃以林鍾爲調首，[1]失君臣之義，清樂黃鍾宮，[2]以小呂爲變徵，乖相生之道。今請雅樂黃鍾宮，以黃鍾爲調首，清樂去小呂，還用蕤賓爲變徵。"衆皆從之。

〔1〕林鍾爲調首：指樂府黃鍾十二調：林鍾（宮）、夷則、南呂（商）、無射、應鍾（角）、黃鍾、大呂（變徵）、太簇（徵）、夾鍾、姑洗（羽）、仲呂、蕤賓，以林鍾作爲首調。
〔2〕清樂：即清商樂。

夔又與譯議，欲累黍立分，正定律呂。時以音律久不通，譯、夔等一朝能爲之，以爲樂聲可定。而何妥舊以學聞，雅爲高祖所信。高祖素不悅學，不知樂，妥又恥己宿儒，不逮譯等，欲沮壞其事。乃立議非十二律旋相爲宮，曰：“經文雖道旋相爲宮，恐是直言其理，亦不通隨月用調，是以古來不取。若依鄭玄及司馬彪，須用六十律，[1]方得和韻。今譯唯取黃鍾之正宮，兼得七始之妙義。非止金石諧韻，亦乃簨虡不繁，可以享百神，可以合萬舞矣。”而又非其七調之義，曰：“近代書記所載，縵樂鼓琴吹笛之人，多云‘三調’。[2]三調之聲，其來久矣。請存三調而已。”時牛弘總知樂事，弘不能精知音律。又有識音人萬寶常，[3]修洛陽舊曲，言幼學音律，師於祖孝徵，知其上代修調古樂。周之璧翣，殷之崇牙，懸八用七，盡依周禮備矣。[4]所謂正聲，又近前漢之樂，不可廢也。是時競爲異議，各立朋黨，是非之理，紛然淆亂。或欲令各修造，待成，擇其善者而從之。妥恐樂成，善惡易見，乃請高祖張樂試之。遂先説曰：“黃鍾者，以象人君之德。”及奏黃鍾之調，高祖曰：“滔滔和雅，甚與我心會。”妥因陳用黃鍾一宮，不假餘律，高祖大悦，班賜妥等修樂者。自是譯等議寢。

[1]六十律：漢代京房提出的一種律制。按三分損益法，仲呂不能復生黃鍾，因而從仲呂繼續相生，計算至六十律，仲呂以後皆創新律名。由於三分損益法相生的十二律是不平均的律，故轉調困難。京房試圖尋求一些新律，即在二律之間計算出幾個有些微音差的新律，用以解決轉調問題，但僅是一種理論，未能付諸實踐，因爲自由轉調祇有在平均律出現後方可實現。六十律僅爲一種先期的理論探索而已。

[2]三調：漢代相和歌與六朝清商樂中三種主要調式，即清調、

平調、瑟調。三調的音階排列，《魏書·樂志》説："瑟調以宫爲主，清調以商爲主，平調以角爲主。"

[3]萬寶常：人名。傳見本書卷七八、《北史》卷九〇。

[4]周之璧翣，殷之崇牙：璧翣、崇牙皆爲簨簴上之飾件，横爲簨，竪爲簴。"周之璧翣"，《禮記·明堂位》有："簨簴所以懸鐘磬……畫繒爲翣，戴以璧，垂五采羽於其下，樹於簨之角上，飾瀰多也。"璧翣，即今以羽和璧所作之流蘇。"殷之崇牙"，《禮記·明堂位》《正義》："殷之崇牙者，謂於簨之上刻畫木爲崇牙之形，以挂鐘磬。"崇牙，即簨上高起之齒形物，用作懸挂鍾磬。